高等职业教育系列教材

建筑企业学生岗位实习实务

|许法轩　黄克政　王治祥　主　编|
|李　斌　李轶铭　李　奎　副主编|
|王　辉　主　审|

中国建筑工业出版社

图书在版编目（CIP）数据

建筑企业学生岗位实习实务 / 许法轩，黄克政，王治祥主编；李斌，李轶铭，李奎副主编. — 北京：中国建筑工业出版社，2023.10
高等职业教育系列教材
ISBN 978-7-112-29143-4

Ⅰ. ①建⋯ Ⅱ. ①许⋯ ②黄⋯ ③王⋯ ④李⋯ ⑤李⋯ ⑥李⋯ Ⅲ. ①建筑企业-劳动管理-高等职业教育-教材 Ⅳ. ①F407.941

中国国家版本馆 CIP 数据核字（2023）第 174976 号

本书分为五篇：认知篇、准备篇、实习篇、成果篇、信息篇，共有 22 个任务，每个任务都包含任务描述、任务目标、知识储备与任务指导。
本书适用于土建类职教本科、高职、中职职业教育的学生和老师使用。
为了更好地支持相应课程的教学，我们向采用本书作为教材的教师提供课件，有需要者可与出版社联系。更多讨论可加 qq 群：628518012。
建工书院：http://edu.cabplink.com
邮箱：jckj@cabp.com.cn 电话：(010) 58337285

责任编辑：李　阳
文字编辑：胡欣蕊
责任校对：党　蕾
校对整理：董　楠

高等职业教育系列教材
建筑企业学生岗位实习实务
许法轩　黄克政　王治祥　主　编
李　斌　李轶铭　李　奎　副主编
　　　　　　　　王　辉　主　审

*

中国建筑工业出版社出版、发行（北京海淀三里河路 9 号）
各地新华书店、建筑书店经销
北京科地亚盟排版公司制版
北京君升印刷有限公司印刷

*

开本：787 毫米×1092 毫米　1/16　印张：15　字数：370 千字
2023 年 10 月第一版　　2023 年 10 月第一次印刷
定价：**38.00 元**（赠教师课件）
ISBN 978-7-112-29143-4
　　　（41850）

版权所有　翻印必究
如有内容及印装质量问题，请联系本社读者服务中心退换
电话：(010) 58337283　QQ：2885381756
(地址：北京海淀三里河路 9 号中国建筑工业出版社 604 室　邮政编码：100037)

编审委员会

主　任：王　辉　　　　河南建筑职业技术学院
　　　　黄克政　　　　河南省安装集团有限责任公司
副主任：王治祥　　　　河南省安装集团有限责任公司
　　　　许法轩　　　　河南建筑职业技术学院
成员及成员单位：
　　　　张新州　　　　河南建筑职业技术学院
　　　　韩应江　　　　河南建筑职业技术学院
　　　　盛义岭　　　　河南建筑职业技术学院
　　　　张思忠　　　　河南建筑职业技术学院
　　　　赵肖丹　　　　河南建筑职业技术学院
　　　　王　铮　　　　河南建筑职业技术学院
　　　　张华英　　　　河南建筑职业技术学院
　　　　史晓慧　　　　河南建筑职业技术学院
　　　　李　伟　　　　河南建筑职业技术学院
　　　　李　斌　　　　河南建筑职业技术学院
　　　　李　奎　　　　河南建筑职业技术学院
　　　　吕世尊　　　　河南建筑职业技术学院
　　　　李影洁　　　　河南建筑职业技术学院
　　　　刘奇才　　　　河南建筑职业技术学院
　　　　井　辉　　　　郑州大学商学院
　　　　袁晓芳　　　　河南工大设计研究院有限公司
　　　　丁信豹　　　　河南省安装集团有限责任公司
　　　　刘海斌　　　　河南省安装集团有限责任公司
　　　　李　婉　　　　河南省安装集团有限责任公司
　　　　李轶铭　　　　河南省安装集团有限责任公司
　　　　陈　哲　　　　河南省安装集团有限责任公司
　　　　杨广超　　　　河南省安装集团有限责任公司
　　　　姜冲石　　　　河南省安装集团有限责任公司
　　　　高继卫　　　　河南省安装集团有限责任公司
　　　　周俊超　　　　洛阳卓益人力资源服务有限公司
　　　　赵燕琴　　　　洛阳鸿源建筑劳务分包有限公司
　　　　刘　可　　　　洛阳世乾建筑劳务分包有限公司
　　　　张　莹　　　　洛阳政安建筑劳务分包有限公司

主　编：许法轩　黄克政　王治祥
副主编：李　斌　李轶铭　李　奎
主　审：王　辉
参　编：（按姓氏笔画为序）
　　　　丁信豹　吕世尊　刘奇才　刘海斌　李　丹　李影洁
　　　　杨广超　姜冲石　袁晓芳　盛义岭

前言 / PREFACE

2021年教育部等八部门印发了《职业学校学生实习管理规定》，2022年5月1日《中华人民共和国职业教育法》开始实施，从法律上、制度上规定职业院校学生实习是实践教学的重要环节，事关职业教育改革发展、校园和社会安全稳定；党的二十大把职业教育和高等教育、继续教育并列，职业教育的重要性不言而喻。学生实习的本质是教学活动，是实践教学的重要环节。组织开展学生岗位实习应当坚持立德树人、德技并修，遵循学生成长规律和职业能力形成规律，理论与实践相结合，提升学生技能水平，锤炼学生意志品质，服务学生全面发展，学生岗位实习纳入人才培养方案。河南省教育厅已根据中央要求，对职业学校学生岗位实习实行了信息化在线管理，并与学生毕业直接挂钩。但在学生岗位实习过程中，除专业指导外，学生的安全保障、劳务培训、劳务关系、劳动报酬等涉及安全、劳务、岗位责任、创新创业及法律等方面，国内尚无指导性教材。在校企合作实践中，河南建筑职业技术学院与河南省安装集团有限责任公司等企业进行了近三年的实践与探索，积累了教材编写素材；在中国建筑工业出版社的协助下，本教材应运而生，用于指导学生岗位实习。本教材的出版，将填补国内岗位实习指导教材的空白。

本书分为五篇共22个任务，根据学生岗位实习的过程，由浅入深、由易到难、由理论到实践，循序渐进达到岗位实习的教学目标。

河南建筑职业技术学院许法轩编写任务1~任务3，河南省安装集团有限责任公司黄克政编写任务4和任务5、王治祥编写任务6~任务8，河南建筑职业技术学院李斌编写任务9、李奎编写任务10，河南省安装集团有限责任公司李轶铭编写任务11，河南省安装集团有限责任公司丁信豹编写任务12和任务13，河南建筑职业技术学院盛义岭编写任务14和任务15，河南省安装集团有限责任公司姜冲石、河南科技大学第一附属医院李丹共同编写任务16，河南省安装集团有限责任公司杨广超、刘海斌共同编写任务17，河南建筑职业技术学院吕世尊和河南工大设计研究院有限公司袁晓芳共同编写任务18，河南建筑职业技术学院刘奇才编写任务19~任务21、李影洁编写任务22。全书由河南建筑职业技术学院副校长王辉担任主审。

限于编者水平和编写时间，书中难免存在不妥之处，请读者批评指正。

目 录 / CONTENTS

认知篇

任务 1　了解岗位实习的意义 ⋯⋯⋯⋯⋯⋯⋯⋯⋯⋯⋯⋯⋯⋯⋯⋯⋯⋯⋯⋯⋯⋯⋯⋯ 2
　　1.1　任务描述 ⋯⋯⋯⋯⋯⋯⋯⋯⋯⋯⋯⋯⋯⋯⋯⋯⋯⋯⋯⋯⋯⋯⋯⋯⋯⋯⋯⋯⋯ 2
　　1.2　任务目标 ⋯⋯⋯⋯⋯⋯⋯⋯⋯⋯⋯⋯⋯⋯⋯⋯⋯⋯⋯⋯⋯⋯⋯⋯⋯⋯⋯⋯⋯ 2
　　1.3　知识储备与任务指导 ⋯⋯⋯⋯⋯⋯⋯⋯⋯⋯⋯⋯⋯⋯⋯⋯⋯⋯⋯⋯⋯⋯⋯⋯ 2
　　　　1.3.1　岗位实习的内涵 ⋯⋯⋯⋯⋯⋯⋯⋯⋯⋯⋯⋯⋯⋯⋯⋯⋯⋯⋯⋯⋯⋯ 2
　　　　1.3.2　顶岗实习的起源与背景 ⋯⋯⋯⋯⋯⋯⋯⋯⋯⋯⋯⋯⋯⋯⋯⋯⋯⋯⋯ 3
　　　　1.3.3　岗位实习的特征 ⋯⋯⋯⋯⋯⋯⋯⋯⋯⋯⋯⋯⋯⋯⋯⋯⋯⋯⋯⋯⋯⋯ 7
　　　　1.3.4　岗位实习的总体要求 ⋯⋯⋯⋯⋯⋯⋯⋯⋯⋯⋯⋯⋯⋯⋯⋯⋯⋯⋯⋯ 8
　　　　1.3.5　学生岗位实习纪律和安全要求 ⋯⋯⋯⋯⋯⋯⋯⋯⋯⋯⋯⋯⋯⋯⋯⋯ 9
　　　　1.3.6　岗位实习相关政策 ⋯⋯⋯⋯⋯⋯⋯⋯⋯⋯⋯⋯⋯⋯⋯⋯⋯⋯⋯⋯⋯ 10

任务 2　了解岗位课程要求及考核方式 ⋯⋯⋯⋯⋯⋯⋯⋯⋯⋯⋯⋯⋯⋯⋯⋯⋯⋯⋯ 11
　　2.1　任务描述 ⋯⋯⋯⋯⋯⋯⋯⋯⋯⋯⋯⋯⋯⋯⋯⋯⋯⋯⋯⋯⋯⋯⋯⋯⋯⋯⋯⋯ 11
　　2.2　任务目标 ⋯⋯⋯⋯⋯⋯⋯⋯⋯⋯⋯⋯⋯⋯⋯⋯⋯⋯⋯⋯⋯⋯⋯⋯⋯⋯⋯⋯ 11
　　2.3　知识储备与任务指导 ⋯⋯⋯⋯⋯⋯⋯⋯⋯⋯⋯⋯⋯⋯⋯⋯⋯⋯⋯⋯⋯⋯⋯ 11
　　　　2.3.1　岗位实习的内涵 ⋯⋯⋯⋯⋯⋯⋯⋯⋯⋯⋯⋯⋯⋯⋯⋯⋯⋯⋯⋯⋯⋯ 11
　　　　2.3.2　岗位实习标准 ⋯⋯⋯⋯⋯⋯⋯⋯⋯⋯⋯⋯⋯⋯⋯⋯⋯⋯⋯⋯⋯⋯⋯ 11
　　　　2.3.3　岗位实习成绩考核 ⋯⋯⋯⋯⋯⋯⋯⋯⋯⋯⋯⋯⋯⋯⋯⋯⋯⋯⋯⋯⋯ 12
　　　　2.3.4　职业素养的养成 ⋯⋯⋯⋯⋯⋯⋯⋯⋯⋯⋯⋯⋯⋯⋯⋯⋯⋯⋯⋯⋯⋯ 13
　　　　2.3.5　工匠精神 ⋯⋯⋯⋯⋯⋯⋯⋯⋯⋯⋯⋯⋯⋯⋯⋯⋯⋯⋯⋯⋯⋯⋯⋯⋯ 14
　　　　2.3.6　建筑企业常见的岗位及其职责 ⋯⋯⋯⋯⋯⋯⋯⋯⋯⋯⋯⋯⋯⋯⋯⋯ 14

任务 3　了解岗位实习过程管理有关规定 ⋯⋯⋯⋯⋯⋯⋯⋯⋯⋯⋯⋯⋯⋯⋯⋯⋯⋯ 15
　　3.1　任务描述 ⋯⋯⋯⋯⋯⋯⋯⋯⋯⋯⋯⋯⋯⋯⋯⋯⋯⋯⋯⋯⋯⋯⋯⋯⋯⋯⋯⋯ 15
　　3.2　任务目标 ⋯⋯⋯⋯⋯⋯⋯⋯⋯⋯⋯⋯⋯⋯⋯⋯⋯⋯⋯⋯⋯⋯⋯⋯⋯⋯⋯⋯ 15
　　3.3　知识储备与任务指导 ⋯⋯⋯⋯⋯⋯⋯⋯⋯⋯⋯⋯⋯⋯⋯⋯⋯⋯⋯⋯⋯⋯⋯ 15
　　　　3.3.1　岗位实习管理的必要性 ⋯⋯⋯⋯⋯⋯⋯⋯⋯⋯⋯⋯⋯⋯⋯⋯⋯⋯⋯ 15
　　　　3.3.2　岗位实习管理目标 ⋯⋯⋯⋯⋯⋯⋯⋯⋯⋯⋯⋯⋯⋯⋯⋯⋯⋯⋯⋯⋯ 16
　　　　3.3.3　岗位实习学校管理任务 ⋯⋯⋯⋯⋯⋯⋯⋯⋯⋯⋯⋯⋯⋯⋯⋯⋯⋯⋯ 16
　　　　3.3.4　岗位实习企业管理任务 ⋯⋯⋯⋯⋯⋯⋯⋯⋯⋯⋯⋯⋯⋯⋯⋯⋯⋯⋯ 18

准备篇

任务 4　了解岗位实习企业及周边环境 ··· 24
   4.1　任务描述 ··· 24
   4.2　任务目标 ··· 24
   4.3　知识储备与任务指导 ·· 24
      4.3.1　岗位实习企业的选择途径 ·· 24
      4.3.2　岗位实习企业的选择原则 ·· 24
      4.3.3　岗位实习企业应具备的基本条件 ··································· 25
      4.3.4　选择岗位实习单位的基本程序 ······································· 26

任务 5　签订岗位实习三方协议 ··· 27
   5.1　任务描述 ··· 27
   5.2　任务目的 ··· 27
   5.3　知识储备与任务指导 ·· 27
      5.3.1　协议的种类 ·· 27
      5.3.2　签署协议的注意事项 ·· 28
      5.3.3　岗位实习三方协议的重要性 ··· 28

任务 6　加入岗位实习管理平台 ··· 30
   6.1　任务描述 ··· 30
   6.2　任务目标 ··· 30
   6.3　知识储备与任务指导 ·· 30

任务 7　参加健康检查和岗位实习动员大会 ······································· 32
   7.1　任务描述 ··· 32
   7.2　任务目标 ··· 32
   7.3　知识储备与任务指导 ·· 32
      7.3.1　参加健康检查 ·· 32
      7.3.2　参加岗位实习动员大会 ·· 32
      7.3.3　健康检查的类别和意义 ·· 33

任务 8　办理岗位实习手续和前往岗位实习单位 ······························· 35
   8.1　任务描述 ··· 35
   8.2　任务目标 ··· 35
   8.3　知识储备与任务指导 ·· 35

实习篇

任务 9　办理入职手续 ·· 42
   9.1　任务描述 ··· 42
   9.2　任务目标 ··· 42

		9.3 知识储备与任务指导 ··· 42
		9.3.1 建筑企业劳务管理概述 ··· 42
		9.3.2 劳务用工招聘 ·· 46

任务 10　参加入职培训 ··· 55
　　10.1　任务描述 ·· 55
　　10.2　任务目标 ·· 55
　　10.3　知识储备与任务指导 ·· 55
　　　　10.3.1　岗位实习学生职业指导 ·· 55
　　　　10.3.2　建筑企业劳务培训 ·· 59

任务 11　进入岗位实习课堂学习 ··· 66
　　11.1　任务描述 ·· 66
　　11.2　任务目标 ·· 66
　　11.3　知识储备与任务指导 ·· 66
　　　　11.3.1　企业岗位课堂学习的形式 ··· 66
　　　　11.3.2　建筑企业关键技术岗位与工作职责 ··· 67

任务 12　完成岗位工作 ·· 81
　　12.1　任务描述 ·· 81
　　12.2　任务目标 ·· 81
　　12.3　知识储备与任务指导 ·· 81
　　　　12.3.1　工匠精神在企业岗位实习中的塑造 ··· 81
　　　　12.3.2　职业技能鉴定和职业工种 ··· 83
　　　　12.3.3　企业技能人才评价 ·· 87
　　　　12.3.4　建筑企业部分专业工人技术等级标准 ··· 89

任务 13　填写岗位实习周记 ··· 90
　　13.1　任务描述 ·· 90
　　13.2　任务目标 ·· 90
　　13.3　知识储备与任务指导 ·· 90
　　　　13.3.1　填写岗位实习周记意义 ·· 90
　　　　13.3.2　填写岗位实习周记要求 ·· 90
　　　　13.3.3　周记范文 ·· 91

任务 14　提出合理化建议或技术改造方案 ······································ 93
　　14.1　任务描述 ·· 93
　　14.2　任务目标 ·· 93
　　14.3　知识储备与任务指导 ·· 93
　　　　14.3.1　建筑业新技术概述 ·· 93
　　　　14.3.2　创新与创业 ··· 96

任务 15	参加与组织文体活动	100
	15.1 任务描述	100
	15.2 任务目标	100
	15.3 知识储备与任务指导	100

任务 16	岗位实习过程中劳务管理	102
	16.1 任务描述	102
	16.2 任务目标	102
	16.3 知识储备与任务指导	102
	16.3.1 建筑企业的劳动定额管理	102
	16.3.2 劳务报酬管理	110
	16.3.3 建筑企业自有劳务班组承包管理模式	112
	16.3.4 建筑企业外来劳务承包队承包管理模式	115
	16.3.5 建筑企业劳务报酬管理存在问题及改进措施	116
	16.3.6 劳务公司会计及税务管理	118
	16.3.7 劳务关系管理	128
	16.3.8 建筑企业新型产业工人权益保障	133

任务 17	"一带一路"国家岗位实习	136
	17.1 任务描述	136
	17.2 任务目标	136
	17.3 知识储备与任务指导	136
	17.3.1 建筑企业国际劳务	136
	17.3.2 国际工程常用合同文本简介	148

任务 18	建筑施工安全管理	156
	18.1 任务描述	156
	18.2 任务目标	156
	18.3 知识储备与任务指导	156
	18.3.1 建筑安全生产认证制度	157
	18.3.2 施工安全生产责任和安全生产教育培训制度	159
	18.3.3 施工现场安全防护制度	167
	18.3.4 生产安全事故报告与调查处理制度	179
	18.3.5 特殊工种作业人员管理	187
	18.3.6 劳务信息化管理	191

任务 19	办理离职手续	197
	19.1 任务描述	197
	19.2 任务目标	197
	19.3 知识储备与任务指导	197

成果篇

任务 20 撰写岗位实习报告 ... 202
    20.1 任务描述 ... 202
    20.2 任务目标 ... 202
    20.3 知识储备与任务指导 ... 202
        20.3.1 实习报告的资料收集 ... 202
        20.3.2 了解岗位实习报告格式及要求 ... 203
        20.3.3 撰写岗位实习报告 ... 204

任务 21 岗位实习成绩评定 ... 205
    21.1 任务描述 ... 205
    21.2 任务目标 ... 205
    21.3 知识储备与任务指导 ... 205
        21.3.1 实习考核主要内容 ... 205
        21.3.2 学生实习成绩评定等级标准 ... 205

信息篇

任务 22 河南省职业院校实习备案管理平台应用 ... 208
    22.1 任务描述 ... 208
    22.2 任务目标 ... 208
    22.3 知识储备与任务指导 ... 208
        22.3.1 了解实习备案管理平台 ... 208
        22.3.2 实习备案操作流程 ... 208
        22.3.3 实习备案操作步骤 ... 208

参考文献 ... 227

认知篇

- 任务 1　了解岗位实习的意义
- 任务 2　了解岗位课程要求及考核方式
- 任务 3　了解岗位实习过程管理有关规定

任务 1　了解岗位实习的意义

1.1　任务描述

岗位实习包括跟岗实习和顶岗实习，是高职院校按照专业人才培养方案要求和教学计划安排，组织在校学生到企事业单位的实际工作岗位进行的实习。岗位实习是校企合作的具体体现，是工学结合人才培养模式的重要组成部分，是培养学生综合职业能力的重要教学环节，是拓宽就业渠道的重要途径。通过岗位实习经历和实习收获，从而明确参加岗位实习对提升自己职业能力的作用与意义。

1.2　任务目标

组织学生到企业岗位实习的目的在于通过全真的工作环境，让学生接受真正的职业训练，一方面帮助其更好地实现理论联系实际，进一步提高专业能力和就业竞争力，另一方面促使其自觉认识社会，熟悉自己将要从事的职业的工作氛围，自觉形成良好的职业素养和求真务实的工作作风；同时引导学生树立正确的世界观、人生观、价值观和就业观，为就业做好心理准备，为实现毕业与就业的零距离过渡奠定良好的基础。

1.3　知识储备与任务指导

1.3.1　岗位实习的内涵

1. 岗位实习的含义

岗位实习是高等职业教育专业教学的重要组成部分。岗位实习是在学校校园基本完成基础技术课和专业技术课的系统学习之后，将课堂扩展到产业园区、企业车间等生产、建设、管理、服务一线，让学生到专业对口的工作现场直接参与生产过程，综合运用本专业所学的知识和技能，进一步获得感性认识，掌握操作技能，学习企业管理，完成一定的生产任务，积累职业岗位工作经验，养成正确劳动态度的一种实践性教学形式。学校在实践教学方案设计与实施、指导教师配备、协同管理等方面与企业密切合作，强化教学过程的实践性、开放性和职业性，提升岗位实习的教学效果。

2. 岗位实习的必要性

教育的发展受到一定时期经济、政治、文化等因素的影响且必须与它们相适应，这是教育发展的基本规律。我国已进入全面深化改革、加快转变经济发展方式、建设现代产业体系、全面建成小康社会、提升国家文化软实力、实施科教兴国战略和人才强国战略的重要时期。在技术更新快、信息传播广、经济全球化的时代大背景之下，中国特色社会主义现代化建设对人才的总体预期和要求也不断提升，因此教育必须朝现代化、国际化、终身化发展。职业教育是国家教育体系中的重要组成部分，大力发展职业教育是改善民生、解决"三农"问题、实现终身学习的迫切要求和重要途径。

我们必须清醒地认识到做强职业教育和培养坚实的高素质人才基础的重要性，通过校企深度合作、行业指导，实现资源共享和优势互补，形成教学链、产业链、利益链的融合体，实现不同区域、不同层次职业教育协调发展。

近年来，虽然国家已越来越重视高等职业教育的改革与发展，但是现行的高等职业教育教学中却依然存在着与就业需求不相匹配的现象。

岗位实习改变了高等职业院校实践教学停留在简单验证性实验和课堂技能培训的局面，将学生的学习和企业的生产密切结合，将学校与企业的教育教学资源进行重新整合，强调学生与社会、企业与学校的零距离接触，突出学习实践、生产实践的相互结合和相互强化，最大限度地让学生了解企业，提高就业适应性，为实现学生零距离就业打下坚实的基础。

相对于中等职业教育，高等职业教育培养的技术技能型人才素质要求更全面，不仅要求学生要掌握必要的职业技能，而且要求他们在社会适应、社会协调以及创新能力等方面全面发展。作为实践教学的重要环节，岗位实习的特性很大程度上决定了学生职业能力能否养成，提高就业质量的目标能否实现。

1.3.2 顶岗实习的起源与背景

职业教育担负着培养生产、建设、管理和服务一线高素质劳动者和技能型、应用型人才的使命，从古至今都在发展经济、优化人才结构和增强国家竞争力等方面发挥重要作用，从融合在生产劳动中的简单模仿和训练、学徒制、独立形态的学校职业教育到校企合作的职业教育制度，前后经历了漫长的发展历程，直至今日，校企合作、工学结合已经达成世界共识。我国在借鉴德国"双元制"模式以及其他国家职业教育人才培养模式的基础上，结合本国国情，在高等职业院校开展顶岗实习，有效地推进了我国职业教育校企合作的深入发展，促进了高等职业大学生的健康成长，发挥了促进高质量就业的重要作用。

1. 国外研究与实践

实习作为培养现代高素质技术技能型人才、增强大学生就业能力的重要环节，在世界上很多国家均受到法律的严格保护，较好地实现了"企业育人"角色的最大化发挥，形成了积极"抢占"实习生市场的良性环境。

（1）德国（企业主导实习的实践）

德国的实习制度主要有两种：一种是"双元制"中以学徒身份参加的企业培训，另一种是真正进入企业后的正式训练和实习。德国的实习制度通过国家立法保护，企业和学校共同培养高水平职业人才，这是企业的一项法定责任。凡是参加职业教育的学生都要与企业签订实习培训合同，学习期满后多数仍留在原实习企业工作，期间学校和企业分别承担学生和学徒的管理工作，其中企业起到主导作用。德国立法规定，为了确保所有实习生均能得到良好的职业训练，企业必须建立一定规模的培训中心。企业允许实习生在自己专门的学徒车间或特定工作岗位中接受培训。德国法律明确规定，企业接受大学生实习，可以享有丰厚的政策优惠，进而大大降低用工成本。学徒享有德国《事故保险法》规定的工伤事故保险待遇,并获得来自政府和企业发放的报酬,虽然实习期间的工资一般是正式员工的1/3,但是德国青年中有60%～70%都愿意接受实习培训,参与率相当高。德国企业也大多十分乐意接受实习学生,并主动在企业网站推出实习岗位,为学生寻找理想的实习机会提供有利条件。学校和企业一旦建立实习关系,双方均要就实习岗位和工作内容签订实习协议,并提交双方确认和备存。企业界认为,"双元制"大学的毕业生进入企业不需要适应过程,十分划算。另外,企业期望通过争取大学生实习业务,缩短与大学的距离,由此可以充分利用大学的资源优势解决一些技术难题。因此,企业乐于寻求与"双元制"大学的合作来储备应用型技术与管理人才。

(2) 法国(政府主导实习的实践)

法国政府有较大权力对职业培训进行行政管理并对企业进行约束。法国政府要求,凡是完成义务教育的青少年劳动者,如果需要获得各类职业资格证书,必须到政府批准设立的学徒培训中心接受培训。事实上,学徒培训中心承担了一部分政府授权的管理职能,包括教学事务和监督检查等。有资质的公立或私立教育机构、技术教育或职业教育机构组织才能开展实践性、技术性培训工作或者教学工作,持有《法国劳动法典》专设的特殊类型劳动合同的学徒,与这些机构签订培训协议。为鼓励企业以职业培训和学徒培训合同雇用年轻人,法国劳工部规定,当企业雇用的年轻人超过法定3%的比例时,政府给予"免缴社会保险征摊金的补偿"。在给予这项优惠方面有两个可行的制度:一是给予一笔奖金;二是免缴社会保险征摊金。当企业未签订任何职业培训和学徒培训合同时,缴纳的税捐应加重,随着签署的合同比例增加,缴纳的税捐应减少。为了促进方案的实施,政府还将培训合同期限从5年缩短为3年。法律明确规定,学徒培训生享有劳动者所有的权益。学徒与普通员工享有同等的薪资、工时、有关工伤事故和职业性疾病的社会保险待遇,同时接受企业工厂管理并且认真履行完成雇主交办工作的义务。由此可见,法国政府采取积极措施,优化职业培训和学徒培训制度,促进年轻人充分就业,在世界舞台上树立了一面成就青年人成长成才的标志性旗帜。

(3) 日本(社内教育的实践)

1958年日本颁布《职业训练法》,制定企业训练标准。有关数据显示,1986年雇员在30人以上的企业中,94%都实施企业内教育。采用多元化的企业教育模式,大企业自主办校,中小企业则和政府、其他企业、职业培训学校合作进行职业培训,从员工进厂到退休都要接受培训,体现出终身教育的理念;企业培训课程制定实施也遵循科学规律,教学内容概括为4H:Hand(手),即技能、技巧、业务工作的熟练程度;Head(头),即学问、知识;Heart(心),即团结、坚忍、诚实和责任感;Health(体),即健康;课程编排体现"厚基础、宽口径"原则。这种全方位的培训体系,源自日本企业对职业教育的认识:职业能力只可能在工作中逐步形成,"高素质的员工,可以通过企业自己的培训,胜任所有工作"。由此可见,日本注重发挥企业在培养人才方面的重要作用。

(4) 英国(三位一体的职业教育培训实践)

20世纪80年代中期,英国政府提出了"国家教育培训目标",提出了"为成功的未来而开发技能",开始在全国范围内推行国家职业资格证书制度。现阶段英国的职业教育培训已形成三位一体的完整而灵活的体系,即:政府给予办学优惠政策;学习技能融资委员会提供相应的资金来源机制,建立质量保证体系;国家文化委员会负责证书的颁发,并制定措施对培训进行全过程督导。

2009年，英国政府推出"国家实习计划"。当年政府共计出资1.4亿英镑用于购买35000多个大学生实习岗位。与此同时，英国还要求公共机构、慈善机构和经济部门必须最大限度地接纳大学毕业生实习。在英国，职业院校的学生实习，与其他类型大学大致相同。其中，"三明治课程"模式的实习最具有代表性，并被普遍作为核心课程的必要组成成分。所谓"三明治课程"就是学生一段时间在学校学习，一段时间到工厂实习，实现工学交替的教学模式。"三明治课程"可以按照多种形式来实现，既可以按学期为单位来交替进行，也可以按学年为单位交替进行。不过，基本模式不变，即采取"学习-工作-学习"的运行方式，使课程学习与实际工作能很好地对接。值得注意的是，"三明治课程"实施过程中的大量校企合作几乎全由政府提供。在操作流程上，事先由高等教育拨款委员会下发到相关学校，然后再由接受学生的企业向学校申请资助。这样，不仅有力地保证了校企合作的深入开展，而且大大激发了企业竞相抢占实习生源的巨大热情，学校则可以避开繁琐社会事务而专注于教学水平的提高，最终使学生受益。

（5）澳大利亚（州政府为主、联邦政府为辅的集中管理的实践）

澳大利亚国家职业教育和国家职业资格培训（TAFE❶）系统，是澳大利亚全国通用的职业技术教育形式，它由澳大利亚政府开设的TAFE学院负责实施教育与培训。TAFE学院的人才培养模式是在澳大利亚国家培训局的政策指导下，国家、各州行业培训咨询机构制定培训包，各州教育服务部门根据培训包进行课程开发的统一领导，采用董事会（学校管理委员会）制，接受企业赞助，允许其法人直接参与学校管理、建设生产实习车间等，且多数教室和车间紧邻，使得教学没有理论和实践的比例之分，更有助于两者的融合，60%~70%的教师是来自行业或曾在行业工作的兼职教师或行业专家，教师边讲边练，学生边学边干，业余时间都在实习车间操作。学费低廉，政府给予补贴。学制上采取学分制，依积累学分的多少授予相应的结业证书、资格证书或文凭，短期培训发给学习证明。澳大利亚TAFE的文凭得到各行业、雇主及大学的广泛认可。学校有专门的课程咨询机构，并且以区域为整体，建立统一的信息系统，实现了信息的共享和统一管理。

（6）新加坡（教学工厂的实践）

教学工厂可以说是新加坡式"双元制"职教模式，这是其发展的一个重要环节。它将学校和工厂二元合一，按工厂的模式办学，为学生创造一个工厂的生产环境。模拟现场主要是由企业提供，学院则负责管理和日常运作，自负盈亏。其具体做法是：一二年级学生学习专业理论课和基本技能训练课，三年级学生根据自选专业方向，加入由学校向工厂企业承揽的"工业项目"，与教师和师傅或技术员一起组成"工业项目组"，并在他们的管理和指导下进行实际生产操作。"工业项目"的科技含量必须达到一定水平，不以营利为目的，但要进行成本核算，以保本微利为原则，这既可以支持学校建设也是对学生的一种经营生存训练。教学工厂的发展另一个重要环节就是它的知识管理和无界化管理。知识管理是经验的积累与分享，包括理念的分享、技术的分享和成果的分享。师生通过实际问题的解决方案完成工程项目，积累知识和经验，并建立知识库，实现师生项目分享。无界化管理淡化学校各级组织的界限，通过项目无界化、技术无界化、人才无界化、校园管理无界

---

❶ TAFE：Technical And Further Education，职业技术教育学院。

化等的"无界化"合作,促进不同学科专业的人力资源、教学资源、财力资源、信息资源和环境资源等的无障碍沟通与共享利用,促进成员的团队合作精神,促进学校与社会、教学与生产、教学与科技工作的紧密结合,促进校企合作、国际合作、人才流动。

综上所述,这些国家职业教育实习管理制度都相对成熟。但是由于各国国情不同,经济文化背景不同,不能完全照搬国外管理方式,而要积极探寻适合本国的管理方法,才能真正提高顶岗实习的管理质量。

2. 国内研究与实践

自 20 世纪 90 年代中国大力发展职业教育以来,国家先后颁布了各种文件、决定、通知制度、法律等,大多涉及岗位实习,指导和规范岗位实习的实施,高职院校积极响应并进行了有益的探索。2002 年 8 月,《国务院关于大力推进职业教育改革与发展的决定》指出,加强实践教学提高受教育者的职业能力。职业学校要把教学活动与生产实践、社会服务、技术推广及技术开发紧密结合起来,把职业能力培养与职业道德培养紧密结合起来,保证实践教学时间,严格要求,培养学生的实践能力、专业技能、敬业精神和严谨求实作风。职业学校应改善教学条件,加强校内外实验实习基地建设。职业学校要加强与相关企事业单位的共建和合作,利用其设施、设备等条件开展实践教学。

2005 年 10 月,《国务院关于大力发展职业教育的决定》(国发〔2005〕35 号)指出,大力推行工学结合、校企合作的培养模式。与企业紧密联系,加强学生的生产实习和社会实践,改革以学校和课堂为中心的传统人才培养模式。高等职业院校学生实习实训时间不少于半年。建立企业接收职业院校学生实习的制度。在实习期间,企业要与学校共同组织好学生的相关专业理论教学和技能实训工作,做好学生实习中的劳动保护、安全等工作,为顶岗实习的学生支付合理报酬。2006 年 11 月,教育部《关于全面提高高等职业教育教学质量的若干意见》(教高〔2006〕16 号)指出,要积极推行与生产劳动和社会实践相结合的学习模式,把工学结合作为高等职业教育人才培养模式改革的重要切入点。人才培养模式改革的重点是教学过程的实践性、开放性和职业性,实验、实训、实习是三个关键环节。要重视学生校内学习与实际工作的一致性,校内成绩考核与企业实践考核相结合,探索课堂与实习地点的一体化;积极推行订单培养,探索工学交替任务驱动、项目导向、顶岗实习等有利于增强学生能力的教学模式;引导建立企业接收高等职业院校学生实习的制度,加强学生的生产实习和社会实践,高等职业院校要保证在校生至少有半年时间到企业等用人单位顶岗实习。加强实训、实习基地建设是高等职业院校改善办学条件、彰显办学特色、提高教学质量的重点。加强和推进校外顶岗实习力度,使校内生产性实训、校外顶岗实习比例逐步加大,提高学生的实际动手能力。

2014 年 5 月,《国务院关于加快发展现代职业教育的决定》(国发〔2014〕19 号)指出,坚持校企合作、工学结合,强化教学、学习、实训相融合的教育教学活动;加大实习实训在教学中的比例,创新顶岗实习形式,强化以育人为目标的实习实训考核评价;开展现代学徒制试点;健全学生实习责任保险制度。

《国家中长期教育改革与发展规划纲要(2010—2020)》明确提出:"把提高质量作为重点,以服务为宗旨,以就业为导向,推进教育教学改革。实行工学结合、校企合作、顶岗实习的人才模式。"

《教育部等八部门关于印发〈职业学校学生实习管理规定〉的通知》(教职成〔2021〕

4号)(简称《通知》),并发布《职业学校学生实习管理规定》(简称《规定》)和《职业学校学生岗位实习三方协议(示范文本)》。《通知》明确了实习基本规范、底线和红线,《规定》提出了实习组织、实习管理、实习考核、安全职责和保障措施等全链条、全过程的基本要求,针对实习关键节点明确了行为准则,提出1个"严禁"、27个"不得",为实习管理画出了底线和红线,对实习各方提出了刚性约束。《规定》强调实习的全过程管理,覆盖实习过程各个环节,包括实习组织、实习管理、实习考核、安全职责等,实现全过程管理;明确各方的管理职责,教育行政部门负责统筹指导职业学校学生实习工作,职业学校主管部门负责职业学校实习的监督管理,职业学校应当会同实习单位共同组织实施学生实习。建立实习指导教师制度,职业学校和实习单位应当分别选派经验丰富、业务素质好、责任心强、安全防范意识高的实习指导教师和专门人员全程指导、共同管理学生实习,对违规组织实习提出处罚措施。

《规定》的发布,贯彻落实了中央领导批示精神和加快发展现代职业教育有关部署的要求,保证了实习教学效果,推动职业教育人才培养质量提升的客观需要,保证了实习教学效果,推动职业教育人才培养质量提升的客观需要。

综上所述,国家已确定了岗位实习的重要地位,教育部门也要求大力推进校企合作、工学结合、岗位实习人才培养模式。高职大学生岗位实习是一项系统的社会活动,它的发展不是单靠某一方的力量就可以实现。当前我国政府的宏观调控、政策导向和法律支持是保障顶岗实习的外推力;校企合作、互惠互利互助是深化岗位实习的内驱力;相应的管理制度和协调组织机构是健全岗位实习的运行机制;学生及家长对岗位实习的全面认识是岗位实习取得成效的前提条件。这四者的有机结合,将使得顶岗实习富有生命力,从而实现持续发展。

1.3.3 岗位实习的特征

岗位实习是实施专业知识与生产实践相结合的教学形式,是学生熟练掌握职业技能的关键环节,它本质上属于一种教学过程。这是一个不同于课堂教学的特殊过程,生产劳动是实现其教学目标的手段。岗位实习的课程目标和课程内容,要高度重视学生在真实情境下综合职业能力的培养,引导学生在真实岗位实践中提高解决实际问题的能力,在不同岗位实习中加强技能训练,提高自身的综合职业能力。

1. 管理主体多元化

大学生岗位实习管理主体呈现出多元化的特征。岗位实习期间,学生的学习和生活空间发生了很大的变化。他们走出校园,走进真实的工作环境中,管理学生的重任仅仅依靠学校教师是不行的,因为此时此刻学生更多的是参与实习单位的生产劳动,实习单位对于学生的实习状况是最了解的,而且学生生产的产品质量必须符合实习单位的质量标准,所以实习单位对学生岗位实习的管理是最有效的。实习单位与学校共同构成管理学生的主体。大学生既是实践育人的对象,也是开展岗位实习实践教学的主体。

2. 学生身份特殊化

在学校,学生是学习的主人,其主要任务是学习科学文化知识,其身份是单一的学生身份。而高职大学生在岗位实习期间,不仅是职业院校的学生,而且是实习单位的"准员工"。作为职业院校的学生,他们同样与在校生一样需要受到学校规章制度的约束,不能无故违反学校纪律；同时作为实习单位的"准员工"，必须遵守实习单位的规章制度，与正式员工一样参与生产。

学生在岗位实习期间处于一个开放的生活和学习空间，他们会接触到更多的社会人。在社会中，他们的思想、行为和言语等会受到不同程度的影响，减少了一份"学生气"，增加了一份"社会气"。学生顶岗实习期间身份的"双元"色彩，使得对其管理的内容出现复杂性，也必然增加了管理的难度。

3. 实习地点分散化

目前，高职院校安排岗位实习、落实实习单位，大多采取学生自主选择和学校统一安排两种方式。长期以来，由于传统思想的影响以及相关政策的不完善，用人单位参与职业教育办学热情一直不高，再加上近年来国际金融危机的影响，一些用人单位为了开源节流大量减员，其能提供的实习岗位不断减少，而高等教育的扩招使得高职院校的学生数逐年增加，希望成建制的全班学生或相同专业的学生在同一个实习单位进行岗位实习确实较为困难。所以，为了保证所有的学生都能参与岗位实习，学生们被"化整为零"，分散进入不同的企业进行岗位实习。实习地点的分散化，需要高职院校花费大量的人力、财力和物力参与岗位实习的管理，增加了学校和企业开展岗位实习评价和考核的难度，给提高职教学生岗位实习质量带来挑战。

4. 实习时间跨度大

《教育部等八部门关于印发〈职业学校学生实习管理规定〉的通知》（教职成〔2021〕4号），要求高等职业院校学生实习实训时间不少于6个月。岗位实习作为高职院校人才培养工作的重要组成部分，对学生的职业素养和就业能力的提高具有不可替代的作用。因此，为了落实教学任务，保证学生能在实习中真正有所收获，高职大学生岗位实习时间一般安排在第六学期或者最后一年。但是，对于岗位实习的管理并不是从此时才开始，在学生岗位实习之前就需要对学生进行思想政治教育、实习动员、实习安排等。

由此可见，岗位实习的时间跨度较大，不仅包括学生选择实习单位的指导和引导，而且包括岗位实习过程的管理与指导，岗位实习结束后的评价、考核和总结。缺少对岗位实习单位选择的指导和引导，学生难以选择到合适的企业与合适的岗位，就会"输"在岗位实习的起点；缺失岗位实习过程的管理与指导，就难以达到岗位实习的目标；没有岗位实习结束的评价和总结，学生就难以认识自身需要进一步加强的环节。

5. 管理内容复杂化

学生在校园生活和学习环境比较简单，学生的生活和学习趋势是可预测的，而学生走进真实的工作环境进行岗位实习，其所处的环境变得较为开放和复杂，不仅学生适应环境需要时间和过程，而且学校管理的复杂程度也相应提高。这就使得学生在岗位实习期间偶然因素有所增加，对岗位实习的规范管理也带来挑战。岗位实习的管理内容不仅涉及与专业相对应的职业岗位学习，而且包括岗位实习期间学生的日常生活，例如，学生执行学校规章制度、落实实习目标的状况、学生在企业实习期间的出勤情况、劳动纪律以及是否服从学校安排等。

1.3.4 岗位实习的总体要求

工学结合、校企合作、岗位实习，是具有中国特色的职业教育人才培养模式。学校组织学生岗位实习，应当全面贯彻国家的教育方针，实施素质教育，坚持教育与生产劳动和社会实践相结合，遵循学生成长规律和职业能力形成规律，培养学生职业道德、职业技能，促进学生全面发展和就业，提高教育质量。

学生岗位实习是实现职业教育培养目标、增强学生综合能力的基本环节，是教育教学的核心部分。岗位实习应当按照育人为本、学以致用、专业基本对口、理论与实践相结合的原则实施。建立行业、企业、学校共同参与的机制，学校根据专业人才培养方案，与实习单位共同制订实习计划，实习岗位应符合专业培养目标要求，与学生所学专业对口或相近，岗位实习内容应与所学专业密切结合，突出"做中学、做中教"的职业教育教学特色，确保岗位实习的教学效果和岗位技能训练水平。

1) 岗位实习是学生毕业前在真实工作岗位上进行的实习，是体现"校企合作、工学结合""教学过程的实践性、开放性和职业性"的最好方式之一。

2) 一般情况下，岗位实习安排在学生毕业前最后一学期进行；因特殊需要，可以安排在其他时间进行，原则上要保证学生岗位实习时间在半年或以上。

3) 岗位实习为各专业的必修课程，学生考核合格方能取得毕业证。

4) 岗位实习单位原则上由各系一落实。学生可以在最后一学期开学前自行联系岗位实习单位，但需经系审核批准。

5) 组织学生进行岗位实习，既要有利于提高学生的综合职业能力和就业能力，又要保障学生的合法权益，并提供必要的劳动保护。

6) 岗位实习结束后，所有学生必须按规定的时间完成岗位实习任务，并于规定时间前将所有规定的岗位实习相关材料交到校内指导教师处。

1.3.5 学生岗位实习纪律和安全要求

学生岗位实习期间，既是学校的学生又是企业的（准）员工，要特别注意遵纪守法和保护自身安全，具体要求如下：

1) 认真做好岗位的本职工作，培养独立工作能力，刻苦锻炼和提高自己的业务技能，在岗位实习的实践中努力完成专业技能的学习任务。

2) 在实习期间，必须强化职业道德意识，爱岗敬业，遵纪守法，做一名诚实守信的实习生和文明礼貌的员工。

3) 服从领导、听从分配，不做损人利己、有损企业形象和学校声誉的事情。

4) 经常保持与学校指导教师和辅导员的联系，至少每半个月要与学校指导教师联系一次，汇报实习情况；密切注意学校教学务管理系统网站上公布的与毕业生有关的各种信息，联系方式和工作地点发生变动时要及时通知校内指导教师和辅导员，并保证提供的联系方式正确有效，如因提供的联系方式出现问题，一切后果自负。

5) 要严格遵守企业劳动纪律和各项规章制度，如果在实习期间，由于违反单位的管理规定或因品德表现等原因被实习单位退回学校，则视为实习成绩不及格。

6) 实习学生应牢记"安全第一"，必须遵守安全管理规定，遵守交通规则，避免安全事故发生。对不遵守安全制度造成的事故，由学生自行负责，对工作不负责造成的损失，必须追究相关责任。

7) 认真做好实习工作记录，每周对实习情况进行记录和总结一次，填写学生岗位实习周记。

8) 在实习期间，实习学生要服从分配，按照要求岗位实习，完成岗位实习任务。岗位实习期间，不得私自更换实习单位。

9) 在岗位实习过程中，发生重大问题，学生本人和同单位实习学生应及时向实习单位和校内指导教师报告，指导教师要及时向学校和实习单位双方负责人报告。

1.3.6 岗位实习相关政策

为推动我国职业教育高质量发展，近几年从中央到地方，先后发布了关于职业院校发展的各类通知和文件，从制度上对职业教育进行规范，尤其是对职业教育的核心环节岗位实习，提出更高的要求，也给出了相应的管理文件。各省级教育部门根据教育部等部门的要求，结合各省的实际情况，出台相应的实施办法，并实现数字化升级，强有力地推动我国职业教育向着有序、规范、高质量方向发展。

岗位实习相关政策文件：

1.《教育部等八部门关于印发〈职业学校学生实习管理规定〉的通知》（教职成〔2021〕4号），见二维码。

1.1

2. 附件1：职业学校学生实习管理规定，见二维码。

1.2

3. 附件2：职业学校学生岗位实习三方协议，见二维码。

1.3

4.《河南省教育厅关于印发〈进一步加强职业院校校企合作办学和实习管理工作的办法（试行）〉的通知》（教职成〔2021〕392号），见二维码。

1.4

任务 2　了解岗位课程要求及考核方式

2.1　任务描述

了解岗位实习的意义后,阅读和学习学校专业人才培养方案或岗位实习课程标准中的相关规定,从而明确岗位实习的目标、任务、考核要求和形式。了解建筑企业常见岗位情况。

2.2　任务目标

了解岗位实习的课程性质、开设时段及课程培养的能力目标;明确岗位实习的任务与岗位要求;明确岗位实习考核方式与考核形式;掌握建筑企业常见岗位基本情况和职责。

2.3　知识储备与任务指导

2.3.1　岗位实习的内涵

遵循教育教学规律、人才市场规律、学生成长规律和职业能力的形成要素,通过学生与实习单位的双向选择,将学生就业与教学实习紧密结合的集中性实践教学环节。岗位实习是通过学生在所学专业的合适岗位参与实际工作,积累岗位工作经验,进一步促进学生职业道德的养成提高综合素养与综合能力,提高培养的针对性和适应性,提高技术技能人才的培养质量,增强学生的社会责任感、创新精神和实践能力。

学生在岗位实习阶段的自主性较强,实习单位的选择必须综合考量岗位与专业适合度、岗位与职业期待吻合度、实习时间与休息休假的满意度、实习报酬的满意度、就业薪资福利的满意度、社会保险的满意度、职业发展前景与工作环境的满意度等因素。

岗位实习体现了学生在实习形式的选择和实习过程的发展中的主体地位;是实现学校的专业建设与产业和企业的实习岗位、就业岗位的无缝对接的表现形式;是培养学生职业能力、职业素养和职业精神的综合性、集中性、集成性环节;是加快产教融合、校企合作共育人才,深化高等职业教育工学结合人才培养模式改革的重要载体;是引导学生提升职业道德、实现成功就业的重要过程;是推进产教结合,促进企业长远发展,促进校企合作构建利益共同体的主要抓手。通过就业岗位实习,学生可以进一步提高实践能力,增加就业机会,拓宽就业渠道,进行比较准确的定位。

2.3.2　岗位实习标准

岗位实习是创新"校企合作、工学结合"人才培养模式的重要环节。通过岗位实习,使学生能够尽快将所学专业知识、岗位技能与生产实际相结合，使学生树立起职业理想，养成良好的职业道德，练就过硬的职业技能，从根本上提高人才培养质量。为确保岗位实习各项任务的顺利完成，提高实习质量，我们需要进一步加强岗位实习的组织管理，根据各专业的异同制订岗位实习的标准。

制订岗位实习的标准，最根本的是首先对开展岗位实习的企业进行调研，明确岗位实习的岗位（群），通过实习岗位（群）分析，确定岗位实习所要达到的目标。根据专业面向的岗位实习岗位群和岗位实习目标，校企共同制定岗位实习标准。

岗位实习目标确定：通过对各专业面对的职业岗位分析，确定岗位实习所达到的目标。

（1）知识目标

结合实习岗位任务与综合实习项目要求，深化专业知识学习，从任务要求的知识点切入，拓展学习，达到任务要求的标准。

（2）能力目标

制订岗位技能和能力训练计划，培养专业综合能力，能够独立开展岗位工作，掌握工作要领，实现与就业岗位"零距离"对接。通过岗位实习，具备良好的语言表达能力、较强的工作协调能力、良好的文字组织能力、基本的组织协调能力、对自身部门（组织）工作的统筹与计划能力、一定的应变能力、较好的计算（心算）能力、较强的实务操作能力。

（3）素质目标

岗位实习阶段，以"职场人"身份要求学生，塑造职业精神，养成良好的职业素养具备良好的职业道德和敬业精神，具有较丰富的知识结构和很好的文化素养，具有稳定的心理素质，能自我调节心态，自信但不骄狂，自重而不浮躁，具有优良而健康的体魄。提升学生的世界观、人生观、价值观，培养严谨的工作态度、吃苦耐劳的敬业精神和团队合作精神，提高自主学习能力、分析问题解决问题的能力，增强安全环保意识和质量意识，养成良好的职业素养。

2.3.3 岗位实习成绩考核

1. 考核原则

学生在岗位实习期间接受学校和企业的双重指导，校企双方要加强对学生的工作过程控制和考核，实行以企业为主、学校为辅的校企合作考核制度，双方共同填写"岗位实习鉴定表"。

2. 成绩评定方式

（1）考核包括两部分，一是企业指导教师对学生的考核，占总成绩的 $X\%$；二是学校指导教师对学生的实习周记、报告进行评价，占总成绩的 $Y\%$，$X+Y=100$。

（2）企业指导教师对学生的考核：企业指导教师针对学生职业素养、工作态度、敬业精神、劳动技能、协作能力、创新意识与心理素质等情况进行过程考核，根据企业工作项目的完成情况给予成绩评定。

（3）学校指导教师对学生的考核：学校指导教师根据企业的反馈意见，通过学生实习周记、报告的批改、检查，给出评价等级。

3. 成绩考核标准

岗位实习成绩考核优秀、良好、中等、合格、不合格五个等级。由企业和学院指导教师根据学生在实习过程中的实习表现、实习周记、报告等评定实习总成绩。

（1）优秀：达到岗位实习任务书中所规定的全部要求，实习总结报告中对实习内容进行全面系统的总结，能运用所学理论知识对某些问题加以系统地分析，并有自己的独到见解或合理化建议；实习期间无缺勤、违纪行为。

（2）良好：达到实习计划中所规定的全部要求，实习总结中对实习内容进行较为系统的总结，能运用所学知识加以较为系统地分析，有自己的见解或合理化建议；实习期间无缺勤、违纪行为。

（3）中等：达到实习计划中规定的基本要求，实习总结能对实习内容进行较全面的概括，内容基本正确；无请假、缺勤、违纪行为。

（4）合格：达到实习计划中规定的基本要求，实习总结能对实习内容进行较全面的概括，内容基本正确；实习期间偶有请假现象，但无缺勤、违纪行为。

（5）不合格：凡有下列情况之一者，实习成绩均认定为不合格：

1）未达到岗位实习任务书的基本要求，实习报告内容有明显错误。

2）学生在实习期间因故请假的时间超过全部实习时间的 1/3 者，实习中无故旷工超过全部实习时间的 1/4 者，除实习成绩不合格外，还须按学生守则规定进行纪律处分。

3）实习期间严重违纪，造成恶劣影响或给实习单位、学校或其他单位造成重大损失者实习考核成绩不合格，不能取得相应学分，应重新参加实习。

2.3.4 职业素养的养成

职业信念、职业知识技能和职业行为习惯是职业素养的三大核心内容，此三大核心内容适用于任何行业。

1. 职业信念

"职业信念"是职业素养的核心。良好的职业素养包含良好的职业道德、正面积极的职业心态和正确的职业价值观，是一个成功职业人必须具备的核心素养。良好的职业信念应该是由爱岗、敬业、忠诚、奉献、正面、乐观、用心、开放、合作等这些关键词组成。

2. 职业知识技能

"职业知识技能"是做好一个职业应该具备的专业知识和能力。俗话说"三百六十行，行行出状元"。没有过硬的专业知识，没有精湛的职业技能，就无法把一件事情做好，就更不可能成为"状元"了。

要把一件事情做好，就必须坚持不懈地关注行业的发展动态及未来的趋势走向；就要有良好的沟通协调能力，能够上传下达，左右协调从而做到事半功倍；就要有高效的执行力研究发现，一个企业的成功，30%靠战略，60%靠企业各层的执行力，只有10%的其他因素执行能力是每个成功职场人必须修炼的一种基本职业技能。此外，还有其他很多需要修炼的基本技能，例如，职场礼仪、时间管理及情绪管控等。

各个职业有各个职业的知识技能，每个行业还有每个行业的知识技能。总之，学习提升职业知识技能是为了让我们把事情做得更好。

3. 职业行为习惯

"职业行为习惯"就是在职场上通过长时间的"学习—改变—形成"而最后变成习惯的一种职场综合素质。

信念可以调整，技能可以提升。要让正确的信念、良好的技能发挥作用就需要不断地练习、练习、再练习，直到成为习惯。

2.3.5 工匠精神

2016年3月，国务院政府工作报告首次提出"工匠精神"一词。"工匠"是技艺精湛的人，《尚书·虞书·大禹谟》有云："人心惟危，道心惟微；惟精惟一，允执厥中。"经济学原理告诉我们，无论技术发展到什么水平，都离不开人这一最核心的生产要素。

"工匠"是有工艺专长的匠人，"精神"是指人的意识、思维等，工匠精神，是指工匠对自己的产品精雕细琢，精益求精的精神理念。古语云："玉不琢，不成器。"工匠精神不仅体现了对产品精心打造、精工制作的理念和追求，更是要不断吸收最前沿的技术，创造出新成果。

中国商用飞机有限责任公司的"大国工匠"胡双钱，在自己的行业干了35年，"在车间里，他从不挑活，什么活都干，通过完成各种各样的急件、难件，他的技术能力也在慢慢积累和提高"。胡双钱"在35年里加工过数十万个飞机零件，在这里没有出现过一个次品"。工匠精神的内涵是：

（1）精益求精。精益求精的通俗解释就是"没有最好，只有更好。"追求完美和极致，注重细节，孜孜不倦，不惜花费时间精力，反复改进产品，把99%提高到99.99%。

（2）一丝不苟。严谨求实，对产品采取严格的检测标准，不达要求绝不轻易交货。

（3）耐心专注。坚持不断提升产品和服务，在专业领域上永远追求进步。

（4）专业敬业。工匠精神的目标是打造本行业最优质的产品，打造其他同行无法匹敌的卓越产品。

2.3.6 建筑企业常见的岗位及其职责

建筑企业根据各类工作岗位的不同，将现场人员分为安全员、材料员、监理员、施工员、造价员、质检员、资料员、机械员、劳务员、标准员等，这也是每一位走进准工作岗位的建筑类大学生的必经之路。各类岗位职责请参阅本教材任务11。

任务 3　了解岗位实习过程管理有关规定

3.1　任务描述

作为一名即将参加岗位实习的高职生,要阅读和学习学校岗位实习管理系列文件,了解本校在岗位实习方面的相关管理规定,了解所在企业在岗位实习方面的相关管理规定,从而明确岗位实习过程中必须遵守的规定。

3.2　任务目标

学习岗位实习安全管理的相关细则,了解根据国家颁布的劳动法规、安全生产法规的有关条例、条令及鉴定和处理工伤事故的原则规定,以保证师生在校外实习时的人身安全、设备安全;明确高职院校对岗位实习教学管理的控制程序,以确保实习生遵守岗位实习教学秩序;明确高职院校岗位实习学生管理协议内容及相关规定,了解学校与实习生、实习企业等各方面的职责与义务。

3.3　知识储备与任务指导

3.3.1　岗位实习管理的必要性

在高等职业教育教学全过程中,学生最重要的集中性实践环节是到企业岗位实习,进入企业岗位实习的时间一般在一个学期以上。高职人才培养模式的关键是将校内学习与校外岗位实习有机结合,校外岗位实习以其真实的工作环境、具体的工作岗位、明确的职业任务实现了与就业的无缝对接,与工作岗位的零距离接触,从而使得岗位实习成为高职院校工学结合的一个重要教学环节。

岗位实习具有教学时数长(占整个学业的 $1/6 \sim 1/3$)、实践单位分散、教学安排困难、个性化指导不易、社会关注度高等特点,因此对其教学指导和规范管理既是重点也是难点。上述岗位实习的现状特征,归结为以下六难:过程管理难、分类指导难、质量保障难、安全监控难、成果评价难、资料积累难。因此,传统的以岗位实习贯穿始终的企业岗位实践全过程的教学及管理环节基本处于"放羊"状态。

为了更好地利用学校和企业两个育人环境,保质保量地让岗位实习学生愉悦度过从"大学生"到"准员工"这一角色转换的特殊时期,造就满足社会需要的高素质技术技能型人才,使学校教育紧贴社会需求,使学生的岗位实习全过程呈现出良好的"放养"状态,真正发挥出岗位实习的作用,在当前构建有效的企业岗位综合实践全过程教学指导及管理模式尤为重要。

3.3.2 岗位实习管理目标

解决传统岗位实习呈现出的难点，其核心是如何更有效地指导岗位实习，加强企业岗位综合实践内涵建设，促进学生高质量就业。岗位实习可以借助互联网平台，在岗位实习的安排、指导和管理上实现职业教育改革与发展的新突破，即突破传统管理模式的瓶颈，实现分散实习集中化、学生指导个性化、实习考核过程化、安全监控全程化、成果形式多样化、资料积累电子化等目标，达到全员、全过程动态信息化规范管理的目标，实现企业岗位综合实践的"集中"式管理。

1. 总体目标

通过建立职责明晰的全过程分类指导及管理体系，健全岗位实习全过程管理制度及工作流程，结合河南省职业院校实习备案管理平台，规范学校、企业管理，构建学校专业教师、企业指导教师共同指导的实践教学体系，从而为高职院校岗位实习的教学及管理提供参考和借鉴。

2. 专业知识目标

专业指导教师从专业角度对学生进行岗位理论知识补缺、职业生涯设计指导、良好职业素养引导。同时，根据专业人才培养方案，按照学生的实习单位情况、实习岗位特点和就业意向，设定差异化的企业岗位综合实践目标，实行分类指导和差异化考核，实现行业企业人才需求与学生个性潜能发展的平衡。

3. 专业技能目标

企业指导老师参与、协助学校指导教师共同编制学生技能训练计划，并按训练计划负责学生实习过程的业务指导与管理。通过企业指导教师在长期实践中积累下来的技能、技巧经验和诀窍等高度个性化知识的传授，大大提升学生的专业技能水平，塑造学生的职业精神。

4. 职业素质目标

在岗位实习全过程管理中，专职辅导员全程跟踪管理岗位实习学生，要求辅导员在学生岗位实习期间实地看望学生，掌握学生的思想动态，做好安全防范教育、职业综合素养教育等过程管理工作。目的是要把素质教育、思想工作做到实习线，提升学生的综合职业素养。

5. 岗位实习管理成效

基于平台的岗位实习管理，可以全面掌握学生的岗位实践状况，全方位实现企业岗位综合实践考核，整体掌握师生互动交流和教师的指导情况，因此，在企业岗位综合实践的质量保证、管理效率和过程监控方面成效显著。

3.3.3 岗位实习学校管理任务

1. 构建全程动态管理模式

建立以生为本的实习管理平台。使用基于互联网的河南省职业院校实习备案管理平台，是保证岗位实习和企业岗位综合实践教学质量、提高管理效率、加强过程监控的基础。通过平台，实现全员、全过程、实时动态的企业岗位综合实践的综合管理。实现岗位实习教学管理的即时化和动态化，较好地解决了传统岗位实习教学管理模式存在的不足。

2. 建立全过程指导体系

为保证企业岗位综合实践教学环节的教学质量，使学校指导教师、企业指导教师的全过程指导落到实处，确保学生岗位实习工作的顺利开展，必须建立企业岗位综合实践全过程指导体系。

为满足学生个性培养需求，引导学生更好更快就业，针对企业岗位综合实践环节，以培养社会需要、具有可持续发展能力的高素质技术技能型人才为目标，全员参与、分层负责、分层指导。为保证在岗综合实践质量，提高管理效率，加强过程监控，学校成立岗位实习学校和院系两级工作领导小组，建立学校和院系两级实习组织机构，对学生岗位实习实施实习学校和院系两级教学管理，明确职责，分层负责岗位实习工作的规划、协调组织管理和教学指导工作，并使之落到实处。

（1）学校层面管理工作：学校成立由分管教学副院长任组长，党委副书记、教务处、学生处负责人任副组长，各二级学院院长、系主任为主要成员的学校岗位实习领导小组，统筹规划，协调并统一管理学生岗位实习工作。

学校总体负责审批全校学生岗位实习教学实施计划，统筹、协调、指导全校各院系的岗位实习工作，检查各院系岗位实习工作的落实和执行情况，研究和解决岗位实习过程中出现的各种重大问题。

（2）院系层面管理工作：各院系成立以系部主任为组长，教研室主任、专业骨干教师和企业专家为主要成员的院系学生岗位实习领导小组，在学校统筹下，全面负责本院系学生岗位实习的组织管理、教学指导等具体实施工作。

由系部主任牵头，各教研室结合专业实际情况，组织编写各专业的在岗综合实践实施计划、教学大纲、工作计划等教学资料，并进行认真审核；各教研室具体负责指导教师的委派，教师组织落实学生岗位实习单位；指导老师、辅导员具体落实企业岗位综合实践的动员工作，召开企业岗位综合实践安全宣传会，并组织实习学生签订岗位实习三方协议；院系二级管理员负责综合实践平台的日常管理工作，汇总本院系学生的岗位实习成果材料，整理、保存实习教学资料并按规定上报有关资料。

（3）学校指导教师：学校指导教师的主要职责是岗位理论知识补缺、设定专业岗位实习目标。首先，从专业角度对学生进行岗位理论知识补缺、学习研究方向引导、职业生涯设计指导、学生所需资料提供等方面的指导，在此基础上对学生适时融入就业思想教育、适应社会能力等方面的指导，真正发挥教师"教书育人"的不可替代的作用。其次，根据专业人才培养方案，按照学生的实践单位情况、实践岗位特点和就业意向，设定不同的综合实践目标。最后，与企业指导教师紧密合作，共同制订和执行本专业的岗位实习大纲，开展对学生职业能力的培养。在与企业指导教师沟通的同时，学校专业教师也能不断地从行业中得到新知识，从而使自己的课堂教学更加生动，实践指导紧贴岗位。

（4）辅导员：辅导员的主要职责是在企业岗位综合实践全过程中，全程跟踪、管理岗位实习学生，把素质教育、思想工作做到岗位实习一线。首先，辅助学校指导教师，在学生岗位实习前召开实习动员会，要求学生严格遵守实习守则和实习单位的规章制度，进行职业道德教育。强调实习纪律、强化学生的安全意识，做好实习中的安全防范工作。其次，掌握学生的思想动态，做好安全防范教育、职业综合素养教育等过程管理工作。最后，在岗位实习全过程中，需根据学生的岗位实习状况，采用不同的交流形式经常与学生联系，可以通过线上交流，如微信、QQ、电子邮件或电话、短信等形式，及时了解学生的思想动态及岗位实习情况。

（5）企业指导教师：企业指导教师的主要职责是实践技能、实践技巧、实践经验和诀窍的传授。学校的岗位实习全过程是在企业进行，因此，为岗位实习学生配备一名专业技能过硬实践经验丰富的企业指导教师，对提升岗位实习学生的职业技能尤为重要。

学校会更加重视深化校企协同育人，创新校企合作育人的途径与方式，充分发挥企业的重要主体作用，促进更多的企业指导教师参与并协助学校指导教师共同编制学生实习计划，并按实习计划负责学生实习过程的业务指导与管理。

3. 岗位实习实践教学体系运行模式

岗位实习是由学校、企业、学生、学生家长以及社会各要素构成的合作系统。岗位实习全程由学校、企业、学生三方共同参与完成，校企共同管理，学校居于主导地位。在岗位实习的组织与实施过程中，学校需健全岗位实习全过程管理制度及工作流程，规范各参与单位，以提高岗位实习管理效率和管理水平，提升企业岗位综合实践质量。

3.3.4　岗位实习企业管理任务

1. 企业实习生制度的含义

实习生制度，是指企业有计划、有目的地从高校中招收在校大学生作为培养对象，根据他们的才能和素质安排合适的实习工作岗位的一种制度。学生完成企业实习计划，在实习结束后并不是必须留在企业，他们可以自主选择。作为一种对用人单位和实习生都有益的人力资源制度安排，对实习生的接受单位而言，这是发展和储备人力资源的措施，可以让其低成本、大范围地选择人才，培养和发现真正符合用人单位要求的人才；对实习生来说，可以真正地得到锻炼，为将来步入社会奠定基础，因此，这是一项"双赢"的制度。

企业人力资源管理制度包括招聘制度、培训制度、绩效管理制度、薪酬管理制度、劳动关系管理制度等。实习生制度也是企业整体人力资源战略、企业人力资源管理制度体系的重要组成部分。

2. 企业接收岗位实习学生前的准备工作

（1）增强社会责任感

岗位实习一般持续时间较长，对企业的生产有一定的影响。岗位实习的特殊性在于，学生实习后未必会留在企业工作，不少企业耗费了很多心血，最终颗粒无收，学生还是选择了离开企业，导致企业对岗位实习淡漠，不愿意接收，甚至排斥实习生。因此，做好岗位实习工作，就要求企业本着一颗为社会培养人才的责任心，承担社会义务，真正投入到人才培养的工作中去，为接收实习生做好充分的准备工作。

（2）选择合作学校

选择教学严谨，且能与企业建立良好沟通的学校。学生在校内掌握的专业知识与实训技能的多少将持续影响到其在校外企业实习岗位的表现，校内的品德教育将影响其在校外企业实习岗位的职业道德培养。不同学校的学生在接受能力、对环境的适应能力上都有差异。能与企业建立良好沟通的学校，能积极参与学生实习期间的有关管理工作，对于在实习过程中有可能发生的各种问题的及时处理与有效化解，具有很大的作用。

(3) 明确企业与学校在学生岗位实习期间的职责

学生到企业实习之前,企业、学校双方应签订协议,明确校企双方的管理责任。对于企业来讲,虽然学生还要经过试用期或培训期,但学生已经在企业实习岗位上,也是一种新员工。对于学校来讲,学生虽然已到企业进行岗位实习,由于学生并未毕业,仍然是学校的学生。学生在岗位实习期间既具有企业职工性质,又是学校学生,具有双重身份。在对学生管理上,企业应按单位规章制度负责对学生的日常管理,学校要积极协助和配合企业的管理,并负有跟踪调查学生的表现情况,对学生进行综合评价的责任,以及负有对于有问题的学生进行疏导教育和配合企业进行严格管理的责任。对有可能发生意外或因工作受伤等事故所负责任范围,企业与学校之间都要加以明确界定,以减少有可能发生的纠纷。

3. 企业对岗位实习学生的管理

企业应该针对大学实习生的特点与岗位要求,进行工作分析,基于学校岗位实习大纲,制订专门化的实习培养计划,提升学生的专业知识以及与商业领域相关的知识,让学生逐渐熟悉企业的业务流程和产品性能,理解企业文化及价值观,提高技术能力。企业在设计工作分析时,应该针对实习生社会经验和实际工作经验不足的局限性,使用准确清晰的规范用语,明确实习岗位的相关要求,制作详细的职务说明书,在构建胜任力指标上,对于领导能力、决策能力、组织能力等可以适当降低要求。企业应将实习生的培养计划贯穿于企业整体的人力资源培养计划中,让实习生和企业共同成长。

(1) 制订针对实习生的专项培养计划

企业应该发挥正式员工的技能优势和对公司文化的认同优势,根据实习生的特点,实施因人制宜的管理,根据每个人的性格特点和专业技能的差异,对实习生采取一对一的指导或将实习生分组进行指导管理,加强企业员工和实习生的情感交流,促进实习生技能的提高,加深实习生对企业文化的体验与感受,树立良好的企业形象,激励实习生参与企业指导教师的项目,在工作中发现问题,寻求各方帮助,解决问题,并获得成长。企业对实习生认真负责的态度,也可为企业培养出愿意和企业共进退的潜在新员工。

(2) 建立共享的知识管理体系

知识和能力资源是竞争优势的源泉,共享性知识管理体系不仅强调知识分享,更强调知识创造。实习生虽然缺乏实践经验,但其掌握的新知识、具有的探索开拓精神作为企业新流入的异质性资源,能给企业带来正向的创新冲击,并能转化成企业的竞争优势。所以,企业可以向实习生开放一些基层的经营与管理岗位,引导他们积极参与经营和管理,利用他们的视角和实践体验来发现存在的问题和改进方法。另外,企业还可以在实习生实习结束的时候举办座谈会,让实习生们对自己在实习期间所学到的知识和经验以及发现的问题畅所欲言,并加以总结和归纳。这样一方面可以加强实习生之间的知识分享,另一方面有利于企业发现和分析问题,为下一轮的实习生工作积累经验。

(3) 建立有效的激励机制

基于实习生的需求,建立有效的物质与精神激励机制。就物质激励而言,不仅要让他们参与日常经营管理,还可以将他们视同短期合同工或临时工一样进行绩效考核,考核标准的设定应该清晰化,针对学生的具体情况而定,不可照抄和照搬已有的员工绩效考核,绩效考核的要求可以适当降低,绩效考评的程序要规范化,绩效考核的周期要适时而定。在绩效考核的基础上,对实习生实行薪酬管理。

就精神激励而言，除了口头、书面肯定及公开表彰外，企业领导与实习生用餐或开展对话等也非常重要。在工作安排上，企业可以尽量给实习生安排一些富有挑战性或有新鲜感的工作，让他们有尝试的机会。而对于一些知名企业或经济效益较好的企业来说，实习生选用计划本身就是最具吸引力的激励方式。

（4）培养良好的人际关系

要使实习生和正式员工形成良好的互动关系，这不仅需要实习生有虚心求教和爱岗敬业的态度，也要求企业有针对性地建立一套实习生考核体系。学校在实习前应该侧重对实习生进行"做人"方面的岗前培训，企业则应侧重于"做事"方面的制度教育和岗前培训。企业要出于人力资源战略的考量，理顺实习生和正式员工的关系，明确实习生管理的工作职责，鼓励有经验、有专长的正式员工对实习生进行"传、帮、带"。企业管理者还要正视实习生非正式组织的存在，加强与其沟通，发挥其积极影响，深入了解实习生的需求，改善上下级之间的关系。实习生群体中总会有一些核心人物，出于其个人能力或魅力，他们的言行和意见往往对其他人产生较大的影响。要善于发现并利用好实习生群体中的"领袖人物"。企业管理者应善于识别和重视这些核心人物，以更好地发挥其引导和管理实习生群体的作用。同时，要用组织文化引导实习生非正式组织的发展。实习生群体有自己的行为方式和价值取向，企业管理者可以通过宣传教育，建立规章制度，采取物质激励和精神激励等手段积极引导和影响实习生非正式组织文化，从而使其与企业和部门的组织目标保持一致。

（5）加强对学生岗位知识与技能的培养

为了缩短学生对工作的不适应期，岗前教育非常重要，包括岗位认知培训、企业文化培训、礼仪修养、职业培训、专门技能培训、沟通技巧培训，帮助学生全面了解企业，明白企业需要什么样员工，知道怎样扮演好自己的角色，准确找到自己在企业中的定位，使学生从内心深处认识到作为职业化员工应该具备哪些素质，应该怎样实现转变。

学生进行实习的首要目的就是要促进理论与实践的结合，为将来真正走上工作岗位做好铺垫。大部分学生选择实习单位是根据自己的专业所长或兴趣爱好作出的选择，为此，企业实习指导教师首先应根据学校专业岗位实习标准和企业实习培养计划，细化自己的培训安排，从基本操作程序入手，加强对学生技能的培养，对学生进行细致入微的指导与培训。其次，企业实习指导教师对学生设定的目标不应太高也不应太低，而是要结合学生的自身情况，因材施教，区别对待，不同的学生分配不同的工作岗位。有的学生可能灵活变通，有的学生可能沉稳内敛，企业要尽量根据学生各自的特点分配至前台工作或后台工作，注重对学生差异性、创造性的培养。

（6）建立岗位实习生的考核评价体系

岗位实习的考核评价体系，应注重考核的系统性，企业配合学校形成与高职教育的质量观、人才观和教学观相一致的评价标准和指标体系。企业要加强与学校的互动交流，向学校及时准确反馈岗位实习学生信息，对实习情况进行认真总结，让学校了解学生动态，并帮助学校了解行业和市场对人才的真正需求，共同确定解决方案，优化人才培养方案及培养过程，共同做好学生的毕业设计等相关工作，推动校企的深度合作。

考核评价体系应注重评价主体的多元性，发挥学生实习过程中不同评价主体的作用，不能只从一个岗位、一个角度来评价，要让企业各个部门参与，客观、真实、全面地进行评价；评价方法和指标要易于操作，数据易于采集；在评价的过程中，组织和个人明确职责、分工与任务；评价的过程要具有动态性，分不同阶段按照不同的指标进行考核；考评内容应全面，设置不同的考核指标，对应不同的分值；考评结果要具有导向性，能够引导学生按照企业设定的方向和目标努力，帮助学生提高自身的实践能力，达到预期的实习效果。

4. 实习生心理问题的预防和处理

（1）适度安排工作时间以及工作量

实习生在校园期间相对自由宽松，而直接面对企业繁重的工作，无论在生理还是心理上都会有沉重的负担，需要一个逐渐适应的过程。在此过程中，企业应该根据实习生的特点考虑实习生的承受能力，适度安排工作时间和工作量。

（2）为实习生制订职业生涯规划

企业实习生的实习动机差别很大，如果是就业岗位实习，就业一般都是首要考虑的因素；如果是岗位认知实习，则完成学业是其主要目的；如果是高年级自荐实习，则企业知名度与工作平台是其主要考虑因素。对大部分实习生来说，对实习和就业的期望都非常高，可是眼前在企业实习却大多做些低层次的操作性的工作，理想与现实的矛盾必然产生很大的心理落差。针对这些问题，企业人力资源部门要制定完善的实习管控制度和留用升迁制度，随时了解每位学生的思想动态及工作状况，按照企业人力资源目标，结合学生自身特点，指导学生全面把握职业生涯规划内容，正确认识自我，客观评价自我，明确理想和志向，确定职业发展目标，各展所长、各得其所，减少心理落差，完成从实习生到员工的完美过渡。

（3）充分了解实习生的思想动态

认清、了解学生的思想意识才能对症下药，在学生实习过程的监管中，注重观察学生的行为，对工作过程中犯的错误进行及时指正；工作出现劳累时，观察学生是在进行自我调节还是喋喋不休地抱怨；出现不懂的问题时，同学之间能否相互商讨解决，对他人不懂的问题能否给予认真解答、指导。关注学生的一言一行，经常对学生进行心理疏导，给予学生最及时、正确的引导，这些将对学生优良品质的培养起到至关重要的作用。

（4）以身作则用实际行动感染学生

学生进入企业，势必与企业指导教师朝夕相处，企业的指导教师便是学生的一面镜子。企业指导教师自身具有的强烈责任心、崇高的人格魅力将对学生起着潜移默化的作用。他们踏实的工作作风、乐观豁达的工作态度本身就是对学生最好的教育。一个优秀的企业指导教师，能对学生产生无形的影响，带领学生走进快乐的工作殿堂。企业要严格要求自己的员工，保持良好的精神风貌，展现积极向上、乐于奉献的工作作风，使学生时刻沐浴在良好的工作环境之中，润物细无声，培养学生思想道德。

（5）开展文体活动，促进学生跟企业之间的融合

工作对大多数人来讲，都是枯燥、繁琐无味的。学生过了实习初期的新鲜感后，随之而来的往往是机械重复、缺乏创意的工作生活，可能使学生失去了追求上进的动力。企业可以通过组织一些让学生积极参与的俱乐部活动或竞技类、表演类的活动，让实习生活变得有趣和充实，为实习生提供施展才华、展示风采的舞台和机会，加强人际沟通，拉近企业员工跟学生之间的距离，使看似枯燥的工作生活变得生动活泼，使实习生活丰富多彩。

5. 实施情感管理

(1) 支持实习生参与企业决策，促进实习生主人翁意识的建立

归属感是与参与感联系在一起的，只有当实习生有机会与正式员工一样参与各种问题的讨论，发表自己的见解，实习生才会感到自己是企业的主人，才能激发他们的工作热情，企业要和实习生保持密切联系，认真听取实习生的反馈意见。企业要尊重实习生并给予充分信任，信任是激励其努力工作的有效手段，使之以出色的工作来作为回报。实习生开始进入企业实习时，期望得到企业管理者的尊重，管理者应该尽力满足他们的这一心愿，从而产生比物质激励大得多的效果。

(2) 消除实习生的工作不满意感，增强实习生的工作满意感

企业在制度上要给予实习生一定的物质保障使其不必为生计发愁，并要创建一个良好的工作氛围，良好的工作氛围既包括为实习生创造一个安全、整洁、舒适的工作环境，也包括实现实习生与正式员工亲如一家、和睦相处。公司是促进实习生成长的重要地方，良好的工作条件不仅能减轻实习生工作的疲劳感，而且能够提高他们工作的效率和工作满意度。在工作中，也要处理好实习生与正式员工的关系，这就需要管理者既要重视正式员工，也不能忽视实习生，在两者间扮演好协调者的角色，以此实现实习生与正式员工之间相互尊重、相互合作、相互帮助，最终实现两个群体的和睦相处。

实习生往往认为自身素质比较高，进入企业时他们强烈期望获得企业管理者和正式员工的认可，而接受挑战性的工作任务是证明自身能力的方式，尽管存在工作经验不足的问题，但是实习生具有快速的学习能力，这一优点可以弥补自身的缺陷。要使工作富有挑战性，一方面，确保工作安排合理化。要通过科学测量，确定合理的工作负荷，避免实习生因负担过重或过轻而失去对工作的热情与兴趣。另一方面，要使员工的工作多样化和丰富化。由于实习生的可塑性很高，他们在实习中并不知道自己适合什么样的工作，因此，要有针对性地将实习生轮换到同一水平、技术相近的另一个更具挑战性的岗位上去，这样可以减少实习生的枯燥感，调动工作积极性，而且在完成工作的过程中他们会获得一种成就感、认同感、责任感，最终找到适合发挥自身才能的工作。

(3) 公平公正对待实习生的工作

管理者在企业要做到"分享成功，共担失败"。现在实习生面临的尴尬境地是，所在实习的部门取得了优秀绩效并得到嘉奖，但是功劳全归于正式员工却与实习生无关，尽管实习生也很努力地工作甚至比正式员工还要努力；并且如果实习生与正式员工一起共事出现了失误，一些管理者会把责任归咎于实习生，这种遭遇使实习生感受到极大的不公平感。在情感管理中，管理者不但要做到让实习生与员工共同分享成功与荣誉，让实习生一同去感受成功的喜悦，也要学会让两个群体共同承担失败与挫折。在遇到失败时，管理者要解除实习生的思想顾虑，帮助分析原因，及时总结经验教训。在部门获得荣誉后，管理者可以采用各种形式让实习生与正式员工共同分享荣誉及其喜悦，这样会使实习生产生受到管理者器重的满足感，这种满足会在以后的工作中释放出来，使其更加努力工作以回报企业。

情感管理是柔性的东西，制度管理是刚性的东西，只有把两者有机结合起来，才能刚柔并济，相得益彰。

准备篇

- 任务 4　了解岗位实习企业及周边环境
- 任务 5　签订岗位实习三方协议
- 任务 6　加入岗位实习管理平台
- 任务 7　参加健康检查和岗位实习动员大会
- 任务 8　办理岗位实习手续和前往岗位实习单位

任务 4　了解岗位实习企业及周边环境

4.1　任务描述

职业院校学生需要提前对岗位实习企业及周边环境有所了解,并选择适合发挥自身特长的岗位实习企业才能保障高质量完成岗位实习任务。那么,职业院校学生岗位实习企业的选择主要有哪些途径?按什么原则去选择?实习企业应当具备哪些基本条件呢?

4.2　任务目标

学习了解选择职业院校学生岗位实习企业的主要途径、应遵循一定的原则以及实习企业应具备的基本条件。

4.3　知识储备与任务指导

4.3.1　岗位实习企业的选择途径

从职业院校实际调研情况来看,职业院校学生岗位实习包括由学校统一安排实习和学生自主选择实习两种方式。与此对应的岗位实习企业的选择途径也主要有两种:一个途径是由学校招生就业部门或各院系(部)统一推荐安排;另一个是学生利用自身的资源,结合毕业后的工作意向自主选择。

1. 学校安排

学校安排是指职业院校根据学校专业特点,结合学生的需要,经过与实习企业协商、双向选择为学生确定实习企业,统一组织学生到相关企(事)业单位进行岗位实习,这是目前职业院校学生选择实习企业的主要途径。原则上,职业院校的学生应通过这条途径来选择实习企业。

2. 自主选择

自主选择是指学生因个体原因无法从学校提供的实习企业中选择合适的企(事)业单位,或者根据自身的需要,利用自身的资源,经过自己的努力寻找实习企业。这种选择是学校选择的补充,通常与未来的就业紧密相连。自主选择实习企业须经学校相关部门审核批准。

4.3.2　岗位实习企业的选择原则

为了保证岗位实习工作的顺利进行,切实保证岗位实习的质量,在选择岗位实习企业时，一般应遵循一致性、规范性、安全性、稳定性原则。

1. 一致性原则

一致性原则是指所选择的实习企业和实习岗位原则上应与所学的专业对口或接近。岗位实习的实施应注意学用结合，注意理实结合。岗位实习不是提前就业，其主要功能在于帮助职业院校学生通过在实习企业的实习工作，提高实践能力，进一步强化在学校所学的专业理论知识，全面提升职业素养，以有效适应未来工作的需要。所以，岗位实习的单位和实习岗位应与所学专业对口。当然，实习企业不是学校，实习企业的生产岗位也不可能与学校的专业完全对口。所以，岗位实习的岗位也可能出现与所学专业不对口的现象，但应基本接近。否则，就会使岗位实习的目的难以实现，质量难以保证，效果大打折扣。

2. 规范性原则

规范性原则是指所选择的实习企业要规范。学校应当选择合法经营、管理规范、实习设备完备、符合安全生产法律法规要求，能提供的岗位与学生所学专业对口或相近的实习企业安排学生岗位实习。只有在管理规范、技术先进的企业岗位实习，职业院校学生才可能接受到先进企业文化的熏陶，才可能学到先进的生产技术，才可能得到较快的提升。只有在规模较大的企业，学生才可能承担较为饱满的工作，并有轮岗的机会，才可能得到全面的锻炼和提升。

3. 安全性原则

安全性原则是指所选择的岗位实习企业和实习岗位要能够为学生提供必要的岗位实习条件和安全健康的实习劳动环境，安排学生从事安全的实习工作，保证其人身安全和财产安全。

《教育部等八部门关于印发〈职业学校学生实习管理规定〉的通知》（教职成〔2021〕4号）明确指出，不得安排实习学生从事高空、井下、放射性、有毒、易燃易爆，以及其他具有较高安全风险的实习；不得安排实习学生到酒吧、夜总会、歌厅、洗浴中心等营业性娱乐场所岗位实习；学生岗位实习工作时间执行国家在劳动时间方面的相关规定。

4. 稳定性原则

稳定性原则是指岗位实习期间的实习企业要相对稳定。专业知识的巩固深化和专业能力的提升需要经历一定的过程，要有一定的时间，工作环境的熟悉和专业技能的掌握同样需要时间。只有实习企业稳定，学生才能够通过一段时间相对稳定的工作，巩固深化专业知识，锻炼、提升专业能力。

4.3.3 岗位实习企业应具备的基本条件

选择岗位实习企业还应具体考虑实习企业是否满足下列基本条件：

1. 与本专业对口或者业务性质与本专业相关的企（事）业单位。
2. 确保有利于学生锻炼的企业氛围和上升空间。
3. 确保岗位实习学生都必须能顶岗，在岗位实习期间根据需要能够轮岗。
4. 有数量和质量等方面都符合条件的企业导师。
5. 能提供食宿、支付劳动报酬，并在岗位实习协议上注明报酬支付标准与方式。

4.3.4 选择岗位实习单位的基本程序

1. 学校选择岗位实习单位的基本程序

（1）联系考察实习单位

各院系（部）是选择岗位实习单位的主体。各院系（部）根据本院系（部）学生情况，在充分调查的基础上，联系、考察实习单位。对实习单位考察的内容包括：实习企业的相关资质、经营状况，学生实习岗位工作性质、工作内容、工作时间、工作环境、生活环境及安全防护，可以接收的实习学生数，学生应获得的劳动报酬等。

（2）草拟实习协议

在对实习单位以上情况进行全面考察的基础上，进行认真评定。凡符合岗位实习基本条件的企业，由各院系（部）和实习单位草拟岗位实习协议。协议内容主要包括：

1）实习人数；
2）实习期限；
3）实习内容和地点；
4）实习时间、休息休假时间；
5）实习劳动保护；
6）实习报酬；
7）实习责任保险、工伤保险和其他保险；
8）实习纪律；
9）实习终止条件；
10）学校和实习单位双方认可需要约定的其他事项。

（3）审批备案实施

各院系（部）与实习单位草拟的岗位实习协议，报学校审批、通过，报教务处备案后实施。

2. 学生自主选择岗位实习单位的基本程序

（1）学生提出申请

学生因个人原因，如身体原因、未来工作意向等要求自主选择实习单位的，首先由学生本人和家长共同提出申请，并提供实习单位同意接收该学生岗位实习的公函及实习协议。

（2）学校审核批准

各院系（部）对学生提交的申请和实习协议进行审核、批准。自主选择岗位实习的学生经学校批准后方可进行实习。

自主选择实习单位的学生同学校组织推荐实习单位的学生一样，接受学校的管理，定期向学校汇报实习情况，学校对自行选择实习单位的学生应定期进行实习过程检查。

扫一扫：了解建筑业企业分类。

4.1

任务 5　签订岗位实习三方协议

5.1　任务描述

岗位实习前,职业院校应与实习企业、学生三方根据教育部相关文件签署一系列实习协议。一般都有哪些协议？签署时需要注意什么呢？

5.2　任务目的

学习了解岗位实习协议的种类以及签署协议的注意事项。

5.3　知识储备与任务指导

5.3.1　协议的种类

为保障各方权利,职业院校学生应签署的岗位实习协议一般包括以下几种：

1. 岗位实习协议

职业院校学生到实习企业岗位实习前,学校、实习企业、学生应签订三方岗位实习协议,明确各自责任、权利和义务。岗位实习协议见本任务二维码中的例 5.1 和例 5.2,一般应当包括以下内容：

（1）协议各方基本信息：包括学校和实习企业的名称、地址和法定代表人或者主要负责人,实习企业接收学生实习工作负责人和企业导师的姓名,实习学生和家长的姓名,实习学生的专业班组、注册学号及实习期间住址。

（2）实习期限、地点、内容、要求与条件保障。

（3）实习期间的食宿和休假安排。

（4）实习期间劳动保护和劳动安全、卫生、职业病危害防护条件。

（5）责任保险与伤亡事故处理办法,对不属于保险赔付范围或者超出保险赔付额度部分的约定责任。

（6）实习考核方式。

（7）违法责任。

（8）其他事项。

（9）岗位实习协议还应当包括实习报酬及其支付方式的约定。

2. 安全责任协议

职业院校学生岗位实习要接受学校的安全教育,强化安全意识,明确安全职责,并签订安全责任协议,安全协议文本见本任务二维码中的例 5.3。

3. 自主实习协议

职业院校学生岗位实习以学校组织推荐为主，确因个人原因需要自主选择实习企业的，由学生向学校提出申请，填写《自主实习申请表》，经相关部门审核同意后方可执行。自主选择实习企业的学生，由学生、家长、实习企业和学校共同签署自主实习协议。

4. 实习企业变更协议

职业院校学生岗位实习期间原则上不得变更实习企业。确因特殊原因需要变更实习企业的，需由学生提出申请，填写《岗位实习企业变更申请表》。经批准后方可生效。学生不得擅自离开实习企业。

5.3.2 签署协议的注意事项

学生在签署实习协议时，应注意以下几点：

1. 认真审查协议内容

协议是双方共同遵守的，一经签订就产生效力。所以，在签订各种协议前要认真阅读、审查协议内容。审查主要从以下几方面入手：

（1）是否合法

协议是否合法是指协议的内容是否符合国家相关法律法规和政策要求。

（2）是否合理

协议是否合理是指协议内容对双方权利和义务的规定是否合理。

（3）是否有附件

协议除了主协议之外是否有附件，如果有，一并审查清楚。

2. 严格履行签约程序

协议要合法，除了内容，还有形式的完整。所以，必须完整履行签约手续。

（1）内容完整

协议书上规定的所有内容都要填写完整，不能留有空白。

（2）亲自签字

岗位实习协议学生应亲自签署，不得找别人代签。签字时，字迹要清楚，用钢笔或中性笔签字。

（3）加盖公章

凡是需要加盖公章的，不得用个人签字替代。

（4）注意保存

协议书签署完毕，要按规定要求留存，防止遗失。

5.3.3 岗位实习三方协议的重要性

岗位实习要求学生必须走出校门，走向企（事）业单位，到具体的生产岗位从事实际工作。与学校教学相比，学生的角色与身份、育人的环境、育人的主体都发生了一系列的变化。学校与实习企业是不同的社会组织，学校以育人为目的，实习企业以追求利润最大化为目标。不同的目标必然会使双方对某些问题的看法出现分歧。岗位实习中学生的"准员工"身份也不同于实习企业的正式员工，其工作重点和评价标准也应有所不同。为了保证岗位实习工作顺利进行，有必要实行契约化管理，确保各方安全。

协议是机关、企（事）业单位、社会团体或个人，相互之间为了某个经济问题，或者合作办理某项事情，经过协商后，订立的共同遵守和执行的条文。通过签订岗位实习协议，可以规范学校、实习企业和学生各自的行为，较好地协调和保证学校、学生、实习企业各自的权利与义务。从学校角度来看，可以为学生争取合法权益；从学生角度来看，履约的过程也是接受教育的过程。

职业院校学生参加岗位实习前，必须签订实习协议，未按规定签订实习协议者不得安排实习。

岗位三方协议样例见二维码。

5.1

任务 6 加入岗位实习管理平台

6.1 任务描述

近年来,为规范校企合作和加强教育教学环节的实习管理,进一步推进校企合作办学和实习管理工作向合规化、精细化、信息化转变,以促进学生的终身发展为出发点和落脚点,扎实推进防范化解职业院校学生管理领域风险,河南省教育厅组织开发了职业院校学生实习备案系统。

6.2 任务目标

学习了解岗位实习管理平台的作用意义和重要性。

6.3 知识储备与任务指导

根据《教育部等八部门关于印发〈职业学校学生实习管理规定〉的通知》(教职成〔2014〕4号)和《河南省教育厅关于印发〈进一步加强职业院校校企合作办学和实习管理工作的办法(试行)〉的通知》(教职成〔2021〕392号)等文件要求,为加强职业院校岗位实习管理(包括跟岗实习和顶岗实习),省教育厅启用了"职业院校学生实习备案系统"。

实习备案平台严格按照《教育部等八部门关于印发〈职业学校学生实习管理规定〉的通知》(教职成〔2021〕4号)文件要求,建立教育行政部门、职业院校、行业企业和家长、学生共同参与、共享信息的校企合作办学和实习管理与服务体系,一方面便于教育行政部门对学校、企业的实习工作监管;另一方面打通企业与实习学生之间、职业院校与监管单位之间的信息壁垒,构建合作共赢关系。

"职业院校学生实习备案系统"自2022年7月1日起在河南省所有职业院校同步使用,所有实习学生必须在该系统上注册、备案,按要求选择企业岗位进行实习。所有岗位实习企业(包括学生自主选择的实习企业)也必须按要求在实习备案系统上注册。

实习备案系统自动统计岗位实习时长,累计实习时长少于6个月的,实习备案系统即判定实习学生未达到毕业条件。全体实习学生务必按要求注册登录"职业院校学生实习备案系统"进行实习备案,并按规定完成不少于6个月的实习,否则将影响按期毕业。

实习备案平台采取职业院校实习方案线上备案、实习企业在线查询,学生实习单位线上选择的方式,构建尊重学生权利、权责明确,阳光透明的信息化管理模式组织开展实习活动,实现线上组织、反馈、考核、互评的全过程权益保障。实习备案平台加强了教育主管部门对学校、企业、学生实习过程监管,加强了实习安全监督检查;解决了校企合作办学过程中，办学行为不规范、管理不严格、收费不规范、侵犯学生利益等问题。实习备案平台包括网页端（图 6.1）和移动客户端。

图 6.1　河南省职业院校实习备案管理平台

实习备案平台移动客户端为职校家园 APP，实现了线上组织学生实习、一般问题线上提出、线上反馈。学生通过绑定学号、证件号等信息查询自己的实时学籍信息，学籍信息由学校统一管理。在实习过程中，学生可以在职校家园 APP 上对企业进行评价，企业和学校也会使用职校家园 APP 对学生的实习表现进行评价。职校家园 APP 构建了一个充分尊重学生选择权、各实习参与主体权责明确、阳光透明的实习信息化管理模式。涉及学生入学前、入学时、在校期间、毕业以及毕业后的全周期服务，有效整合教学资源，提高工作效率，简化办事流程，更加贴近学生、积极服务学生。

任务 7　参加健康检查和岗位实习动员大会

7.1　任务描述

岗位实习学生作为劳动者，应按要求参加职业健康检查和岗位实习动员大会，并从生理心理等方面做好准备，从容应对从学校到企业的新变化。

7.2　任务目标

学习了解参加健康检查和实习动员大会的必要性。

7.3　知识储备与任务指导

7.3.1　参加健康检查

职业健康检查是对从事接触职业病危害作业的劳动者进行的上岗前、在岗期间、离岗时的职业健康检查。

根据相关法律法规，用人单位不得安排未经上岗前职业健康检查的劳动者从事接触职业病危害的作业；对在职业健康检查中发现有与所从事的职业相关的健康损害的劳动者，应当调离原工作岗位，并妥善安置；对未进行离岗前职业健康检查的劳动者不得解除或者终止与其订立的劳动合同。

用人单位应与有资质的职业健康检查机构签订委托协议书，统一组织劳动者进行职业健康检查；劳动者也可持单位介绍信进行职业健康检查。职业健康检查费用由用人单位承担。

根据《职业性健康检查管理规定》的规定，职业健康检查机构应当在职业健康检查结束之日起 30 个工作日内将职业健康检查结果，包括劳动者个人职业健康检查报告和用人单位职业健康检查总结报告，书面告知用人单位，用人单位应当将劳动者个人职业健康检查结果及职业健康检查机构的建议等情况书面告知劳动者。

7.3.2　参加岗位实习动员大会

《教育部等八部门关于印发〈职业学校学生实习管理规定〉的通知》（教职成〔2014〕4号）指出，要加强对实习学生的安全生产教育培训和管理，保障学生实习期间的人身安全和健康。实习单位应会同学校对实习学生进行安全防护知识、岗位操作规程教育和培训，并进行考核。未经教育培训和未通过考核的学生不得参加实习。

建立健全各项规章制度，加强顶岗实习工作前的教育和培训，增强学生的安全意识是职业院校顶岗实习工作顺利进行的重要保障。实习开始前，职业院校各院系会根据需要进行岗位实习动员大会，让学生深入了解顶岗实习有关管理制度、实习的组织安排意见及有关注意事项，并对学生进行思想政治教育和安全教育。

通过大会动员，使学生明确岗位实习目的、任务、方法和考核标准，充分认识岗位实习的重要性，冷静面对岗位实习，做好必要的心理准备，了解实习要求，保障完成实习任务，并对学生进行安全知识、防范技能等相关的教育及培训，杜绝各种意外事故发生，教育引导学生在实习期间必须服从安排、接受指导，并与指导老师、辅导员保持联系。

7.3.3 健康检查的类别和意义

1. 健康检查的类别和意义

职业健康检查包括上岗前、在岗期间、离岗时三类，有着非常重要的意义。其中上岗前职业健康检查的目的是掌握劳动者的健康状况，发现职业禁忌；在岗期间的职业健康检查目的是及时发现劳动者的健康损害；离岗时的职业健康检查是为了解劳动者离开工作岗位时的健康状况，可帮助企业分清健康损害的责任。

（1）通过上岗前职业健康检查，可以发现不适宜从事接触职业病危害因素作业的劳动者，避免招收已患有职业病或职业禁忌证的劳动者，分清职业健康损害的责任，减少劳资纠纷。

（2）通过在岗期间定期职业健康检查筛查，可及时发现在岗劳动者中可能存在职业病病人和可疑职业病患者，早诊断、早治疗、早脱岗，防止出现晚期病人。同时，也可以筛查高血压、糖尿病等慢性病，提高劳动者的身体健康水平，防止因劳动者健康问题诱发工伤或安全生产事故。

（3）通过离岗时职业健康检查，可了解和判断劳动者从事有害作业若干时间后，目前的健康状况和变化是否与职业病危害因素有关，或是否现在就患有职业病，为以后可能出现的职业病诊断提供重要依据，也为职业病诊断后确定责任单位、要求赔偿等提供重要线索。

根据建筑行业本身特点，需要进行心电图、胸透、外科、内科、眼科等一些特殊方面的检查。

2. 心理健康调适

对于任何一个即将踏上未知旅程，投入陌生环境的人来说，出现迷茫、困惑、焦虑、不安等心理感受都是正常的情绪反应，在校学生在岗位实习前夕的心绪亦不例外。此时，如果学生的这些心理感受没有得到体察和重视，没有加以正确的安抚和疏导，那么原本"正常的情绪反应"将逐步升级，最终转化成为阻碍岗位实习顺利进行的不良隐患。因此，学生对自身心态的调整，以及拥有适当的心理预期格外重要。

岗位实习学生应加强自我觉察力和自控力，不断转变心态，戒除以往形成的对职业就业不利的思维定式。尤其应明白以下几点：

（1）单位不同于学校

岗位实习单位不是学校，无需投资教育，不必投身教学，单位关注的是现实效果，追求的是经济利益，为保障生产安全与效益，大多时候岗位实习的学生需要从简单、枯燥乏味的事情做起，而广大学生也需要从这些日常事务或机械性操作的工种中磨炼意志。

(2) 师傅不同于老师

师傅的工作目标不是为社会培养和输送人才，也没有责任义务燃烧自己照亮别人。学生需要学会尊重与合作，主动去沟通交流，愉快地与同事、师傅、领导相处，也许会有一些附加效应出现，如师傅的耐心教导，调换到较好的工作岗位等。

(3) 实习的"习"不同于学习的"习"

实习单位不是集中传授理论知识、实践技术的育人单位，学生在岗位实习期间学的是心态、毅力、自制力、合作性，更重要的是转变从业态度，适应职业环境，提高职业素养，体验就业形势。

(4) 学徒不同于学生

及时完成角色适应与转化的过渡过程，正确看待学生到学徒，自然人到社会人，校园人到职业人的转换，去除自骄自傲，摒弃被优越、被关爱的期待，以准就业的职业姿态与实习单位"零对接"，投身于生产生活中。

在明确以上错误的思维定式后，学生要想有效地解决心理问题，需学会自我调整、严于律己。

(1) 迅速转换角色，适应社会

从学校换到企业，岗位实习学生所处的环境发生了巨大的变化，实习学生如果因为环境不同而无法适应，只知道逃避和退却，则必遭企业淘汰。因此，学生要正视现实，学会改变自己，在岗位实习中提高自己的技能，积累工作经验，从而增强自己的独立性。

(2) 准确定位，不断进取

学生应该做好自己的职业规划，明确自己的工作目标和工作计划，不盲目从众，从而一步一步地达到预期的工作目标。明确劳动就是就业，先就业再择业，不断进取，尽可能在工作中学以致用。

(3) 做好准备，善于学习和交流

要顺利完成实习，就要在先期工作中做好准备，如对专业知识的积累和学习要认真、到位，对专业技能的操作要规范得体，向专业老师或已经实习的学长讨教工作经验，这些都是要做的实习准备。另外在实习过程中也不能闭门造车、故步自封，而要多请教上级和同事，有问题大家集思广益，共同面对和解决，还要善于与他们沟通交流，这样才能在实习中取得长足的进步，同时也为自己良好的人际关系打下基础。

(4) 心存感恩，回报社会

许多参加实习的学生都认为实习是一桩苦差事，是学校和父母交给自己的一项任务。其实，这是学生普遍存在的一种认识误区。实习是学生走出社会、接触社会、适应社会以及取得成功的一个机会。所以对于岗位实习学生来说，实习是自己的事，更是全社会为之付出的大事。

扫一扫：学会找准个人定位。

7.1

任务 8　办理岗位实习手续和前往岗位实习单位

8.1　任务描述

职业院校各专业按照本专业人才培养方案课程大纲要求，统一制定岗位实习方案，制定实习计划，确定实习分组，分配指导老师，召开动员大会。你知道岗位实习需要办理哪些手续？前往实习企业应注意什么吗？

8.2　任务目标

学习了解岗位实习手续办理及前往实习单位的注意事项。

8.3　知识储备与任务指导

学生应根据自主联系或学校安排的约定，按要求逐一办理实习申请表（表8.1）、自主联系实习单位申请表（表8.2）、承诺书（例8.1）、家长知情同意书（例8.2）、购买实习保险、签订协议、完成实习备案平台注册等必要手续。

办理完岗位实习手续后即可按协议约定时间要求安全前往岗位实习单位报到，完成岗位实习任务。实习期间，还要根据需要及时办理岗位实习单位变更申请表（表8.3）等手续，提供自主联系实习单位营业执照复印件等相关资料进行备案。

需要注意的是，岗位实习的学生具有双重身份，既是一名学生，又是实习单位岗位实习的一名员工，要服从实习单位和学校的安排和管理，尊重实习单位的领导、实习指导教师和其他员工。按照岗位实习计划、工作任务和岗位特点，安排好自己的学习、工作和生活，发扬艰苦朴素的工作作风和谦虚好学的精神，培养独立工作能力，刻苦锻炼和提高自己的业务技能。

同时，实习期间，实习学生要自觉遵守国家法律法规，遵守实习单位和学校的规章制度，向实习单位指导老师和学校实习指导教师双方履行请假手续，不擅自离岗，维护实习单位形象和学校声誉，坚决不参与一切违法犯罪活动。

还需要注意的是，实习学生需同步登录"职校家园"APP激活账号，完成实习平台的报名等必要操作，实现线上线下同步开展。

_____职业技术学院学生实习申请表　　　　　　　　　　　表 8.1

学生情况	姓名		性别		学号	
	系名		专业		班级	
	家庭住址				联系电话	
实习单位情况	单位名称				单位性质	
	社会统一信用代码				所属行业	
	地址				邮政编码	
	联系人			电话		
实习岗位及内容						
实习起止时间	年　　月　　日至　　　年　　月　　日					
实习单位意见（是否同意接受）	单位签字（盖章）：　　　　　　　　年　　月　　日					
家长意见	签字：　　　　　　　　年　　月　　日					
校内指导教师意见	签字：　　　　　　　　年　　月　　日					
系（部）意见	签字：　　　　　　　　年　　月　　日					

　　备注：本表一式两份，学生、系（部）各留存一份。

▶ 8.3 知识储备与任务指导

_____职业技术学院自主联系实习单位申请表   表 8.2

学生情况	姓名		性别		学号	
	所在系		专业班级		联系电话	
	家庭住址				法定监护人电话	
实习单位情况	单位名称				单位性质	
	地址				统一社会信用代码	
	联系人			电话		
实习岗位						
实习时间	年　月　日　至　年　月　日					
学生意见	本人自主选择实习单位，在校外实习期间，严格遵守国家法律法规及学院与实习单位的规章制度；认真完成规定的各项实习任务；按规定汇报实习情况；注意生产安全和人身安全，并对自己在校外实习期间的一切行为和安全负责，学院不承担任何责任。 学生签字：　　　　年　月　日					
家长意见	同意　　　　自主选择实习单位，对其在校外实习期间的一切行为和安全负责，学院不承担任何责任。 家长签字：　　　　年　月　日					
实习单位意见	同意该同学在我单位实习，我们提供安全实习环境，并配合学院教育学生遵纪守法，完成规定的各项实习任务。 签字（盖章）　　　　年　月　日					
系（部）意见	 签字（盖章）　　　　年　月　日					

本表应附营业执照等材料复印件，审批后由各系实习管理部门存档备查。

_____职业技术学院岗位实习单位变更申请表　　　　表 8.3

学生姓名			学号		
所在系		专业		班级	
原实习单位			时间	年　月　日至　年　月　日	
新实习单位			时间	年　月　日至　年　月　日	
变更原因					
原实习单位意见	实习单位成绩：			负责人签字： 单位盖章： 　　　　　年　月　日	
指导教师意见				签字： 　　　　　年　月　日	
系（部）审批意见				负责人签字： 单位盖章： 　　　　　年　月　日	

　　表后附新实习单位营业执照复印件，本表由各系实习管理部门存档备查。属于自主联系实习单位的情况还必须同时填写《自主联系实习单位申请表》，并签订新的三方协议。

例 8.1　_____职业技术学院学生岗位实习承诺书

　　为了加强社会实践锻炼，提高专业技能和就业竞争力，完成岗位教学任务，本人申请离校到企事业单位实习，并郑重承诺如下：

　　1. 本人将严格履行学校离校审批程序，经学校相关部门审核批准后才离校。

　　2. 本人将及时在"职业院校学生实习备案系统"上注册、备案并选择企业岗位进行实习；对于本人自主选择的实习企业，本人将通知企业按要求注册。

　　3. 按规定时间到实习企业实习，如需调换实习单位，将事先报告校内外指导教师，在实习备案系统中办理相关手续，征得指导教师同意后才到新的实习单位。

　　4. 到岗两天内报告校内指导教师，并留下本人可及时联系的通信方式，保证每周至少与校内指导教师保持联系一次。

　　5. 自觉遵守国家法律法规，遵守实习单位和学院的规章制度，有事将事先向单位指导人员和实习指导教师双方请假，不擅自离岗，不做损人利己、有损实习单位形象和学院声誉的事情，不参与一切违法犯罪活动。

　　6. 提高安全防范意识，严格按实习单位规定见习和操作，注意防火、防电、防水等，不去江、河、湖、海等地游泳或洗澡，不做其他任何影响安全的事情。

　　7. 实习期间如发生事故及时向所在单位报告，并迅速报告所在系。

　　8. 严格按照《河南建筑职业技术学院学生顶岗实习管理办法》要求，认真写好岗位实习周（日）记和实习报告，完成好各项实习任务。

　　9. 按照学校要求，完成各项学习任务；及时按学校规定的返校时间返校，办理毕业手续。

　　本人将严格履行以上承诺，如有违反，愿意承担相应的责任，并按学院相关规定处理。

承诺人：　　　　　　　　　（　　　　系　　　级　　　专业学生）
　　　　　　　　　　　　　　　　　　　　　　　　　　　年　月　日

例 8.2　岗位实习学生家长知情同意书

尊敬的学生家长：

　　　　您好！根据《职业学校学生实习管理规定》（2021 年修订）（以下简称《规定》）《职业学校学生岗位实习三方协议》（以下简称《三方协议》）等要求，您的孩子参加岗位实习、签订《三方协议》，应取得法定监护人（或家长）签字的知情同意书。

　　现您的子女_____，_____（系、部）_____专业____班的学生，将于____年____月____日至____年____月____日到_____（实习单位）参加岗位实习，需要您了解并同意，具体内容如下：

　　1. 本次实习是依据《规定》《三方协议》等规章制度具体开展的，您的孩子享受《三方协议》中的权利，同时也需要遵守《三方协议》中的义务。

　　2. 岗位实习是教学的一部分，您的孩子应按学校要求按时打卡、提交实习周报、实习报告等，如有违反实习规定的行为，经查实，会影响其实习成绩。

3. 您的孩子在实习期间必须定期向自己的实习指导教师和实习指导人员汇报实习情况，接受指导教师和实习指导人员的指导和相关要求，并按进度完成学校规定的各项教学实习内容。

4. 您的孩子在实习期间，须严格遵守国家法律法规，以及学校和实习单位的各项规章制度。学校和实习单位将会为学生统一购买实习责任保险。

5. 您的孩子在实习期间必须与指导教师保持通信畅通，更换联系方式时应及时告知，否则一切后果自行承担。

签名：
与学生本人关系：
联系电话：
年　　　月　　　日

实习篇

- 任务 9　办理入职手续
- 任务 10　参加入职培训
- 任务 11　进入岗位实习课堂学习
- 任务 12　完成岗位工作
- 任务 13　填写岗位实习周记
- 任务 14　提出合理化建议或技术改造方案
- 任务 15　参加与组织文体活动
- 任务 16　岗位实习过程中劳务管理
- 任务 17　"一带一路"国家岗位实习
- 任务 18　建筑施工安全管理
- 任务 19　办理离职手续

任务 9 办理入职手续

9.1 任务描述

按照专业人才培养方案上的实习教学安排,在学生实习前应进行实习动员、安全教育、实习分组、分配指导老师等活动后,学生才能进入实习。实习岗位的获取方式主要有校企合作(如现代学徒制教学、订单班等)、企业校园招聘和自主择企等方式。企业招聘、新进员工管理、入职培训等劳务管理方面有着完整的工作流程和方式方法。企业劳务管理的相关知识是学生实习前必须了解的内容。

9.2 任务目标

了解劳务管理的意义,了解企业劳务管理的特点、目标和任务,了解企业劳务招聘的方式、特点、存在问题、解决策略等,在实习期间能服从企业劳务管理,积极参加劳务人员技能提升培训、技能资格鉴定,能及时签订三方实习协议和企业用工协议等,懂得用协议保障自身利益不受侵害。

9.3 知识储备与任务指导

9.3.1 建筑企业劳务管理概述

1. 建筑企业劳务管理的意义

建筑企业劳务管理指建筑企业围绕基层作业劳务用工性质劳动力资源的需求规划、取得、开发、保持、完善、有效利用和合理调配,进行计划、组织、指挥、协调和处置的全部工作的总和。建筑企业是劳动密集型企业,其中的多数劳动力属于(尤其是基层作业人员)劳务用工性质。建筑企业中这类劳务用工性质的劳动力资源是建筑企业劳务管理的主要对象,他们是建筑企业生产要素中劳动力要素的一类特殊形式。

从社会层面而言,企业劳务管理是关乎社会整体稳定和底层百姓福祉的重要工作;从建筑行业层面来看,劳务管理也是关乎行业健康发展的关键问题;对建筑施工企业来说,劳务管理更关乎企业的核心竞争力,管理的好坏、管理水平的高低直接关系工期进度、安全质量、成本效益、社会形象等。但是,在现实生产经营中,劳务管理还没有引起建筑企业的普遍重视。以往的研究中,也只是对劳务用工制度相关的劳务分包、进城务工人员权益保障等要素阐述得多一些,而对劳务管理的用工方式、劳务关系管理、劳务工的招聘、培训、职业技能鉴定、国际劳务本身的内涵、运行机制、系统管理体系等研究得少,使得在行业管理的政策层面上,对推动建筑业劳务管理的理论研究与政策支持不够。

基于上述背景，对于有效改善目前建筑业劳务用工管理方式与建筑业发展趋势不相适应的现状、减少在施工劳务层面出现的诸多矛盾和问题，对于维护建筑市场竞争秩序，提高工程质量和安全生产水平，推动建设稳定的建筑业产业骨干工人队伍，加快转变建筑业发展方式都将会有积极的影响。建筑企业劳务管理的意义主要表现为：

（1）建筑企业劳务管理是构建和谐社会和规范市场秩序的必然

建筑行业属于劳动密集型行业，是吸纳劳动力最多的行业之一。目前，我国建筑市场还存在随意用工、违法承包转包、克扣拖欠工人工资、缺乏质量安全意识等现象，这不仅与"以人为本，构建和谐社会"的目标相背，也不符合"在稳定中求发展"的要求，带来不利于社会稳定的影响，同时严重扰乱了建筑市场秩序。因此，为了更好地建成和谐社会、保障人们的生命财产、实现建筑业的健康良性发展，加强建筑企业劳务用工管理、规范建筑企业劳务用工行为刻不容缓。

（2）建筑企业劳务管理是企业降本增效和获取核心竞争力的源泉

劳务管理是建筑企业扩大规模和提高质量的有力支撑，是企业效益的一个重要来源，是在市场经济条件下提高建筑企业核心竞争力的关键。开展劳务管理要作为建筑施工企业的一项战略工作。企业必须要在日常工作中对劳务管理进行高度重视，把对劳务的长期与短期需求、工种配备数量与技能要求做出规划建设，降低用工成本和管理成本，提高劳动生产率，这样才能有效改善建筑施工企业发展滞后的现状，有效合理配置劳务资源，促进建筑企业劳务管理科学化、精细化、规范化，从而实现建筑施工企业的可持续发展。

（3）建筑企业劳务管理是提高从业人员技能和规范个人作业的关键

从施工企业长远发展来看，企业要健康、稳定发展，必须高度重视劳务人员的培训工作。坚持施工企业的老传统，即"传、帮、带"，让技术"薪火相传"。另外通过专业理论知识培训、实践操作及岗前安全教育制定合理的管理标准，保证工程施工出现零隐患和零误差；明确作业人员的责任和职责，保证工程施工质量；保证各项管理措施能够落实到位，避免出现安全事故和质量问题。通过施工劳务人员素质和业务技能的提高，实现双方的合作共赢。

（4）建筑企业劳务管理是帮助企业打造有力的劳务用工队伍的法宝

科学有效的劳务管理可以强化劳务人员的思想意识，培养他们的爱岗敬业精神，树立良好的职业道德，掌握必要的专业知识，在施工过程中，确保劳务人员能够熟悉掌握施工方案和施工方法，不断提高全体劳务作业人员的综合素质。此外，稳定有力的劳务队伍能让之前不断流动的外出劳务工更有归属感和集体认同感，从而增强劳务队伍的凝聚力和向心力。在关键时刻，能够冲得上去、顶得下来、敢打硬仗、能打硬仗，成为企业制胜的一把利刃。

2. 建筑企业劳务管理的特点、目标和任务

（1）建筑企业劳务管理的特点

1）建筑企业劳务管理的人员复杂性

建筑企业涉及大量的施工工程项目，需要大量的劳务用工性质的作业人员，他们通常来自不同的区域、不同的民族，生活习性也有很大的不同，人员组成结构和人员关系构成通常也较为复杂。当建筑企业自身的劳动用工员工无法满足项目建设需求时，还会使用大量的劳务人员，而这些劳务用工和劳动用工人员要共同完成一个个工程项目时，就很容易发生工作上或生活上的问题摩擦。因此，劳务管理常常成为影响建筑企业发展的一大难题。

2）建筑企业劳务管理的项目周期性

建筑企业劳务管理通常不局限于一个单一独立的过程，通常是贯穿于工程项目开始前的施工队伍资质审核、招标引进、合同签订、施工过程中的劳务人员考核考勤管理和施工结束后的工程款结算等各个环节中，整个过程会受到各方面因素的影响，特别是建筑企业由于工程项目施工的流动性和安全性问题，更是增加了建筑企业的劳务管理难度。

3）建筑企业劳务管理的科学性

建筑企业基层管理要建立长期有效的组织管理模式是一项技术性很强的工作。在建筑企业工程施工中采用劳务管理时，必须要把科学的管理理念贯穿劳务管理的全过程，以实现劳务管理的科学化、规范化、法治化和现代化。随着现代建筑企业和劳务企业的发展，劳务人员的招聘、培训、劳动定额和权益保障工作也日益完善和发展，信息化、智能化也逐渐在建筑劳务管理中得到广泛应用。因此，科学管理的重要性已经凸显出来。

（2）建筑企业劳务管理的目标与任务

作为我国国民经济支柱产业的建筑行业，容纳了巨大的就业人群，这是由建筑企业本身的劳动密集型特点所决定的。建筑行业所使用的大量劳务人员，为国家稳定就业、经济快速增长，以及国民收入的提高做出了巨大的贡献。但是很多建筑企业在劳务管理过程中存在很多问题，如：建筑企业和劳务队伍联系松散，没能固化长期有效的组织管理模式；劳务队伍资质审核不严、招标程序和评价标准不完善；对现场施工人员疏于管理，缺乏对劳务人员的有效的考核机制；工程款管理和工资支付不能及时到位等，这都需要建筑企业给予高度重视。建筑企业要想实现可持续发展，在管理方面就必须能够主动采取措施，激发施工现场基层活力，才能有效提升建筑企业的核心竞争力。而建筑企业要增强施工现场基层实力，就必须切实改进以现场施工人员为主体的劳务用工人员的劳务管理措施，提高建筑企业劳务管理效率，最终促进建筑企业和劳务用工人员共同获利，走向良性发展的道路。

建筑企业劳务管理的目标和任务，就是尽可能地拥有高素质劳务人员和高效过硬的劳务队伍，从而在实际作业中转化为一流的劳动生产率和产品质量水平，劳务人员也获得相应的发展空间和自我实现的机会，达到降低企业成本，不断提升企业竞争实力和综合效益，推动企业不断发展的目的。

3. 建筑企业劳务管理的主要内容

建筑企业劳务管理是一个系统工程，它包括劳务资源的需求规划、劳务人员取得、培训开发、劳务关系的判别与执行、社会保障以及跨国劳务管理等内容。

（1）劳务资源规划

劳务资源规划指通过对建筑企业规模和建造工程项目用工需求量做预算，规划劳务人员工种类别、数量大小的程序。制定科学合理的劳务资源规划，对于建筑企业施工作业和企业发展具有极为重要的作用。

（2）建筑劳务人员的招聘、培训和职业技能鉴定

建筑劳务人员的招聘包括劳务人员的招聘对象、招聘流程和要求。有计划地分批进行劳务人员招聘、技能提升培训，对符合条件水平的劳务工进行技能资格鉴定。

(3) 劳务关系管理

劳务关系管理包括劳务合同管理、劳务派遣、劳务纠纷处理等。针对不同的劳务用工模式，劳务分包、劳务承包、个人承包的劳务关系如何鉴别，签订哪种形式的劳务合同，以及发生劳务纠纷时，双方承担的责任和义务如何判别，进行劳务纠纷协商、调解、仲裁等，都属于劳务关系管理的内容。

(4) 社会保障

社会保障包括社会保险、工伤事故、劳务人员基本生活保障、下岗失业劳务工基本生活保障和再就业，以及日常权益保障等内容。

(5) 国际劳务

国际劳务主要是指开展跨国劳务中的管理活动，包括跨国劳务人员的签证资格办理、劳务合同签订、国外务工法律适用性问题等。

4. 建筑企业劳务管理可能存在的法律风险

目前，建筑企业劳务用工模式主要有三种，分别是建筑企业直接招用进城务工人员、劳务分包企业或专业分包单位用工、"包工头"个人雇佣模式。这三种劳务方式各有优缺点，但都存在着频繁进出、人员更替量大的特点，这些无疑都是建筑企业劳务管理面临的挑战，并且可能会转化为问题，带来不同程度的法律风险。

从现阶段来看，建筑企业在劳务用工方面存在的风险主要有以下几种情况。第一，包工头欠薪逃跑或者携款逃跑导致建筑企业不得不承担责任。第二，当出现劳务工工作伤害的时候，劳务工一般要求施工企业承担相应的主体责任。第三，劳务工由于权责不明晰，常常误认雇佣主体。这些问题还会因为用工规模的不断增大而使风险也逐渐增加。

造成以上问题的主要原因是：第一，劳务工的权利意识越来越强，也"越来越难管"。第二，我国现行的一些政策倾斜于劳方，企业一旦违规，就要承担相应的法律后果。第三，劳务用工企业本身由于市场准入门槛较低，而使其在管理中存在着诸多漏洞。第四，劳务企业管理人员以及管理部门没有相应的危机和风险意识，没有建立适应市场需要的风险预警管理体系。

5. 建筑企业劳务管理的新变化

改革开放后，建筑企业的用工方式已遵循市场化原则，计划经济时期固定工为主的用工制度演变为多种形式并存的用工制度，这是市场经济发展的必然。此外，建筑企业劳务管理在管理理念、管理手段、管理水平上也出现许多可喜的新变化。不断探索、创新、转变、加强建筑企业的劳务用工管理，也是建筑企业适应市场发展，提高市场竞争力，规范我国建筑市场的必然要求。

(1) 管理理念有了新改变

一些大型建筑企业已认识到并开始注重培育发展自有劳务队伍，与劳务队伍互利共赢，思考如何处理好与劳务队伍的利益关系，做到互惠互利，做到劳务用工与劳动用工同工同酬。积极在劳务用工管理上进行创新，打破劳务工的身份界限，对长期表现优秀的劳务队伍负责人、高技能人才，通过选拔和考察，聘为劳动用工，签订劳动合同，使他们感觉有目标，助力企业共同发展。

(2) 管理手段有了新突破

自住房和城乡建设部开展建筑工人实名制管理试点以来，建筑工人实名制管理已得到广泛认同,建筑企业对建筑工人(劳务人员)及时登记成册,按时编报统计报表,完善进出厂记录和审批手续,规范对劳务工身份、劳务合同、工资发放、持证上岗、工伤保险等的管理,加强了务工人员输出地和输入地之间的联动管理,建立了务工人员基本信息、技能培训、工作简历等数据系统,制发了实名电子信息卡。

(3) 管理水平有了新提升

一些较早分离直接走向市场的有实力的建筑企业基本实现了分包队伍施工资质化、分包队伍安全生产持证化、分包队伍劳务用工合同化及建立分包队伍工人工资支付监督管理长效机制的"四化一监督",采取有效途径将现有劳务队伍中经过合作、长期考验留下来的精英队伍稳定好、培育好、发展好。同时,对列入"黑名单"的劳务分包单位及时进行清退,及时引进有实力、讲诚信的劳务队伍,为公司提供优质的、相对固定的劳务资源。

6. 建筑企业劳务管理主要学习方法

建筑企业劳务管理作为一个系统性学科,对其研究需要运用多种学习方法,这是由它的对象、特点、任务和内容决定的。

(1) 文献研究法

通过大量翻阅积累国内外关于建筑企业劳务工用工模式、劳务关系管理、职业技能鉴定、劳动纠纷和权益保障、国际劳务等的书籍、期刊、著作、优秀硕(博)士毕业论文、相关网页新闻,对所要研究的概念进行界定、辨析确定,了解建筑企业劳务用工模式的历史沿革、权益保障和国际劳务的法律法规。

(2) 案例分析法

通过一些建筑企业劳务用工模式和劳务纠纷处理的典型案例,探讨我国建筑企业劳务管理的现状、问题、原因,并给出具体的对策建议。对典型案例的分析,可以在很大程度上帮助建筑企业认识到如何才能有科学有效的劳务管理,以及如何应对处理可能出现的劳务风险。

(3) 定性分析和定量分析相结合的方法

定性分析和定量分析是相辅相成、相互补充的。定性分析是定量分析的前提,没有定性的定量是一种盲目的、毫无价值的定量;定量分析使定性分析更科学、准确,可以使定性分析得出的结论更深入。定性分析和定量分析相结合可以使建筑企业劳务管理研究取得最佳效果。

(4) 比较法

比较法是自然科学和社会科学研究的基本方法之一。客观事物相互区别,又相互联系;既有相似处,又有差异点。通过比较,既可以具体地了解事物之间的相似,又可以具体地了解事物之间的差异,不但有论证的作用,而且有深化认识的作用。通过纵向比较我国几十年来不同时期的劳务用工制度,总结经验,不断改进。横向比较我国和外国劳务管理模式差异,建筑业和其他行业不同情况的比较,不同劳务用工模式比较,加快对知识的理解和掌握。另外,为了更好地学习这门课程,往往还需要交叉联系政治经济学、法学、教育学、公共管理学、社会学、劳动心理学、人力资源开发与管理、建筑预算等多门学科知识,以便为建筑企业劳务管理搭建一个更为整体性的认知。

9.3.2 劳务用工招聘

建筑企业是我国城市建设以及公共设施建设中的核心力量,在我国建筑施工过程中发挥着重要作用。当前，我国的建筑企业还处于劳动密集型发展阶段，必然需要大量的劳动力满足用工需求。招聘作为建筑企业补充劳动力、保证持续正常作业劳动力需求的主要途径，在"过滤"和"筛选"劳动力的过程中充当着关键的"把门人"角色。高效的劳务用工招聘不仅能够迅速、有效地找到合适的员工，满足企业用人需求，而且能够从根本上控制人员的流失率和管理费用。

1. 建筑企业劳务用工历史沿革

传统的计划经济体制下，我国建筑企业用工采取的一直是固定工为主、临时工为辅的单一"铁饭碗"式用工制度，其基本特征为：国家对企业用工实行统一的集中式指令性计划管理，企业没有用工自主权。国家依靠行政手段控制企业的用工数量、用工形式、用工办法，并通过行政手段在企业间进行劳动力资源的分配与调整。劳动者一旦成为某个企业的固定工以后，就与企业形成了"终身制"的固定劳动关系，经济和法律意义上的劳动关系就演变为行政管理关系。随着我国经济体制改革的深入和市场经济的不断发展，建筑企业的用工制度也逐渐走向市场化，以固定工为主的用工制度逐渐转变为多种形式并存的用工模式，这也是市场经济发展的必然要求。

（1）以合同制为特征的用工制度变革阶段

20世纪80年代初，随着国民经济和城市化、工业化的发展，建筑企业劳务用工也呈现出了新局面。1984年10月15日，经国务院批准，劳动人事部、城乡建设部联合发布《国营建筑企业招用农民合同制工人和使用农村建筑队暂行办法》，固化的劳务用工制度开始被打破，形成了多元化的用工方式。1981年10月17日，《中共中央 国务院关于广开门路、搞活经济、解决城镇就业问题的若干决定》（中发〔1981〕42号）中指出：要实行合同工、临时工、固定工等多种形式的用工制度，逐步做到人员能进能出。

用工制度的改革，开辟了农村劳动力参加城乡建设新渠道，多元化的用工方式逐步形成；用工制度的改革，开辟了农村劳动力参加城乡建设的途径，以农村劳动力为主的劳务用工方式开始产生。1984年9月，《国务院关于改革建筑业和基本建设管理体制若干问题的暂行规定》（国发〔1984〕123号）明确提出，国有企业除必需的技术骨干外，原则上不再招收固定职工，这一政策加快了用工制度的改革进程。1986年2月6日，《国务院批转国家计委等五个部门关于制定〈国营建筑施工企业百元产值工资含量包干试行办法〉的报告的通知》（国发〔1986〕20号）中指出，逐步完善建筑施工企业的工资制度。这是当时建筑业十项重大经济改革的内容之一，是建筑业改革工资制度搞活内部分配的一项重要措施，使企业的工资基金与生产经营成果挂起钩来，改变了长期以来不分企业经营好坏，按人头核定工资基金的老办法，充分调动了企业和职工的积极性。

1986年，国务院发布了《国营企业实行劳动合同制暂行规定》等系列文件，提出在国营企业实行劳动合同制，规定从1986年10月1日起，企业在国家劳动和工资计划指标内招用常年性工作岗位上的工人，除国家另有特殊规定外，统一实行合同制。具体用工形式为：企业可以招收五年以内长期工、一年至五年内的短期工和定期轮换工。但是，规定还指出，不论采取何种形式的用工，必须签订劳动合同。在实行劳动合同制的同时，原先的子女接班制度和内招制度也一并废止。这标志着我国用工制度有了新的重大的突破，使建筑企业用工开始走向法治化轨道。固定工的"铁饭碗"被打破，企业拥有了自行招工的权利。固化的用工方式彻底改变，以进城务工人员为主体的劳务用工的成本远低于固定工成本，为建筑业创造出的利润逐年增加。至此，大量的农村剩余劳动力，以农民合同制工人、组建农民建筑队或包工头带队的方式进入建筑行业。

1989年建筑业用工制度改革在全行业得到推行，城乡建设系统的国营建筑企业农民合同制工人占到固定工队伍15%，农村建筑队已达自身施工力量的25%左右，大多数施工企业中农民合同制工人占一线生产工人的50%~60%，初步形式了以固定工为骨干、农民合同工为基本、农村建筑队伍为调剂的混合用工模式。

（2）以劳务分包为特征的用工制度规范化阶段

2001年4月18日，建设部颁布实施的《建筑业企业资质管理规定》建设部令第87号指出，在全国逐步形成以总承包企业为核心，承包公司为主要施工组织者，大量劳务分包企业为基础的"金字塔形"建筑企业组织结构，大力推动劳务分包企业的发展和劳务分包市场的建立，促进劳务用工的正规化建设。承担施工总承包的企业可以对所承接的工程全部自行施工，也可以将非主体工程或者劳务作业分包给具有相应专业承包资质或者劳务分包资质的其他建筑企业。获得专业承包资质的企业，可以承接施工总承包企业分包的专业工程或者建设单位按照规定发包的专业工程。专业承包企业可以对所承接的工程自行施工，也可以将劳务作业分包给具有相应劳务分包资质的劳务分包企业。

2005年8月5日，建设部颁布实施的《关于建立和完善劳务分包制度发展建筑劳务企业的意见》（建市〔2005〕131号）指出：从2005年7月1日起，用三年的时间，在全国建立基本规范的建筑劳务分包制度，进城务工人员基本被劳务企业或其他用工企业直接吸纳，"包工头"承揽分包业务基本被禁止。在此之后的短短几年中，建筑劳务分包企业发展迅速，但与此同时，新的矛盾也不断产生。

2. 劳务用工招聘的现状及存在的问题

（1）劳务用工招聘市场供不应求

建筑企业用工制度改革以来，劳务用工市场供不应求的情况最初出现在沿海经济发展相对较快的地区，如珠三角和长三角地区。目前，正由传统的珠三角、长三角及一线城市逐渐向全国范围内蔓延。四川、河南、安徽、湖南等一些劳务用工输出大省也出现了不同程度的劳务用工招聘市场供不应求现象，并逐渐成为全国性的用工问题。建筑企业作为劳动密集型产业，劳务用工的数量已经不能满行业发展的需要，特别是当进城务工人员春节返乡期间，会出现严重的建筑企业劳务用工需大于求情况，再加之以进城务工人员为主的建筑企业劳动用工队伍构成多样性、松散无序性、流动性大等特点，也给建筑企业带来很大的劳务用工市场供应问题。

（2）"普工荒"与"技工荒"并存

一直以来，技能型、高素质建筑工人的短缺是建筑企业劳务用工荒的突出特征。随着我国人口红利的逐渐消失，建筑企业普工需求也越来越难以满足。老一代建筑工人因年龄或者个人技术水平已经慢慢退出市场，而新生代工人大多选择到沿海地区进厂务工，从事建筑企业作业的劳务用工在逐年减少。此外，尽管新生代建筑企业劳务用工的知识水平、职业技能、接受能力可能比老一代建筑企业劳务用工具有优势，但他们与企业所需的技能和知识水平仍有差距，因其就业期望大多较高，进一步导致建筑企业劳务用工"普工荒"和"技工荒"并存的现象。

（3）劳务派遣机构的营利性

劳务派遣机构大多是以劳务承包或劳务中介为主、兼营劳务派遣业务的企业。劳务派遣机构是不同于传统企业的一种新的企业组织形式，它从事的是单纯经营劳动力资源的劳务活动，通过将员工派遣到用人单位工作的方式赚取利润生存发展。当前时期，除了政府主导的公益性职业中介机构外，越来越多的以盈利为目的的民营职业中介机构加入劳务派遣单位的行列。劳务派遣公司按月收取管理费，并成为企业收入来源的一部分，严重侵害了劳动者的合法权益。有些用人单位在挑选派遣机构的时候，单纯挑选服务费低的派遣公司，根本不看服务质量，今年在这家明年换那家。劳务派遣机构为了得到多家企业的委托，随意降低服务费，而实质是在降低服务质量过程中进行的无序竞争，根源在于派遣单位经营地位不明确，很少有纯粹的经营，大多是以劳务承包或劳务中介为主，兼营劳务派遣。

（4）劳务用工人员的不稳定性

劳务用工队伍稳定性差，这是当前劳务用工中普遍存在的突出问题。由于承担着随时丢饭碗、朝不保夕的风险，而企业的用工"自主权"被无限放大，劳资关系是不对等的、失衡的，因此，派遣工工作时心里没有稳定感。由于在用工身份、薪酬、待遇等方面与正式职工存在差别，导致了劳务工心理不平衡，再加上本身劳务工流动性大，客观上造成了他们对企业的忠诚度不高，而部分企业对劳务工思想教育针对性不强，同时国家相关法令保障不足，劳动派遣观念未普及，这一切都使劳务工对企业产生疏离感，导致整个企业内部人际关系紧张。用人单位往往将派遣员工视为外人，很少为他们提供培训及各项福利，影响了派遣员工对企业的归属感，反过来也会影响到企业的竞争力。由于在企业内部存在身份歧视，派遣员工与企业固定工的福利也差别很大，使派遣员工的归属感不强，"劳务派遣"型从业人员的就业稳定性比正规就业低，他们有更大概率频繁地转换工作，也可能转为失业人员，可能非自愿地退出劳动力市场。频繁的员工流动和优秀员工的流失，已严重影响到工人队伍的稳定、安全工作的保障和工作质量的提高，更为招聘带来长远的负面影响。近年来，90后的新一代进城务工人员逐渐进入建筑工地，这些人多为独生子女，到建筑工地难以适应艰苦的生活条件，加之劳动强度大，稍有不顺心就会辞职，进一步加大了工人的流动性，同时增加企业的招工和管理成本。

3. 建筑企业劳务"用工荒"探析及对策

（1）"用工荒"现象出现的原因

1）进城务工人员的意识和观念发生了很大的变化

"新进城务工人员"大多没有务工经历，初高中毕业，职业期望值高，不愿干脏活、累活和收入低的活。打工不再只是为了赚钱、回家盖房子、娶媳妇生孩子，而是带有"闯天下、寻发展"的目的。随着企业的发展，进城务工人员外出务工的工作生活条件并没有太大程度地改善，部分地区的民工在家务农的收入和外出打工的收入差不多，但是更加自由和安心。在家务农既可以自由安排时间，又可以与家人团聚，还不用挤车劳累，更重要的是能得到现金收入，不用担心工资被拖欠。大多数企业对进城务工人员的认知还停留在最初的阶段，不重视进城务工人员，进城务工人员对生活的新追求与企业用工观念陈旧的冲突必然造成工人频繁"跳槽"和大量流失，出现"民工荒"现象。

2）群体中领导的领导方式、群体工资影响着民工的流动

民工寻找工作的方式有其特殊性，一般通过老乡或熟人介绍，由于介绍来的大多数是

企业中原来进城务工人员的亲戚、老乡或朋友，在组织内部往往以非正式组织的形式存在。非正式组织中领导的领导方式、群体工资影响着民工的流动。如果非正式组织的领导对企业非常忠诚，他的"下属"也会对企业忠诚，而一旦其离开企业，则很有可能引起连锁反应，导致一些民工群体离职。同时，群体中的成员非常重视薪酬的公平性，群体工资的高低及差异程度会直接影响民工的行为，如果进城务工人员认为自身工资水平低于群体平均工资水平，就会认为自己不被重视，产生离职倾向。

3）组织核心竞争力的缺失影响进城务工人员的稳定

企业"民工荒"现象的出现不是绝对的，存在着大企业不愁工、小企业招不到工"冰火两重天"的情况。这个"小"不是绝对的，而是指那些工作时间太长、工资太低而且不能按时发放、社会保障问题也跟不上的一些企业。这些企业往往不具备核心竞争力，在市场竞争中处于劣势，进城务工人员早已被社会上拖欠工资的现象吓怕了，自然不愿意在没有保障的企业工作。组织核心竞争力的缺乏会导致其丧失招工优势，在进城务工人员需求大于供给的情况下，企业要想招到人，较强的企业实力和有竞争力的待遇是必不可少的条件。

4）组织的人力资源管理政策和实践影响进城务工人员的稳定和忠诚

许多企业在人力资源管理的诸多环节中，如人力资源规划、员工招聘、工作条件分析、员工薪酬、员工培训、绩效考核及员工激励、组织沟通及冲突处理等方面忽视了对进城务工人员这一特殊人力资源的有效管理，这些在人力资源管理中暴露出来的问题，是"民工荒"产生的不可忽视的原因。如不考虑进城务工人员的供求情况，缺少有效的招聘手段，工作要求苛刻，工资待遇低且拖欠现象严重，对进城务工人员缺乏有效的培训等，这些都会造成进城务工人员的流失，因此，人力资源管理作为企业管理中的重要组成部分，对进城务工人员的稳定和忠诚有着至关重要的影响。

（2）"用工荒"的对策

1）改变用工观念

新一代进城务工人员打工的观念已经有了很大的改变，企业尤其是劳动密集型企业希望通过廉价劳动力在市场上取得竞争优势的观念已经不可行，随着国际市场上反倾销和保障劳工权益力度的加大，再仅仅依靠低劳动成本来获取竞争优势将越来越困难。企业要保持在市场上的长久竞争力，稳定的员工队伍是不可或缺的一面，这就要求其注重改善企业劳资关系，改善工作环境，培养进城务工人员的组织意识，使其逐渐摆脱自身的心理自卑感，并随着企业效益的提高改善民工的待遇，着力留住企业所需的员工。

2）重视群体行为管理

群体行为理论认为，在共同的活动中，人们都是自觉不自觉地接受自己所处群体的成文的或不成文的群体规范。久而久之，成员的个性心理也会在其行为的影响下，在某种程度上共同表现出一种规范性趋势。这种规范心理是群体成员在相互作用的共同活动中，通过模仿、暗示、服从、信任等因素逐渐形成的，因此，对群体行为的管理就显得尤为重要。进城务工人员群体具有其特殊性，他们的个体行为非常容易受到群体行为的影响，企业管好了进城务工人员的"头"，就能管好大部分进城务工人员。企业要密切关注非正式组织中领导者的行为，并对其行为进行正面引导，建立一支有组织能力与鲜明群体意识的进城务工人员队伍。

3) 增强企业核心竞争力

北大教授张维迎认为核心竞争力必须具备五个特点:"偷不去、买不来、拆不开、带不走和流不掉"。企业核心竞争力是企业赖以生存和发展的关键要素,一个具有核心竞争力的企业,其良好的发展前景及市场地位会给进城务工人员信心,使其愿意在这家公司长期工作,一个缺乏核心竞争力的企业,也会让其对公司提供的待遇及其他方面持有怀疑,无法安心工作甚至选择离开。在进城务工人员缺乏的情况下,企业要解决这个问题,提升自己的核心竞争力非常关键,否则,即使招聘到人也留不住,无法从根本上解决问题。

4) 健全组织人力资源管理

以往我们对企业人力资源的关注,更多的是将目光投向管理者和技术员工身上,往往缺乏对普通劳动者的足够重视。进城务工人员作为普通劳动者中的一个必要补充部分,同样需要得到企业的关注。企业可以通过规范进城务工人员用工机制、拓宽进城务工人员招聘渠道、建立进城务工人员培训体系、完善进城务工人员绩效管理体系和薪酬结构等几方面健全进城务工人员的人力资源管理体制,树立"以人为本"的管理理念。第一,规范进城务工人员用工机制,确保其就业的相对稳定性和流动的有序性,增强进城务工人员的归属感;第二,拓宽进城务工人员招聘渠道和对象,科学运用招聘方式,解决进城务工人员招聘渠道过于单一的现状;第三,建立进城务工人员培训体系,通过持续不断的适应性培训,让进城务工人员及时掌握一些新技能,满足新形势下用工单位的新需求;第四,完善进城务工人员薪酬管理办法和绩效考核体系,通过公正公开的绩效考核及合理的薪酬分配,改变进城务工人员工资过低和缺乏竞争力的状况。

4. 建筑企业劳务用工招聘途径

(1) 劳务分包队引进

对于企业来说,招聘外包是一种省时省力的用工形式,即用人单位将全部或部分招聘、甄选委托给第三方的专业人力资源中介公司,由他们来完成一系列的招聘工作。招聘外包就是指让第三方服务商连续提供过去由企业内部有关部门进行的一系列招聘活动,以使人力资源部门专注于自身的核心职能,以更多的时间和精力参与企业整体战略规划。简而言之,如果传统的招聘概念是"自己做"的话,那么招聘外包就是"请人做"。

企业应从以下几个方面考核、审查、选择劳务分包队伍:

1) 评估与资格审查

企业应组织职能部门对首次引进的外来劳务承包队伍进行评审,评审不合格的外来劳务队,任何单位不得使用。对首次引进的外来劳务承包队评审,主要从其经营许可、资质证明文件及工程业绩等方面进行评审,包括:营业执照、资质证书、安全许可证、税务登记证、法人委托书、注册资金及风险控制能力;人员素质、专业技术水平、施工经验、突出业绩等。

2) 评定备案

对管理水平符合工程项目施工要求、管理人员及劳动力相对稳定、工程实体质量控制能力能够满足实际质量目标的要求、社会信誉良好、无不良记录和诉讼记录的合格外来劳务队评审结束后要进行上报公司备案,备案时应提供外来劳务队负责人身份证复印件、劳务费支付委托书及收款账号等信息资料。

3）选择中标单位，签订外来劳务队承包协议

选择推荐的外来劳务队应来自考察合格的承包队伍名录，根据工程项目的具体情况的要求进行选择。采用建筑工程劳务承包协议范本，签订外来劳务承包协议，到公司人力资源部进行劳务注册登记。

（2）"包工头引进"

所谓的包工制，是指建筑工程由建筑公司承办后，层层分包给大大小小不同规模的包工队，建筑工人在"包工头"的组织和带领下进行劳动的一种特定领域的用工组织形式。

"包工头"是一个矛盾体，虽然在法律上"包工头"没有获得合法的地位，但包工头事实上仍然是劳务市场中一个重要的组成部分，"包工头"能有效地召集和组织进城务工人员，是因为他们拥有劳务分包企业无法比拟的先天条件，一些小的"包工头"依靠血缘、地缘、人缘等"三缘"关系召集和组织农村剩余劳动力成立施工队伍，是劳务分包、劳务输出这条供需链上一个不可或缺的重要环节。

包工头形成有两大来源，一是随着我国国有建筑企业的体制改革分流出来一些有前瞻性的固定工，再加上为了激发建筑企业的活力，提高建筑企业的效率，建筑企业实行内部承包责任制的模式，即由内部员工承包，采取利润包干，推行经济责任制，企业要求承包方必须雇佣原单位职工。他们发挥以前在原建筑企业人脉关系作用承接建设工程，直接使用雇佣成本较低的进城务工人员，形成了国有建筑施工企业承包人演化成"包工头"的组织模式。二是农民建筑队的领头人，早期的农村都是农民自建房，自己备好材料包给一个大工师傅，大工师傅再会召集其他进城务工人员加入进来，经过长期的合作，领头人承接建设任务，跟业主谈定价钱，跟内部成员谈好工钱，协调内部成员的关系，渐渐地形成了一个稳定的农民建筑施工队。

故而包工头引进主要靠层层介绍，长期合作积累等方式维系业务。

（3）自主零星招聘

1）基本条件。

建筑工程的施工现场具有施工单位多、施工机械多、工种交叉作业多、高空作业多、用电工作多、施工人员复杂等特点，施工现场环境较复杂，存在较多的危险源，如高空作业、施工机械、电源等。因此，前来工作的劳务工必须满足以下基本条件：

① 具有初中及以上文化程度，持有个人居民身份证；

② 生产一线施工班组的劳务人员要求男性年满16周岁以上，50周岁以下，50~55周岁之间的必须是技术骨干，且要打报告方可使用，55周岁以上劳务人员不得使用，女性年满16周岁以上，50周岁以下。从事二线辅助工作的劳务人员年龄可适当放宽；

③ 经体检合格，能胜任野外流动施工等体力劳动要求；

④ 从事特殊作业岗位的，应持有省市主管部门颁发的特殊作业人员操作证书。

2）流程

① 发布广告。根据企业的需要，通过实际用工分析，编制劳动力需求计划，确定企业用人的数量、基本条件（对于特殊工种要求必须具备特殊工种上岗证）、工作地点、聘用时间、薪酬标准以及其他相关事项。

② 等待劳动者应聘报名。企业应当具有规范化的招聘登记表（表9.1），让劳务工求职者填写自己的工作履历情况、有何技能，包括基本个人信息等；如果劳务工求职者是大

中专生或技校生,拥有一定的学历和工作经历,还应该要求他们提交学历和技能证书。

某公司招聘登记表　　　　　　　　　　表 9.1

姓名		性别		出生年月		照片
政治面貌		民族		籍贯		
视力		身高	cm	体重	kg	
健康状况,有何疾病 (含各种慢性疾病、传染病等)						
何时何院校何专业毕业					学历	
身份证号						
外语水平			计算机水平			
特长						
个人简历及 持证情况						
现工作单位				参加工作时间		
现从事专业			职务、职称		婚姻状况	
人事档案 存放单位				社保关系所在地		
家庭住址				户籍所在地		
通信地址				邮政编码		
联系方式	固定电话:		手机:		电子邮箱:	

家庭情况	关系	姓名	年龄	文化程度	现工作单位	联系电话

要求工资待遇	见习期: 　　　　元		见习期满: 　　　　元	
要求工作岗位	(1) 机关部门;	(2) 施工项目部;	(3) 服从分配。	
要求工作地点	(1) 相对固定;	(2) 随项目流动;	(3) 服从分配。	
本人对填写内容 真实性所作的 责任保证	本人保证以上填写内容属实,无任何隐瞒,否则愿承担违约责任。 　　　　　　　　　　　　　　　本人签名:　　　　　年　月　日			

注:本登记表仅作用人单位收集应聘人员个人信息用,不作为劳动合同或三方协议。

③ 面试。一般是对求职者采用直接面试、电话面试等方式进行面试,以了解劳务工的自身情况,从而作出是否录用的判断。在面对一些劳务技术人员时,还必要让他们进行实际操作来评估他们的技术等级水平。这类挑选录用方式主要针对普工,技术工人及特殊工种应作一个区分,然后对他们进行分级制使用和管理。

④ 体检。由建筑行业的本身的特点决定,需要进行一些特殊的检查项目。

心电图:检查心脏最常用的方式。心电反应性疾病检查尤其对心律失常是最准确的诊断方法,对心肌缺血和其他非循环系统疾病,如低血钾和甲亢也有一定的诊断意义。

胸透：心、肺、膈疾病检查。

外科：检查皮肤、浅表淋巴结、甲状腺、脊柱、四肢关节、肛门、直肠、前列腺、外生殖器等有无异常。

内科：心、肺、肝、脾、胆囊、神经系统检查等。

眼科：视力、眼睑、结膜、眼球、色觉、眼底、裂隙灯检查等。

⑤ 录用并签订合同。使用劳务人员协议主要条款应当包括：双方协议期限、工作时间和休息休假、劳动报酬、社会保险及双方约定的其他内容和事项等。

⑥ 培训。对符合条件的劳务人员进行施工前的上岗知识、安全教育、操作规程等培训，必要时可以用试卷形式验收培训成果。

任务 10 参加入职培训

10.1 任务描述

职业是参与社会分工,利用专门的知识和技能,为社会创造物质财富和精神财富,获取合理报酬,作为物质生活来源,并满足精神需求的工作。选择什么职业实习、怎么选择职业是实习学生需要思考的问题。

实习学生选择合适的职业并与企业签约后,在约定时间内赴企业报到,接受企业分配指导老师,参加企业岗前培训,培训合格后赴岗位实习。企业岗前培训工作具有十分重要的意义,有必要了解企业有关岗前劳务培训的相关知识。

10.2 任务目标

了解职业的分类,能认识所从事岗位所属职业类型,了解职业特征,能结合个人的、家庭的、社会的因素正确进行职业的选择。

了解职业生涯的含义,能结合个人发展、所在组织所提供的发展条件的因素、社会环境所给予的支持和制约因素,确定事业奋斗目标。

了解建筑企业开展劳务培训的重要性、主要内容、实施方法、存在问题、解决策略等,能积极参与劳务培训,达到上岗的要求。

10.3 知识储备与任务指导

10.3.1 岗位实习学生职业指导

职业,即个人所从事的服务于社会并作为主要生活来源的工作。

1. 职业的分类

中国职业分类,根据中国不同部门公布的标准分类,主要有两种类型:

(1) 第一种

根据国家统计局、国家标准总局、国务院人口普查办公室1982年3月公布,供第三次全国人口普查使用的《职业分类标准》,简称为《标准》。该《标准》依据在业人口所从事的工作性质的同一性进行分类,将全国范围内的职业划分为大类、中类、小类三层,即八大类、64中类、301小类。其中八大类的排列顺序是:第一,各类专业、技术人员;第二,国家机关、党群组织、企事业单位的负责人;第三,办事人员和有关人员;第四,商业工作人员;第五,服务性工作人员,第六,农林牧渔劳动者;第七,生产工作、运输工作和部分体力劳动者;第八,不便分类的其他劳动者。在八个大类中,第一、二大类主要是脑力劳动者，第三大类包括部分脑力劳动者和部分体力劳动者，第四、五、六、七大类主要是体力劳动者，第八类是不便分类的其他劳动者。

(2) 第二种

国家发展计划委员会、国家经济委员会、国家统计局、国家标准局批准，于1984年发布，并于1985年实施《国民经济行业分类和代码》。这项标准主要按企业、事业单位、机关团体和个体从业人员所从事的生产或其他社会经济活动的性质的同一性分类，即按其所属行业分类，将国民经济行业划分为门类、大类、中类、小类四级。门类共13个：

农、林、牧、渔、水利业；工业；地质普查和勘探业；建筑业；交通运输业、邮电通信业；商业、公共饮食业、物资供应和仓储业；房地产管理、公用事业、居民服务和咨询服务业；卫生、体育和社会福利事业；教育、文化艺术和广播电视业；科学研究和综合技术服务业；金融、保险业；国家机关、党政机关和社会团体；其他行业。

另外，根据《中华人民共和国职业分类大典》，将我国职业归为八个大类，66个中类，413个小类，1838个细类（职业）。

八个大类分别是：

第一大类：国家机关、党群组织、企业、事业单位负责人，其中包括5个中类，16个小类，25个细类；

第二大类：专业技术人员，其中包括14个中类，115个小类，379个细类；

第三大类：办事人员和有关人员，其中包括4个中类，12个小类，45个细类；

第四大类：商业、服务业人员，其中包括8个中类，43个小类，147个细类；

第五大类：农、林、牧、渔、水利业生产人员，其中包括6个中类，30个小类，121个细类；

第六大类：生产、运输设备操作人员及有关人员，其中包括27个中类，195个小类，1119个细类；

第七大类：军人，其中包括1个中类，1个小类，1个细类；

第八大类：不便分类的其他从业人员，其中包括1个种类，1个小类，1个细类。

这三种分类方法符合中国国情，简明扼要，具有实用性，也符合中国的职业现状。

2. 职业的特征

(1) 职业的社会属性

职业为人类在劳动过程中的分工现象，它体现的是劳动力与劳动资料之间的结合关系，其实也体现出劳动者之间的关系，劳动产品的交换体现的是不同职业之间的劳动交换关系。这种劳动过程中结成的人与人的关系无疑是社会性的，他们之间的劳动交换反映的是不同职业之间的等价关系，这反映了职业活动职业劳动成果的社会属性。

(2) 职业的规范性

职业的规范性应该包含两层含义：一是指职业内部的规范操作要求性，二是指职业道德的规范性。不同的职业在其劳动过程中都有一定的操作规范性，这是保证职业活动的专业性要求。当不同职业在对外展现其服务时，还存在一个伦理范畴的规范性，即职业道德。这两种规范性构成了职业规范的内涵与外延。

(3) 职业的功利性

职业的功利性也叫职业的经济性，是指职业作为人们赖以谋生的劳动过程中所具有的逐利性一面。职业活动中既满足职业者自己的需要，同时，也满足社会的需要，只有把职业的个人功利性与社会功利性相结合起来，职业活动及其职业生涯才具有生命力和意义。

（4）职业的技术性和时代性

职业的技术性指不同的职业具有不同的技术要求，每一种职业往往都表现出一定相应的技术要求。职业的时代性指职业由于科学技术的变化，人们生活方式、习惯等因素的变化导致职业打上那个时代的"烙印"性。

3. 职业的选择

职业兴趣是一个人对待工作的态度，对工作的适应能力，表现为有从事相关工作的愿望和兴趣，拥有职业兴趣将增加个人的工作满意度、职业稳定性和职业成就感。职业兴趣是以一定的素质为前提，在生涯实践过程中逐渐发生和发展起来的。它的形成与个人的个性、自身能力、实践活动、客观环境和所处的历史条件有着密切的关系，因此，职业的选择不能只凭兴趣，应当结合个人的、家庭的、社会的因素来考虑。

（1）个人需要和个性

不管人的兴趣是什么，都是以需要为前提和基础的，人们需要什么也就会对什么产生兴趣。由于人们的需要包括生理需要和社会需要或物质需要和精神需要，因此人的兴趣也同样表现在这两个方面。人的生理需要或物质需要一般来说是暂时的，容易满足。例如，人对某一种食物、衣服感兴趣，吃饱了、穿上了也就满足了；而人的社会需要或精神需要却是持久的、稳定的、不断增长的，例如人际交往、对文学和艺术的兴趣、对社会生活的参与则是长期的、终生的，并且不断追求的。兴趣是在需要的基础上产生的，也是在需要的基础上发展的。

（2）个人认识和情感

兴趣不足是和个人的认知和情感密切联系着的。如果一个人对某项事物没有认识，也就不会产生情感，因而也就不会对它发生兴趣。同样，如果一个人缺乏某种职业知识，或者根本不了解这种职业，那么他就不可能对这种职业感兴趣，在职业规划时想不到。相反，认识越深刻，情感越丰富，兴趣也就越深厚。

（3）家庭环境

家庭作为最基本的社会单元，对每个人的心理发展都产生重要的影响，因此个人职业心理发展具有很强的社会化特征，家庭环境的熏陶对其职业兴趣的形成具有十分明显的导向作用。大多数人从幼年起就在家庭的环境中感受其父母的职业活动，随着年龄的增长，逐步形成自己对职业价值的认识，使得个人在选择职业时，不可避免地带有家庭教育的印迹。家庭因素对职业取向的影响，主要体现在择业趋同性与协商性等方面。

一般情况下，个人对于家庭成员特别是长辈的职业比较熟悉，在职业规划和职业选择上产生一定的趋同性影响，同时受家庭群体职业活动的影响，个人的生涯决策或多或少产生于家庭成员协商的基础上。兴趣有时也受遗传的影响，父母的兴趣也会对孩子有直接的影响。

（4）受教育程度

个人自身接受教育的程度是影响其职业兴趣的重要因素。任何一种社会职业从客观上对从业人员都有知识与技能等方面的要求，而个人的知识与技能水平的高低在很大程度上取决于其受教育的程度。一般意义上，个人学历层次越高，接受职业培训范围越广，其职业取向领域就越宽。

（5）社会因素

社会舆论对个人职业兴趣的影响主要体现在政府政策导向、传统文化、社会时尚等方面。政府就业政策的宣传是主导的影响因素，传统的就业观念和就业模式也往往制约个人的职业选择，而社会时尚职业则始终是个人特别是青年人追求的目标。如当前计算机技术和旅游事业都得到较大发展，对这两个职业有兴趣的人也增加得很快。兴趣和爱好是受社会性制约的，不同的环境、不同的职业、不同的文化层次的人，兴趣和爱好都不一样。

（6）职业需求

职业需求是一定时期内用人单位可提供的不同职业岗位对从业人员的总需求量，它是影响个人职业兴趣的客观因素。职业需求越多、类别越广，个人选择职业的余地就越大。职业需求对个人的职业兴趣具有一定的导向性，在一定条件下，它可强化个人的职业选择，或抑制个人不切实际的职业取向，也可引导个人产生新的职业取向。

最后，年龄的变化和时代的变化也会对人的兴趣产生直接影响。就年龄方面来说，少儿时期往往对图画、歌舞感兴趣，青年时期对文学、艺术感兴趣，成年时期往往对某种职业、某种工作感兴趣。它反映了一个人兴趣的中心随着年龄的增长、知识的积累在转移。就时代来讲，不同的时代，不同的物质和文化条件，也会对人兴趣的变化产生很大的影响。

4. 职业规划

（1）职业生涯的含义

职业生涯是指个体职业发展的历程，一般是指一个人终生经历的所有职业发展的整个历程。职业生涯是贯穿一生职业历程的漫长过程。科学地将其划分为不同的阶段，明确每个阶段的特征和任务，做好规划，对更好地从事自己的职业，实现确立的人生目标，非常重要。

（2）职业生涯规划的含义

职业生涯规划，是指个人发展与组织发展相结合，对决定一个人职业生涯的主客观因素进行分析、总结和测定，确定一个人的事业奋斗目标，并选择实现这一事业目标的职业，编制相应的工作、教育和培训的行动计划，对每一步骤的时间、顺序和方向做出合理的安排。

（3）职业生涯规划的期限

职业生涯规划的期限，划分为短期规划、中期规划和长期规划。

短期规划为 5 年以内的规划，主要是确定当下的职业目标，规划完成的任务。

中期规划一般为 5~10 年，规划 3~5 年内的目标与任务。

长期规划其规划时间是 10~20 年以上，主要设定较长远的目标。

（4）职业生涯规划的特性

职业生涯规划的特性包括可行性、适时性、适应性、连续性。

可行性：规划要有事实依据，并非美好幻想或不着边的梦想，否则将会延误生涯良机。

适时性：规划是预测未来的行动，确定将来的目标，因此各项主要活动，何时实施、何时完成，都应有时间和时序上的妥善安排，以作为检查行动的依据。

适应性：规划未来的职业生涯目标，牵涉多种可变因素，因此规划应有弹性，以增加其适应性。

连续性：人生每个发展阶段应能持续连贯性衔接。

影响个人职业生涯发展的因素主要是进取心与责任心、自信心、自我表现认识和自我表现调节、情绪稳定性、社会敏感性、社会接纳性、社会影响力。

(5) 职业生涯规划必须考虑的因素

个人自身的因素、所在组织所提供的发展条件的因素、社会环境所给予的支持和制约因素。

(6) 职业生涯规划的作用

确认人生的方向，提供奋斗的策略、突破并塑造充实的自我、准确评价个人特点和强项、评估个人目标和现状的差距、准确定位职业方向、重新认识自身的价值并使其增值、发现新的职业机遇、增强职业竞争力等。

10.3.2 建筑企业劳务培训

1. 建筑企业开展劳务培训的重要性

建筑业是劳动密集型产业，建筑企业劳务人员90%以上是进城务工人员。从全国情况看，全国从事建筑劳务的农村富余劳动力常年保持在五千万人以上。这支数量庞大的建筑进城务工人员队伍，80%只有初中以下文化，85%没有接受过技术培训。他们游离于城市边缘，农忙种地，农闲做工，就业渠道靠"血缘、地缘、人缘"关系，盲目性大，组织化程度低。这支队伍既是城市建设不可缺少的重要力量，也是城市社会应给予更多关心的弱势群体和"问题群体"。因此，建设、管理好这支队伍，对进城务工人员个人的发展、建筑业水平的提升，以及整个社会的推动发展都有十分重要的意义。

(1) 党和国家高度重视劳务人员职业技能提升培训

2019年5月18日，《国务院办公厅印发职业技能提升行动方案（2019—2021年）的通知》（国办发〔2019〕24号），强调把职业技能培训作为保持就业稳定、缓解结构性就业矛盾的关键举措，作为经济转型升级和高质量发展的重要支撑，从失业保险基金结余中拿出1000亿元，面向职工、就业重点群体、贫困劳动力等城乡各类劳动者，大规模开展职业技能培训，加快建设知识型、技能型、创新型劳动者大军。这对于建筑行业从事各个工种的劳务人员来说是一次自我提升的利好机会，也为实现建筑业劳务工职业技能培训扩面、提质、增效提供了强有力的政策支持。

(2) 劳务培训为建筑行业可持续发展提供强大的动力支持

建筑业为我国劳动人民提供了许多就业机会，吸收了大量农村富余劳动力。根据马克思主义哲学中生产力决定生产关系，生产关系一定要适应生产力发展的需要的这一基本规律，作为我国从农业社会向工业社会转型过程中的最活跃、最不稳定因素之一的"进城务工人员"，这么大群体的整体素质改善很大程度上决定着我国建筑业生产力的可持续发展。通过职业技能培训，发挥他们的积极性、创造性，鼓励他们钻研技能，可以使他们由传统耕地种田的农民转变为现代化产业工人，成为具有高素质、高技能和较高管理水平的新型建筑主力军，把建筑业巨大的人口压力变为技能人才资源优势，为建筑业更高、更快地发展注入源源不断的动力。

(3) 建筑企业劳务培训关系着建筑企业的市场竞争力和长远发展

在市场经济体制下，建筑企业的核心竞争力体现在有效的施工管理体制和优质的建筑工程。建筑企业管理的对象大部分为劳务人员，工程实体也均是由一线操作工人完成，只有一些高素质、高技能的进城务工人员队伍才可以建造出高、精、尖的建筑产品，才可能保证工程质量、减少工程安全事故，因此没有长期稳定合作的进城务工人员队伍，建筑总承包企业的市场竞争力不会得到增强。加强对施工现场劳务人员的培训工作不仅仅是社会责任，更重要的是关系着企业切身利益。也是改变建筑业粗放管理，转变建筑业增长方式的需要。

（4）建筑企业劳务培训对改善劳务人员的社会经济地位也有莫大帮助

对建筑业劳务工进行职业技能培训，可以增加劳务工知识面，提升劳务工文化程度，掌握与建筑业相关的技能和知识，对促进建筑业劳务人员就业和提高劳务工收入都有很大的帮助。在实际工作遇到拖欠工资等权益受到侵害时，可以用法律知识，维护自己的合法权益不受侵犯，了解自己享有的权利和义务。同时，收入增加可以促使劳务人员融入城镇的生活方式，降低他们与城镇居民的差异，归化他们成为城镇新市民。

2. 建筑企业劳务培训的主要内容

对于劳务用工的培训，要本着"缺什么培训什么，需要什么培训什么"的原则，使劳务工掌握基本的生产技术和技能，改善工作质量和工作态度，尽快适应新的工作环境。通常而言，建筑企业的劳务培训内容主要体现为四个方面：岗位技能培训、安全培训、知识培训和态度意识培训。

（1）劳务工应知应会培训

劳务工应知应会是对现场劳务施工人员胜任工作必须具备的能力和条件的简称，是指劳务人员应该了解、知晓、掌握的基本知识和应该会做的基本技能，包括企业文化和基本情况、企业的通用管理制度、员工岗位操作规程、安全作业规定和技能要求，以及有关传统工艺、先进操作方法、绝技绝活等内容。企业可以成立编制小组，编制覆盖工种岗位的应知应会小册子，人手一册，方便劳务工学习。为规范、系统地组织劳务人员培训创造良好条件。另外，应知应会小册子中应重点涵盖安全培训内容，包括安全基础教育，安全专业知识培训和安全技能培训，针对建筑业的特点，对不同岗位和不同工种人员，教育培训目标、内容和效果要有针对性。

（2）业务操作培训

业务操作培训是指对劳务人员在日常施工作业中承担的业务操作进行培训。此项培训是对劳务人员特别是低学历、低技术水平劳务工提升技术水平的重要渠道，能够有效帮助劳务工尽快熟悉工作岗位和施工操作，尽快上手。业务操作培训中也经常见于施工项目"师带徒"培训模式中，有经验的工人师傅通过传帮带年轻学徒，使他们能够尽快独当一面。

（3）职业技能培训

职业技能培训是指通过培训使员工所具备的知识转化为技能，通过相关岗位职责、业务技能、操作规程的培训，强化提升员工胜任岗位工作技能要求，掌握完成本职工作所必备的技能，并通过相关职业资格考试获得职业资格证书等。通过技能型员工实际操作能力的培养，以适应生产作业效率提高的要求。在总结、普及先进操作工艺方法的基础上，积极采取达标培训和岗位练兵等形式，加大对技能型员工的培训力度，使更多的优秀人才脱颖而出。同时在项目施工人员结构上，更好的达到施工作业人员专业化的要求，以更好的满足当前社会对高素质建筑人才的需要。

（4）特殊工种培训

建筑工程中的特殊工种是指：起重工、信号司索工、电工、电焊工、架子工、电梯操作工、电梯安装工、电梯拆卸维修工、塔吊安装工、塔吊拆卸工等工种。特殊工种顾名思义就是在特殊行业从事工作的工人。特殊工种从事的工作具有专业性强、危险性大、责任重大等特点。从事特种行业的人员必须经相应等级的医院进行全面的身体健康检查，体检合格后，还必须经过专门的培训机构培训合格后，取得上岗证，才能从事特种行业的工作。对取得上岗证的人员还要定期轮训，完成规定学时的学习，使他们不断更新专业知识，掌握新技术，新工艺的发展。

（5）职业素养培训

职业素养培训是指通过培训使员工具备正确的价值观、积极的工作态度和良好的思维习惯，为实现共同目标而主动、有效学习和提升自我，成为企业所需要的德才兼备人才。对于建筑企业来说，主要是让劳务工人了解公司的企业文化和相关规章制度，认可公司的经营理念，自觉地遵守公司的行为规范和道德准则，在适当的范围内做出适合的行为。培训内容包括党和国家的方针、政策，法律法规，企业行为规范和相关规章制度、建筑劳务用工的生活常识、基本权益保护、职业道德、应具备的基本素质等。

3. 建筑企业劳务人员培训的实施

对建筑企业劳务工的培训更要遵循培训工作的一般性流程，这个过程大致可分为培训需求分析、培训计划设计、培训实施、培训转化以及培训效果评估反馈这五个阶段（图10.1）。

（1）培训需求分析

通过培训需求分析，可以发掘出项目施工的进展节点以及达成施工目标的战略、实现当前目标所需要的工种缺口、工作技能及其差距，分析未来所需要的工作技能及其差距以及培训活动所处的组织环境等信息。有了这些信息，才能

图10.1　建筑企业劳务工培训实施步骤示意图

定劳务工培训活动的方向、培训的时间和地点、培训的侧重内容以及培训要达到的效果等其他关键要素，因此，在开展培训工作时，必须对培训的需求做出分析，这是整个培训工作的起点。

（2）培训计划设计

培训需求确定以后，第二步的工作就是做好培训计划设计，培训计划设计是指对未来一定时期内将要进行的培训工作所做的事前安排，它是做好建筑劳务培训工作的前提条件。一般来说，培训计划设计（图10.2）应遵循如下的基本步骤：

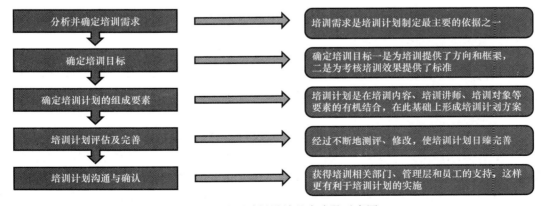

图10.2　培训计划设计基本步骤示意图

一个比较完备的培训计划应当涵盖六方面内容，即培训目标；培训内容和培训对象；培训者；培训时间及地点；培训费用的预算；培训规定与纪律。具体内容如下：

1) 培训目标

对于将要接受培训的员工来说，培训目标就是指在培训活动结束后建筑劳务工人应该掌握的具体内容，如对于专业知识的理解程度，对于基本技能的熟练程度，对于工作态度的转变程度以及对于企业文化的认可程度等。

2) 培训内容和培训对象

培训内容和培训对象都是培训需求分析的结果，简言之，培训对象就是指劳务工中需要接受培训的工种，培训的内容就是指应该进行什么样的培训。为了便于受训员工学习，一般都将培训的内容编织成相应的教材，这些培训教材以企业环境为依托，以员工自身特点为基础，以基本理论知识为重点，全面地有层次地进行课程内容的多样组合，力求达到最好的培训效果和最大的培训收益。

3) 培训者

培训者的来源一般来说有两个渠道：一个是外部渠道，一个是内部渠道，一般来说，通用性的培训可以从外部选择培训者，而专业性的培训则要从内部选择培训者。从这两个渠道选择培训师各有利弊，企业相关负责人应根据企业的实际情况，确定适当的内部和外部培训师的比例，尽量做到内外搭配、相互学习，相互促进。

4) 培训时间和地点

一般来说，培训时间的确定要考虑两个因素：一是培训需求，二是受训人员。培训时间需要科学合理，一方面可以保证培训及时地满足培训的需求；另一方面也有助于受训人员安心地接受培训，从而保证培训的效果。培训时间确定之后，要及时地发布通知，确保每一个受训人员知道在什么时间接受培训，从而提前做好各项准备。

培训地点的选择最主要的是考虑培训的方式，此外，还应当考虑培训的人数和培训的成本等其他因素。合适的培训地点有助于创造有利的培训条件，建立良好的培训环境，从而增进培训的效果。

5) 培训费用的预算

为了更好地控制成本，就要做好整个培训工作的预算，在制定培训计划时需要确定出必要的成本控制和费用节约方案，并要考虑培训预算经费的合理分配，这直接关系培训项目能否通过审批以及之后的顺利开展和实施。

6) 培训规定与纪律

培训工作是一个教与学互动、讲师与受训员工相互沟通的过程，受训员工是否积极地配合和响应讲师，营造互动的课堂气氛，在某种程度上会关系到培训效果的好坏。因此，为了营造良好的互动气氛，需要对受训员工做出一些约束，制定一些培训规章。

（3）培训实施

在做好培训需求分析和培训计划的制定工作后，便正式地进入培训的实施阶段，针对不同的培训项目会有不同的具体实施工作，但一般而言，培训实施是在培训计划的指导下进行的。在开展培训工作的过程中，相关部门和人员要时刻地关注培训工作的进展状况，并根据现实中可能遇到的新情况及时地制定监督和补救措施，从而保证培训活动的正常进行。

(4) 培训转化

培训成果转化就是指受训人员将在培训中所学到的知识、技能和行为应用到实际工作中去的过程。培训成果转化是检测培训是否真实有效的重要手段，通过培训成果转化可以很清楚地了解受训人员对于培训内容的掌握和理解程度，从而不断地改进培训工作。

(5) 培训效果评估反馈

培训活动的最后一个步骤就是对培训进行评估和反馈，这不仅可以监控此次培训是否达到了预期的目的，更重要的是还有助于对今后的培训进行改进和优化。同时，通过培训效果的评估反馈，可以提供员工绩效改进的证据，提高企业高层管理人员对培训工作的重视程度。一般来说，培训效果评估应该从表10.1中的几个问题中去寻找答案。我们可从"反应、行为、学习和结果"四个层面来进行评估，并且这四个关系层级是递进的。

培训效果评估表　　　　　　　　　　　　　　　　　表 10.1

层面	名称	问题	评估方法
第一层面	反映层面	受训人员喜欢该项目吗？对培训人员和设施有什么意见和要求	问卷调查法
第二层面	行为层面	受训人员在培训后，知识及技能掌握方面有多大程度的提高	学习测验 工作模拟技能训练
第三层面	学习层面	培训后，受训人员的行为有无不同？他们在工作中是否使用了培训所学的知识	同班组、上级和下级的访问调查
第四层面	结果层面	项目施工进度和经营业绩是否因为培训而有所提高	衡量个人及组织绩效指标、成本效益

4. 建筑企业劳务培训存在的主要问题

(1) 劳务工参与培训的意识差

从劳务工自身看，目前大多是进城务工人员，他们"忙时务农，闲时务工"，采用"候鸟式"两栖就业和生活方式，使得一些劳务工认为没有必要花很多的金钱、时间和精力去参加培训。加之，建筑工地中部分岗位不需要技能或较高技能，不经过培训，通过传帮带掌握基本技能，就可以成为普工。未持有职业技能证书的工人可以自由地在建筑行业中就业。

(2) 企业对培训的认识不足

从施工企业看，由于员工培训支出增加企业运营成本，从自身利益出发不愿承担起职业培训的责任。建筑项目或建筑企业进行培训投入的积极性不高，加之进城务工人员频繁流动和跳槽，企业对进城务工人员培训的投资容易发生收益外溢的现象。这就使得企业在很大程度上有削弱其投资的意愿，形成企业对进城务工人员重用轻养的现象。

(3) 培训中各方参与主体职责不清

建筑劳务用工培训中参与的主体主要是政府、用人企业、培训机构，在建筑劳务用工培训中政府应起到主导作用，制定政策并指导建筑劳务培训行业的发展，用人单位有义务组织建筑劳务培训，支付应承担的职工培训经费，培训机构应承担执行建筑劳务培训的职能。而目前现实是政府管理职能缺失，企业培训动力不足，逃避支付相关培训经费，培训机构鱼龙混杂，水平参差不齐，过分关注经济效益，培训质量总体效果较差。

(4) 所需培训经费严重不足

建设劳务工培训面临的最大困难是培训经费严重不足。由于经费不足，建筑业劳动力中，能接受培训的只占10%。目前建筑企业劳务用工培训经费主要来自中央财政、地方财政、企业及劳动者个人。由于政府用于培训的政策性经费少且难以争取，企业专项培训经费的提取不能执行到位，建筑劳务用工因经济困难不能支付培训经费或不愿支付培训经费，建筑行业没有用于建筑劳务用工培训的专项金额等多方面原因，造成培训工作经费筹集困难，很大程度上制约着培训工作的发展。

(5) 培训方式不灵活、方法单一

劳务工信息渠道不畅、现实的打工技术含量不高和培训服务不周使培训地点、培训时间成为抑制劳务工参与培训的主要障碍。培训机构设是在家庭住所处还是设在工地？培训时间选择在雨天还是在夜晚？这些都是制约劳务工参加培训、影响技能提高的因素，从而出现政府提供免费培训反而叫好不叫座的现象，反映出现有教育和培训服务不切合劳务工的实际情况。

(6) 缺乏职业素养方面等内容的培训

目前建筑公司的培训工作主要以提高员工的实际技能水平和业务能力为主，培训内容大多也是与此相关，缺乏对劳务人员职业素养方面的培训，这就使得员工对企业的认识和定位不清楚，难以真正地以公司员工的身份融入企业的大环境中，有着强烈的孤独感，团队合作意识和归属感较低，进而造成员工的情绪低落，工作的积极性下降。

5. 建筑劳务用工培训存在问题的解决对策

(1) 健全培训法规，加大宣传力度

要加强政府的宏观管理和监督，尽快建立和健全企业教育培训的法律和法规，保障建筑企业职工受训期间应享受的待遇，严格执行持证上岗制度，确保上岗人员符合要求。参加培训人员要充分认识岗前培训的重要性，施工企业要增强安全意识，强化岗前培训，避免形式主义，培训要切实有效。另外，要建立健全薪酬评价科学、分配合理的管理机制，激发员工参与培训学习的热情。同时，要加大宣传力度，把建筑业社会劳动需求信息、岗位技能要求情况等及时传递给进城务工人员，使他们明白参与培训的必要性和重要性。

(2) 落实培训责任主体，确定三方主体职能

建筑劳务用工培训由政府、企业、培训机构共同承担，因此，应对三方的职能进行科学的设计与明确的界定，通过对建筑劳务用工系统分析，按照"政府主导，企业参与，培训机构承担"原则，确定三方主体的职能。政府部门要积极引导和支持，劳动保障、建设、财政、农业、扶贫等部门要按照各自职能，切实做好进城务工人员培训工作。建筑施工企业是培训的责任主体，要自觉搞好培训，发挥自身作用。强化施工用人单位对进城务工人员的岗位培训责任，对不履行培训义务的施工企业应按规定强制提取职工教育培训费，用于政府组织的培训。同时，充分发挥各类教育、培训机构的作用，多渠道、多层次、多形式开展进城务工人员职业培训。

(3) 扩充地方财政资金支持，积极筹措各项培训经费

建筑企业在使用我国中央财政拨款中关于专项解决职业技能提升培训的资金时，应合理兼顾对建筑劳务工教育培训的资金投入，积极争取各类地方财政对于建筑劳务工培训的资金支持，并努力开拓培训费用的筹集渠道，使各项经费来源更加丰富。在建筑施工项目

生产实践中，各建筑企业应严格遵循相关职业教育改革与发展的规定要求，一般建筑企业应按照职工工资总额的1.5%进行足额提取专项职业教育培训经费。对从业人员施工技术水平要求较高、涵盖培训任务较繁重、经济效益运营较好的企业应按照职工工资总额的5%进行提取。另外相关部门还应合理制定人性化的激励与补偿机制，从而充分调动企业培训机构以及劳务人员施工任务的积极性。

（4）改进培训方式方法，提高培训实效

各企业和培训机构要结合企业生产实际，统筹安排，采取集中培训、半工半培，送教上门等灵活多样的形式开展教学。要针对建筑劳务工人的文化水平和特点，抓好日常安全教育，开设进城务工人员安全生产培训宣传栏，选用通俗易懂、便于理解的文字和音像资料，利用多媒体、电视，漫画等图文并茂的直观方法进行教育培训，坚持文化补习与安全生产培训相结合、针对性教育与系统知识讲解相结合、形象化培训与老工人"传、帮、带"相结合。使制定的培训计划符合实际、易于操作、便于落实，确定的培训内容贴近实际、服务企业，造福民工，采取的培训方式形式多样、有声有色、寓教于乐，让建筑劳务工生产培训的效果体现在施工技能提高，企业明显增效，劳务工明显增收上。

（5）培训中应将职业技能培训和职业素养培训结合起来

建筑业进城务工人员在城市中生活不仅仅面临经济上的困难，更多的是无法真正融入这个城市中繁华文明的现代生活。许多建筑业进城务工人员不了解城市的社会交际，去医院就医不知该怎么办，有困难也不知道具体该向谁求助。这些问题则应该通过对建筑业进城务工人员进行文化素养方面的培训来解决。因此，政府部门不仅应当组织职业技能方面的培训使建筑业进城务工人员获得可以生存的一定技能，还应同时开展文化素养方面的培训，包括普法宣传教育、安全知识、城市生存和求助本领培训、城市文明守则、普通话培训、社会公德教育等，培养科学文明健康的生活方式，丰富精神生活和拓宽知识面，引导他们遵守交通规则、爱护公共环境、讲究文明礼貌，努力适应城市工作、生活的新要求，遵守城市公共秩序和管理规定，履行其应尽的义务。

任务 11　进入岗位实习课堂学习

11.1　任务描述

实习学生进入企业后，通过岗位实习课堂学习，掌握基本的职业素养、岗位知识和技能要求、安全生产原则、企业劳务管理等相关知识和技能，有利于学生尽快进入岗位工作状态，保障实习质量。实习培训课堂的主要形式包括企业办夜校培训、企业办教培中心培训、企业"师带徒"培训、职业院校培训及外部优质培训机构培训等。

11.2　任务目标

了解企业岗位培训的主要形式、方法、效果和优缺点，熟悉企业新进员工的培养模式，学习企业文化，融入企业环境工作氛围中，培养具有社会责任感和良好的职业操守，诚实守信，严谨务实，爱岗敬业，团结协作的职业素养。

了解企业中关键岗位的种类，熟悉岗位的主要工作职责，掌握岗位需要的专业技能和专业知识，树立安全至上、质量第一的理念，坚持安全生产、文明施工，培养终身学习理念，不断学习新知识、新技能的求知好习惯。

11.3　知识储备与任务指导

11.3.1　企业岗位课堂学习的形式

1. 企业办夜校培训

夜校是指专门为劳务工创办的培训机构，主要学习安全生产、施工技能、职业健康、维权等。工地上，工人白天工作，没有时间学习，所以把培训时间定在晚饭后的一段时间。平时下雨或者其他原因未施工时也可以召集工人一起学习，灵活性是夜校的一大特点。此外，一个工地上的工人少则数十人，多则上百人，集体住在宿舍区，上下班时间也统一，工人集中，开办夜校能尽可能地覆盖所有工人，这也是夜校的另一特点。在夜校，培训主要以安全知识、技术质量要求、工种技能知识的岗位培训为主，突出适应现场生产需要的技能和能力培养，同时要开展法律法规知识、维权常识等培训。内容上应遵循简单、易懂、实用的原则，应避免枯燥的纯文字内容，多采用图片、视频来进行教学，例如对学员进行安全知识普及时，不要光讲安全规章制度，应结合违章图片、事故视频的分析讲解来提高学员的学习吸收率。

2. 企业办教培中心培训

除了在施工项目地创办夜校外，现在一些大型建筑企业都有自己的教培中心，可根据企业需要对劳务工作进一步的培训。教培中心可根据现实需要安排经验丰富的职工或聘请外部讲师对电工、焊工、特殊工种等一线施工人员或材料员、安全员、质量员等二线辅助管理人员进行培训。相对夜校，企业教培中心更具培训的针对性和专业性，为劳务工创造丰富的教学素材，将项目实践中的成功经验传授给劳务工，令他们充分了解施工生产的各项规范、各项步骤流程与各项创新思路，但这种培训实操性欠缺。

3. 企业"师带徒"培训

"师带徒"培训是指由用人单位招收学徒工，在师傅的直接指导下，通过实际生产劳动，使其掌握一定生产技能和业务知识的培训体系。通过"师带徒"培训，可使劳务工在生产实践中直接接触到现实案例，通过项目老师傅的帮学教授，可使劳务工人迅速走上工作岗位，通过施工技术薪火相传，使其尽快能够独当一面。在帮带师傅的选拔上，要选拔经验丰富、道德品质优良的工人，建立帮扶师傅资源库，按照工作需要对劳务学徒工进行思想政治、职业道德、管理知识、业务技术、操作技能等方面的教育和训练活动。

4. 职业院校培训

职业院校、企业、劳务工三方有着内在需求的关系。对职业院校而言，职业院校拥有丰富的职业教育资源及完善的办学场所、良好的培训师资，具备制定科学培训方案和开展技术教育的能力。若能够因势利导，为劳务工开设相应的培训课程。既可以解决生源问题，又提升了当地劳务工的技能水平，带动了当地的经济发展；而对于企业而言，当劳务工受到专业培训后，企业就可以减少后期培训的麻烦，所招揽的人员也能够有较高的素质；而对于劳务工来说则是"技多不压身"，有更强的能力也就有更多选择的机会。只要措施有力，职业院校完全可以把培训做大做好。

5. 外部优质培训机构培训

社会中各种盈利、非营利的技能培训机构是建筑企业劳务工参加培训的重要载体，其中一些具备资质的培训机构还可以进行技能培训考取职业资格证书。但是目前大多数培训机构要收取培训报名费、书本费、实操费等费用，而且建筑劳务工要花费培训所需的时间成本。

11.3.2 建筑企业关键技术岗位与工作职责

建筑类职业院校学生在建筑企业实习主要从事建筑与市政工程施工现场从事技术与管理工作。住房和城乡建设部2011年发布的《建筑与市政工程施工现场专业人员职业标准》JGJ/T 250—2011中，明确了建筑与市政工程施工现场从事技术与管理工作的关键技术岗位"八大员"，即：施工员、质量员、安全员、标准员、材料员、机械员、劳务员、资料员。施工员等岗位工作性质特殊，岗位从事工作具有一定的复杂性、危险性等，从业人员需要经过职业技能鉴定获取相应工种的职业资格证书，从业人员必须持证上岗。

1. 建筑与市政工程施工现场专业人员应具备的职业素养

建筑与市政工程施工现场专业人员应具有中等职业（高中）教育及以上学历，身心健康，并具有一定实际工作经验。建筑与市政工程施工现场专业人员应具备必要的表达、计算、计算机应用能力。

(1) 具有社会责任感和良好的职业操守，诚实守信，严谨务实，爱岗敬业，团结协作；

(2) 遵守相关法律法规、标准和管理规定；

(3) 树立安全至上、质量第一的理念，坚持安全生产、文明施工；

(4) 具有节约资料、保护环境的意识；

(5) 具有终身学习理念，不断学习新知识、新技能。

2. 关键技术岗位"八大员"与工作职责

(1) 施工员

在建筑与市政工程施工现场，从事施工组织策划、施工技术与管理，以及施工进度、成本、质量和安全控制等工作的专业人员。施工员可分为土建施工、装饰装修、设备安装、市政工程四个子专业。

1) 施工员的主要工作职责如下：

① 施工组织策划

参与施工组织管理策划。

参与制定管理制度。

② 施工技术管理

参与图纸会审、技术核定。

负责施工作业班组的技术交底。

负责组织测量放线、参与技术复核。

③ 施工进度成本控制

参与制定并调整施工进度计划、施工资源需求计划，编制施工作业计划。

参与做好施工现场组织协调工作，合理调配生产资源，落实施工作业计划。

参与现场经济技术签证、成本控制及成本核算。

负责施工平面布置的动态管理。

④ 质量安全环境管理

参与质量、环境与职业健康安全的预控。

负责施工作业的质量、环境与职业健康安全过程控制，参与隐蔽、分项、分部和单位工程的质量验收。

参与质量、环境与职业健康安全问题的调查，提出整改措施并监督落实。

⑤ 施工信息资料管理

负责编写施工日志、施工记录等相关施工资料。

负责汇总、整理和移交施工资料。

2) 施工员应具备专业技能如下：

① 施工组织策划

能够参与编制施工组织设计和专项施工方案。

② 施工技术管理

能够识读施工图和其他工程设计、施工等文件。

能够编写技术交底文件，并实施技术交底。

能够正确使用测量仪器，进行施工测量。

③ 施工进度成本控制

能够正确划分施工区段，合理确定施工顺序。

能够进行资源平衡计算，参与编制施工进度计划及资源需求计划，控制调整计划。

能够进行工程量计算及初步的工程计价。

④ 质量安全环境管理

能够确定施工质量控制点，参与编制质量控制文件、实施质量交底。

能够确定施工安全防范重点，参与编制职业健康安全与环境技术文件、实施安全和环境交底。

能够识别、分析、处理施工质量缺陷和危险源。

能够参与施工质量、职业健康安全与环境问题的调查分析。

⑤ 施工信息资料管理

能够记录施工情况，编制相关工程技术资料。

能够利用专业软件对工程信息资料进行处理。

3）施工员应具备专业知识如下：

① 通用知识专业知识

熟悉国家工程建设相关法律法规。

熟悉工程材料的基本知识。

掌握施工图识读、绘制的基本知识。

熟悉工程施工工艺和方法。

熟悉工程项目管理的基本知识。

② 基础知识

熟悉相关专业的力学知识。

熟悉建筑构造、建筑结构和建筑设备的基本知识。

熟悉工程预算的基本知识。

掌握计算机和相关资料信息管理软件的应用知识。

熟悉施工测量的基本知识。

③ 岗位知识专业知识

熟悉与本岗位相关的标准和管理规定。

掌握施工组织设计及专项施工方案的内容和编制方法。

掌握施工进度计划的编制方法。

熟悉环境与职业健康安全管理的基本知识。

熟悉工程质量管理的基本知识。

熟悉工程成本管理的基本知识。

了解常用施工机械机具的性能。

（2）质量员

在建筑与市政工程施工现场，从事施工质量策划、过程控制、检查、监督、验收等工作的专业人员。

1）质量员的主要工作职责如下：

① 质量计划准备

参与进行施工质量策划。
参与制定质量管理制度。
② 材料质量控制
参与材料、设备的采购。
负责核查进场材料、设备的质量保证资料，监督进场材料的抽样复检。
负责监督、跟踪施工试验，负责计量器具的符合性审查。
③ 工序质量控制
参与施工图会审和施工方案审查。
参与制定工序质量控制措施。
负责工序质量检查和关键工序、特殊工序的旁站检查，参与交接检验、隐蔽验收、技术复核。
负责检验批和分项工程的质量验收、评定，参与分部工程和单位工程的质量验收、评定。
④ 质量问题处置
参与制定质量通病预防和纠正措施。
负责监督质量缺陷的处理。
参与质量事故的调查、分析和处理。
⑤ 质量资料管理
负责质量检查的记录，编制质量资料。
负责汇总、整理、移交质量资料。
2）质量员应具备专业技能如下：
① 质量计划准备
能够参与编制施工项目质量计划。
② 材料质量控制
能够评价材料、设备质量。
能够判断施工试验结果。
③ 工序质量控制
能够识读施工图。
能够确定施工质量控制点。
能够参与编写质量控制措施等质量控制文件，实施质量交底。
能够进行工程质量检查、验收、评定。
④ 质量问题处置
能够识别质量缺陷，并进行分析和处理。
能够参与调查、分析质量事故，提出处理意见。
⑤ 质量资料管理
能够编制、收集、整理质量资料。
3）质量员应具备专业知识如下：
① 通用知识专业知识
熟悉国家工程建设相关法律法规。

熟悉工程材料的基本知识。
掌握施工图识读、绘制的基本知识。
熟悉工程施工工艺和方法。
熟悉工程项目管理的基本知识。
② 基础知识
熟悉相关专业力学知识。
熟悉建筑构造、建筑结构和建筑设备的基本知识。
熟悉施工测量的基本知识。
掌握抽样统计分析的基本知识。
③ 岗位知识专业知识
熟悉与本岗位相关的标准和管理规定。
掌握工程质量管理的基本知识。
掌握施工质量计划的内容和编制方法。
熟悉工程质量控制的方法。
了解施工试验的内容、方法和判定标准。
掌握工程质量问题的分析、预防及处理方法。
(3) 安全员
在建筑与市政工程施工现场，从事施工安全策划、检查、监督等工作的专业人员。
1) 安全员的主要工作职责如下：
① 项目安全策划
参与制定施工项目安全生产管理计划。
参与建立安全生产责任制度。
参与制定施工现场安全事故应急救援预案。
② 资源环境安全检查
参与开工前安全条件检查。
参与施工机械、临时用电、消防设施等的安全检查。
负责防护用品和劳保用品的符合性审查。
负责作业人员的安全教育培训和特种作业人员资格审查。
③ 作业安全管理
参与编制危险性较大的分部、分项工程专项施工方案。
参与施工安全技术交底。
负责施工作业安全及消防安全的检查和危险源的识别，对违章作业和安全隐患进行处置。
参与施工现场环境监督管理。
④ 安全事故处理
参与组织安全事故应急救援演练，参与组织安全事故救援。
参与安全事故的调查、分析。
⑤ 安全资料管理
负责安全生产的记录、安全资料的编制。

负责汇总、整理、移交安全资料。
2）安全员应具备专业技能如下：
① 项目安全策划
能够参与编制项目安全生产管理计划。
能够参与编制安全事故应急救援预案。
② 资源环境安全检查
能够参与对施工机械、临时用电、消防设施进行安全检查，对防护用品与劳保用品进行符合性审查。
能够组织实施项目作业人员的安全教育培训。
③ 作业安全管理
能够参与编制安全专项施工方案。
能够参与编制安全技术交底文件，实施安全技术交底。
能够识别施工现场危险源，并对安全隐患和违章作业提出处置建议。
能够参与项目文明工地、绿色施工管理。
④ 安全事故处理
能够参与安全事故的救援处理、调查分析。
⑤ 安全资料管理
能够编制、收集、整理施工安全资料。
3）安全员应具备专业知识如下：
① 通用知识专业知识
熟悉国家工程建设相关法律法规。
熟悉工程材料的基本知识。
熟悉施工图识读的基本知识。
了解工程施工工艺和方法。
熟悉工程项目管理的基本知识。
② 基础知识
了解建筑力学的基本知识。
熟悉建筑构造、建筑结构和建筑设备的基本知识。
掌握环境与职业健康管理的基本知识。
③ 岗位知识专业知识
熟悉与本岗位相关的标准和管理规定。
掌握施工现场安全管理知识。
熟悉施工项目安全生产管理计划的内容和编制方法。
熟悉安全专项施工方案的内容和编制方法。
掌握施工现场安全事故的防范知识。
掌握安全事故救援处理知识。
（4）标准员
在建筑与市政工程施工现场，从事工程建设标准实施组织、监督、效果评价等工作的专业人员。

1) 标准员的主要工作职责如下:
① 标准实施计划
参与企业标准体系表的编制。
负责确定工程项目应执行的工程建设标准,编列标准强制性条文,并配置标准有效版本。
参与制定质量安全技术标准落实措施及管理制度。
② 施工前期标准实施
负责组织工程建设标准的宣贯和培训。
参与施工图会审,确认执行标准的有效性。
参与编制施工组织设计、专项施工方案、施工质量计划、职业健康安全与环境计划,确认执行标准的有效性。
③ 施工过程标准实施
负责建设标准实施交底。
负责跟踪、验证施工过程标准执行情况,纠正执行标准中的偏差,重大问题提交企业标准化委员会。
参与工程质量、安全事故调查,分析标准执行中的问题。
④ 标准实施评价
负责汇总标准执行确认资料、记录工程项目执行标准的情况,并进行评价。
负责收集对工程建设标准的意见、建议,并提交企业标准化委员会。
⑤ 标准信息管理
负责工程建设标准实施的信息管理。
2) 标准员应具备专业技能如下:
① 标准实施计划
能够组织确定工程项目应执行的工程建设标准及强制性条文。
能够参与制定工程建设标准贯彻落实的计划方案。
② 施工前期标准实施
能够组织施工现场工程建设标准的宣贯和培训。
能够识读施工图。
③ 施工过程标准实施
能够对不符合工程建设标准的施工作业提出改进措施。
能够处理施工作业过程中工程建设标准实施的信息。
能够根据质量、安全事故原因,参与分析标准执行中的问题。
④ 标准实施评价
能够记录和分析工程建设标准实施情况。
能够对工程建设标准实施情况进行评价。
能够收集、整理、分析对工程建设标准的意见,并提出建议。
⑤ 标准信息管理
能够使用工程建设标准实施信息系统。
3) 标准员应具备专业知识如下:

① 通用知识专业知识
熟悉国家工程建设相关法律法规。
熟悉工程材料的基本知识。
掌握施工图绘制、识读的基本知识。
熟悉工程施工工艺和方法。
了解工程项目管理的基本知识。
② 基础知识
掌握建筑结构、建筑构造、建筑设备的基本知识。
熟悉工程质量控制、检测分析的基本知识。
熟悉工程建设标准体系的基本内容和国家、行业工程建设标准化管理体制。
了解施工方案、质量目标和质量保证措施编制及实施基本知识。
③ 岗位知识专业知识
掌握与本岗位相关的标准和管理规定。
了解企业标准体系表的编制方法。
熟悉对工程建设标准实施进行监督检查和工程检测的基本知识。
掌握标准实施执行情况记录及分析评价的方法。
(5) 材料员

在建筑与市政工程施工现场，从事施工材料计划、采购、检查、统计、核算等工作的专业人员。

1) 材料员的主要工作职责如下：
① 材料管理计划
参与编制材料、设备配置计划。
参与建立材料、设备管理制度。
② 材料采购验收
负责收集材料、设备的价格信息，参与供应单位的评价、选择。
负责材料、设备的选购，参与采购合同的管理。
负责进场材料、设备的验收和抽样复检。
③ 材料使用存储
负责材料、设备进场后的接收、发放、储存管理。
负责监督、检查材料、设备的合理使用。
参与回收和处置剩余及不合格材料、设备。
④ 材料统计核算
负责建立材料、设备管理台账。
负责材料、设备的盘点、统计。
参与材料、设备的成本核算。
⑤ 材料资料管理
负责材料、设备资料的编制。
负责汇总、整理、移交材料和设备资料。
2) 材料员应具备专业技能如下：

① 材料管理计划

能够参与编制材料、设备配置管理计划。

② 材料采购验收

能够分析建筑材料市场信息,并进行材料、设备的计划与采购。

能够对进场材料、设备进行符合性判断。

③ 材料使用存储

能够组织保管、发放施工材料、设备。

能够对危险物品进行安全管理。

能够参与对施工余料、废弃物进行处置或再利用。

④ 材料统计核算

能够建立材料、设备的统计台账。

能够参与材料、设备的成本核算。

⑤ 材料资料管理

能够编制、收集、整理施工材料、设备资料。

3) 材料员应具备专业知识如下:

① 通用知识专业知识

熟悉国家工程建设相关法律法规。

掌握工程材料的基本知识。

了解施工图识读的基本知识。

了解工程施工工艺和方法。

熟悉工程项目管理的基本知识。

② 基础知识

了解建筑力学的基本知识。

熟悉工程预算的基本知识

掌握物资管理的基本知识。

熟悉抽样统计分析的基本知识。

③ 岗位知识专业知识

熟悉与本岗位相关的标准和管理规定。

熟悉建筑材料市场调查分析的内容和方法。

熟悉工程招标、投标和合同管理的基本知识。

掌握建筑材料验收、存储、供应的基本知识。

掌握建筑材料成本核算的内容和方法。

(6) 机械员

在建筑与市政工程施工现场,从事施工机械的计划、安全使用监督检查、成本统计核算等工作的专业人员。

1) 机械员的主要工作职责如下:

① 机械管理计划

参与制定施工机械设备使用计划,负责制定维护保养计划。

参与制定施工机械设备管理制度。

② 机械前期准备

参与施工总平面布置及机械设备的采购或租赁。

参与审查特种设备安装、拆卸单位资质和安全事故应急救援预案、专项施工方案。

参与特种设备安装、拆卸的安全管理和监督检查。

参与施工机械设备的检查验收和安全技术交底，负责特种设备使用备案、登记。

③ 机械安全使用

参与组织施工机械设备操作人员的教育培训和资格证书查验，建立机械特种作业人员档案。

负责监督检查施工机械设备的使用和维护保养，检查特种设备安全使用状况。

负责落实施工机械设备安全防护和环境保护措施。

参与施工机械设备事故调查、分析和处理。

④ 机械成本核算

参与施工机械设备定额的编制，负责机械设备台账的建立。

负责施工机械设备常规维护保养支出的统计、核算、报批。

参与施工机械设备租赁结算。

⑤ 机械资料管理

负责编制施工机械设备安全、技术管理资料。

负责汇总、整理、移交机械设备资料。

2）机械员应具备专业技能如下：

① 机械管理计划

能够参与编制施工机械设备管理计划。

② 机械前期准备

能够参与施工机械设备的选型和配置。

能够参与核查特种设备安装、拆卸专项施工方案。

能够参与组织进行特种设备安全技术交底。

③ 机械安全使用

能够参与组织施工机械设备操作人员的安全教育培训。

能够对特种设备安全运行状况进行评价。

能够识别、处理施工机械设备的安全隐患。

④ 机械成本核算

能够建立施工机械设备的统计台账。

能够进行施工机械设备成本核算。

⑤ 机械资料管理

能够编制、收集、整理施工机械设备资料。

3）机械员应具备专业知识如下：

① 通用知识专业知识

熟悉国家工程建设相关法律法规。

了解工程材料的基本知识。

了解施工图识读的基本知识。

了解工程施工工艺和方法。
熟悉工程项目管理的基本知识。
② 基础知识
了解工程力学的基本知识。
了解工程预算的基本知识。
掌握机械制图和识图的基本知识。
掌握施工机械设备的工作原理、类型、构造及技术性能的基本知识。
③ 岗位知识专业知识
熟悉与本岗位相关的标准和管理规定。
熟悉施工机械设备的购置、租赁知识。
掌握施工机械设备安全运行、维护保养的基本知识。
熟悉施工机械设备常见故障、事故原因和排除方法。
掌握施工机械设备的成本核算方法。
掌握施工临时用电技术规程和机械设备用电知识。
(7) 劳务员
在建筑与市政工程施工现场，从事劳务管理计划、劳务人员资格审查与培训、劳动合同与工资管理、劳务纠纷处理等工作的专业人员。
1) 劳务员的主要工作职责如下：
① 劳务管理计划
参与制定劳务管理计划。
参与组建项目劳务管理机构和制定劳务管理制度。
② 资格审查培训
负责验证劳务分包队伍资质，办理登记备案；参与劳务分包合同签订，对劳务队伍现场施工管理情况进行考核评价。
负责审核劳务人员身份、资格，办理登记备案。
参与组织劳务人员培训。
③ 劳动合同管理
参与或监督劳务人员劳动合同的签订、变更、解除、终止及参加社会保险等工作。
负责或监督劳务人员进出厂及用工管理。
负责劳务结算资料的收集整理，参与劳务费的结算。
参与或监督劳务人员工资支付、负责劳务人员工资公示及台账的建立。
④ 劳务纠纷处理
参与编制、实施劳务纠纷应急预案。
参与调解、处理劳务纠纷和工伤事故的善后工作。
⑤ 劳务资料管理
负责编制劳务队伍和劳务人员管理资料。
负责汇总、整理、移交劳务管理资料。
2) 劳务员应具备专业技能如下：
① 劳务管理计划

能够参与编制劳务需求及培训计划。
② 资格审查培训
能够验证劳务队伍资质。
能够审验劳务人员身份、职业资格。
能够对劳务分包合同进行评审，对劳务队伍进行综合评价。
③ 劳动合同管理
能够对劳动合同进行规范性审查。
能够核实劳务分包款、劳务人员工资。
能够建立劳务人员个人工资台账。
④ 劳务纠纷处理
能够参与编制劳务人员工资纠纷应急预案，并组织实施。
能够参与调解、处理劳资纠纷和工伤事故的善后工作。
⑤ 劳务资料管理
能够编制、收集、整理劳务管理资料。
3）劳务员应具备专业知识如下：
① 通用知识专业知识
熟悉国家工程建设相关法律法规。
了解工程材料的基本知识。
了解施工图识读的基本知识。
了解工程施工工艺和方法。
熟悉工程项目管理的基本知识。
② 基础知识
熟悉流动人口管理和劳动保护的相关规定。
掌握信访工作的基本知识。
了解人力资源开发及管理的基本知识。
了解财务管理的基本知识。
③ 岗位知识专业知识
熟悉与本岗位相关的标准和管理规定。
熟悉劳务需求的统计计算方法和劳动定额的基本知识。
掌握建筑劳务分包管理、劳动合同、工资支付和权益保护的基本知识。
掌握劳务纠纷常见形式、调解程序和方法。
了解社会保险的基本知识。
（8）资料员
在建筑与市政工程施工现场，从事施工信息资料的收集、整理、保管、归档、移交等工作的专业人员。
1）资料员的主要工作职责如下：
① 资料计划管理
参与制定施工资料管理计划。
参与建立施工资料管理规章制度。

② 资料收集整理

负责建立施工资料台账，进行施工资料交底。

负责施工资料的收集、审查及整理。

③ 资料使用保管

负责施工资料的往来传递、追溯及借阅管理。

负责提供管理数据、信息资料。

④ 资料归档移交

负责施工资料的立卷、归档。

负责施工资料的封存和安全保密工作。

负责施工资料的验收与移交。

⑤ 资料信息系统管理

参与建立施工资料管理系统。

负责施工资料管理系统的运用、服务和管理。

2）资料员应具备专业技能如下：

① 资料计划管理

能够参与编制施工资料管理计划。

② 资料收集整理

能够建立施工资料台账。

能够进行施工资料交底。

能够收集、审查、整理施工资料。

③ 资料使用保管

能够检索、处理、存储、传递、追溯、应用施工资料。

能够安全保管施工资料。

④ 资料归档移交

能够对施工资料立卷、归档、验收、移交。

⑤ 资料信息系统管理

能够参与建立施工资料计算机辅助管理平台。

能够应用专业软件进行施工资料的处理。

3）资料员应具备专业知识如下：

① 通用知识专业知识

熟悉国家工程建设相关法律法规。

了解工程材料的基本知识。

熟悉施工图绘制、识读的基本知识。

了解工程施工工艺和方法。

熟悉工程项目管理的基本知识。

② 基础知识

了解建筑构造、建筑设备及工程预算的基本知识。

掌握计算机和相关资料管理软件的应用知识。

掌握文秘、公文写作基本知识。

③ 岗位知识专业知识

熟悉与本岗位相关的标准和管理规定。

熟悉工程竣工验收备案管理知识。

掌握城建档案管理、施工资料管理及建筑业统计的基础知识。

掌握资料安全管理知识。

任务 12 完成岗位工作

12.1 任务描述

建筑类职业院校培养的是德智体美劳全面发展,掌握扎实的科学文化基础和专业技术、施工管理等知识及相关法律法规,具有工程设计、施工、系统运维管理等能力,具有工匠精神和信息素养,能够从事中小型工程施工、管理、运行与调试工作的高素质技术技能人才。

实习阶段放在企业中进行,对学生培养职业素养、锻炼综合专业技能、塑造工匠精神、获取工程管理经验、合理处理人际关系等具有非常重要的意义。不同性质的企业设置的岗位也不尽相同,学生进入企业后,能熟悉不同岗位的职责,通过岗位锻炼,对学生将来职业发展有着很大的帮助。通过实习岗位锻炼,对知识和技能的综合训练,更有助于通过职业技能鉴定,获得若干职业工种证书,实现毕业证加若干职业工种证书毕业的条件,有利于学生获得就业竞争优势,能更好的选择优秀企业就业,提高就业质量。

12.2 任务目标

了解如何在企业岗位实习中工匠精神的塑造,能通过岗位实习,在"专注、标准、精准、创新、完美、人本"方面得到塑造,具备工匠素质,成为国家需要的高素质技术技能人才。

了解职业技能鉴定的概念、内容及方式,了解职业技能鉴定的考核方式、报考条件、考核标准等,熟悉木工、钢筋混凝土工、基础起重工、结构吊装起重工、安装钳工、管道工、电气安装工、通风工、设备起重工、电焊工、气焊工、筑炉工、铆工等常见工种的等级,以及不同等级工作的应知、应会内容。

12.3 知识储备与任务指导

12.3.1 工匠精神在企业岗位实习中的塑造

1. 工匠精神的由来

中国的工匠精神来源于农耕文明时期的四大发明和庖丁、鲁班等优秀工匠文化的传承。从传统意义上讲,一谈到工匠精神,人们自然会想到德国、日本等高端制造业国家对产品的精雕细琢、对制造的精益求精,工匠精神主要体现在产品制造过程。而从现代意义上讲,随着平等、开放、协同、共享的互联网精神的深入,实现了企业内的去中心化、企业间的无边界化、产业内的网络生态及行业间的互联互通。工匠精神,在产业内从制造环节向前、向后延伸至研发、制造、营销、物流、服务的每一环节都要求精准；在产业间从制造业延展至商业、金融业、服务业乃至社会的各行各业也都要求精准。

中国制造，经过改革开放以来多年的发展，从小到大；现在又走到了一个新的历史阶段，从低到高，即从低端制造业迈向高端制造业。在高端制造业方面，目前中国与西方发达国家还存在一定差距。弘扬"工匠精神"，则是推动中国高端制造业全面发展的重大举措。

根据《中国制造 2025》的时间表和路线图，为了实现从低端制造业迈向高端制造业的转型，2016 年 3 月，时任国务院总理李克强在《政府工作报告》中首次提出要弘扬工匠精神："鼓励企业开展个性化定制、柔性化生产，培育精益求精的工匠精神，增品种、提品质、创品牌。"中国产业结构早熟，即在高端制造业普遍落后的状态下过早地转向了房地产、服务业及金融业，有可能错失这次新工业革命的机会。

2. 工匠精神的内涵

国内在理论上还没有形成完整的认知体系。经过初步归纳研究，"工匠精神"可以从六个维度加以界定，即：专注、标准、精准、创新、完美、人本。其中，专注是工匠精神的关键，标准是工匠精神的基石，精准是工匠精神的宗旨，创新是工匠精神的灵魂，完美是工匠精神的境界，人本是工匠精神的核心。

（1）专注

围绕某一产业、某一行业、某一产品、某一部件，做专做精、做深做透、做遍做广、做强做大、做久做远。创业之初，针对自身核心优势，不断精耕细作、精雕细琢、精益求精，即聚焦、聚焦、再聚焦，坚持、坚持、再坚持。兴业之中，针对产品痛点、难点，日之所思、梦之所萦，耐住寂寞、慢工细活，踏踏实实，一以贯之。概括而言，专注包括长期专注、终身专注、多代专注。

（2）标准

做标准是做企业的最高境界。标准包括：员工标准、现场标准、流程标准、设备标准、技术标准、安全标准、环境标准、产品标准等。以流程标准为例，把复杂问题简单化，把简单问题数量化，把数量问题程序化，把程序问题体系化。流程标准形成体系以后，自驱动性、自增长性、自优化性、自循环性，即自运行性，轮回上升。海尔集团创始人张瑞敏指出，把简单问题无限次重复下去就是不简单。华为技术有限公司总裁任正非谈到，有了标准，首先僵化、固化，然后再去优化。专注体现的是一以贯之，标准体现的则是一丝不苟。

（3）精准

精准包括：精准研发、精准制造、精准营销、精准物流、精准服务。不仅每一区段都要做到精准，而且整个过程都要做到精准。就每一区段而言，精准最高目标为：研发做到与用户零距离交互，制造出的产品做到没有缺陷，营销时能使库存为零，物流优化为零时间，服务实现零抱怨。就整个过程而言，第一次就做对，每一次都做对，层层做对，事事做对，时时做对，人人做对。

进入互联网时代后，"精准"在技术上又有了新的挑战。一是精准数据。例如，德国采用自动化和信息化技术收集数据，这保证了数据的完整性和精准性。而国内由于自动化和信息化水平低，一般还以人工收集数据为主，从而导致数据上的不完整性和不精确性。

二是精准链接。例如国内供应商因自动化和信息化水平参差不齐，这造成了即使一个自动化和信息化水平较成熟的制造企业，也很难推动包括供应商整合管理在内的精准性。

（4）创新

创新是"工匠精神"的灵魂。创新既包括迭代式创新，也包括颠覆式创新；既包括微创新，也包括巨创新；还有跨界创新等。"工匠精神"内涵本身也在不断发展。手工化时代，体现的是工匠精神 1.0 的内涵；机械化时代，体现的是工匠精神 2.0 的内涵；自动化时代，体现的是工匠精神 3.0 的内涵；智能化时代，体现的是工匠精神 4.0 的内涵。在工业 4.0 时代，未来工厂能够自行优化，一并控制整个生产过程，还将实现包括人人互联、物物互联、人机互联在内的智能互联。

（5）完美

完美是专注、标准、精准、创新的自然产物和综合体现。完美，即把产品做得像艺术品一样精美、精致，以此实现从质量制造向"艺术制造"的转型。以格力空调为例，其高质量源于对技术、结构和材料的完美追求，是研发者无数次试验的心血，需要大量方案反复搭配锤炼。

（6）人本

"工匠精神"的核心在人。产品是人品的物化。过去，产品、人品是分离的；现在，产品、人品是合一的。正如海尔集团董事局主席、首席执行官张瑞敏所言，所谓企业就是"以心换心"，即用员工的"良心"换取顾客的"忠心"。打磨产品的过程，就是打磨自己的内心。个人内心升华的过程，就是产品质量提升的过程。

产业文明是一个完整的体系，包括农业文明、工业文明、商业文明。农业文明，其关键是人与自然的和谐。人类活动，必然置于自然约束之下，它体现的是自然精神，生态为本。工业文明，其关键是人与社会的和谐。人类活动，必须置于分工细化状态，它体现的是契约精神，诚信为本。工业文明不是对农业文明的否定，而是在农业文明的基础上推进工业文明。工业文明首先应是保护自然，适应自然，要以自然约束为前提。在此基础上，通过专注、标准、精准、创新、完美、人本，推进人与社会的和谐。商业文明，则是农业文明特别是工业文明在流通领域、交易领域的自然延伸，其根本内涵仍然是工业文明。工匠精神是工业文明的精髓、内核、主体。

无论工业文明还是商业文明，都是建立在企业文明基础上的。企业文明是"工匠精神"在微观领域的集合或集中体现，它是一种先进文明，企业文明形成以后，会向所在产业延伸、渗透，由此形成产业文明。产业文明形成以后，整个社会文明才有基础。社会文明是产业文明的自然天成。其中，工业文明在产业文明乃至社会文明中，作用尤其重大。中华人民共和国成立以来，中国走的是一条压缩型的工业化道路，与西方发达国家上百年的工业化历史相比，中国的工业化才有几十年，因此，工业文明任重道远。

工匠精神是人类文明的基础，工匠精神不仅过去，而且现在乃至将来，都会在人类文明发展的历史长河中发挥重要作用。

12.3.2 职业技能鉴定和职业工种

【案例】

2023 年 5 月，王某、徐某在幕墙吊篮作业中违规，无证电焊，被检查组当场查获，根据《中华人民共和国消防法》第六十三条第（二）项规定，王某、徐某的行为构成违规使用明火作业，被公安部门依法处以 2 日行政拘留的处罚，涉事项目被责令全面停工整改。

经调查，劳务分包单位未履行特种作业人员管理职责，施工单位未按照规定组织实施特种作业人员管理制度，监理单位未按照安全生产与动火审批要求实施监理，导致现场 2 名普工在未取得建筑施工特种作业操作资格证（电焊工）的情况下上岗从事焊接与热切割作业。区住建局与相关部门将根据《中华人民共和国安全生产法》《建设工程安全生产管理条例》启动立案调查，对相关涉事单位及人员做出相应处罚。

本案例说明根据《中华人民共和国安全生产法》《建设工程安全生产管理条例》，建筑企业施工人员从事电工、电焊工等特种工种的工作时，为保障施工人员安全，必须持证上岗。

1. 职业技能鉴定的概念和意义

（1）职业技能鉴定的概念

职业技能鉴定是指依据人力资源和社会保障部组织制定的 35 个国家职业技能标准、劳动部和国务院有关行业主管部门联合颁布的《工人技术等级标准》《技师任职条件》《高级技师任职条件》，对劳动者实行的技术等级考核和技师、高级技师任职资格的考评，通过政府劳动行政部门认定的考核鉴定机构或具备职业技能等级认定资格的各类企业，对劳动者的技能水平和任职资格进行客观、公正、科学、规范的评价与认证活动。主要包括初、中、高技术等级考核和技师、高级技师资格考评。

（2）企业开展职业技能鉴定的意义

推行职业技能鉴定和职业资格证书制度，对企业可持续发展具有重要意义。

1）提高企业职工素质标准

国家推行职业技能鉴定，实行就业准入和资格证书制度，为企业培养和输送了大量的急需的技术技能型人才。同时，企业通过开展职业技能鉴定工作，使职工的技术水平和职业工作能力得到认可，可以极大地调动广大职工钻研技术、学习业务的积极性，对企业开展职工教育培训工作有很好的促进作用。

2）促进企业改革用工制度

建立现代企业制度，就必须打破传统的用工制度，实行合同聘用制，建立竞争上岗机制。推行职业技能鉴定和职业资格证书制度，为企业择优录用、员工竞争上岗提供了可靠的依据；同时，还有利于企业内部人才市场的培育和发展，实现企业内部人才的合理流动，推动企业用工制度向合同聘用制转变。

3）推动企业改革分配制度

推行职业技能鉴定和职业资格证书制度，有利于企业建立与技术等级、技术职称相对应的岗位工资和职务津贴等新的分配体制；有利于企业将考核成绩、资格证书与工资晋级、生活福利待遇联系起来，提高职工的地位和待遇，能更好地调动广大职工学习技术的积极性和工作热情，提高劳动生产效率，最终实现企业经济效益的稳步增长。

2. 职业技能鉴定的相关政策规定

（1）职业技能鉴定评定范围

1）培训期满需要转正定级的学徒工、培训生和转岗的人员；

2）赴境外就业和劳务输出人员；

3）企业的职工；

4）相关专业的大中院校毕业生、自学成才者以及其他需要职业技能鉴定的人员。

（2）申报条件

1）学徒期满的学徒工可申报初级技术等级的职业技能鉴定。

2）取得初级《技术等级证书》后，并在本工种连续工作五年以上或经过正规中级工培训的初级工，技工学校的毕业生，可申报中级技术等级的职业技能鉴定。

3）取得中级《技术等级证书》后，并在本工种连续工作五年以上或经正规高级工培训的中级工，可申报高级技术等级的职业技能鉴定。

4）取得高级《技术等级证书》且具备技师任职条件者，可申报技师任职资格的职业技能鉴定。

5）取得《技师合格证书》三年以上且具备高级技师任职条件者，可申报高级技师任职资格的职业技能鉴定。

6）有突出成就技术，技术高超的劳动者，经市（地）以上劳动行政部门批准，可以提前或不受间隔时间限制申报晋升技术等级以及技师、高级技师任职资格的职业技能鉴定。

7）特种作业人员须在其取得国家规定的《特种作业人员操作证》以后，方可申报职业技能鉴定。

（3）申报程序

申报职业技能鉴定的单位和个人，应向对口工种的职业技能鉴定站报名申请，填写《××省职业技能鉴定登记表》，并提交身份证、毕业证、《技术等级证书》及相应的材料。经职业技能鉴定站进行资格审查后发放准考证，按规定的时间、方式参加鉴定。

（4）职业技能鉴定的内容及方式

技能等级鉴定依据《国家职业技能标准》或《工人技术等级标准》，对劳动者进行技术业务理论和实际操作技能两方面的考核鉴定。

技术业务理论考核主要采取笔试方式进行，特殊情况，经劳动行政部门批准可以采取口试或答辩的方式进行；实际操作技能考核应结合生产或作业项目分期分批进行，一般可以采用典型工件加工或在规定时间内完成规定作业项目的方式进行，经相应的劳动行政部门批准，也可以采取模拟操作、答辩方式进行。

技术业务理论和实际操作技能考核均采用百分制，60 分为及格，80 分以上为良好，90 分以上为优秀。两项均及格，方为技术等级鉴定合格。

技师高级技师任职资格的鉴定依据《技师任职条件》《高级技师任职条件》采用考核和评审相结合的方式进行，应突出技艺业绩、成果的考核。

3. 职业技能鉴定机构

为做好住房和城乡建设行业产业工人培育工作，加快建设知识型、技能型、创新型产业工人大军，贯彻落实《中共中央办公厅 国务院办公厅〈关于分类推进人才评价机制改革的指导意见〉的通知》（中办发〔2018〕6 号）《国务院办公厅关于印发职业技能提升行动方案（2019—2021）的通知》（国办发〔2019〕24 号）及《住房和城乡建设部关于做好住房和城乡建设行业职业技能鉴定工作的通知》（建人〔2019〕5 号）精神，住房和城乡建设部选取部分培训鉴定单位（机构）开展住房和城乡建设行业职业技能鉴定试点工作。

(1) 试点目标

按照行业技能人才"培养、评价、使用、激励、保障"相互衔接、系统推进的总体目标，建立行业、企业、院校、社会力量共同参与的住房和城乡建设行业职业技能鉴定体系。通过试点探索建立住房和城乡建设行业从业人员职业技能鉴定工作制度，推进职业技能鉴定管理信息系统建设，创新考核培训模式，解决工学矛盾，提高职业技能鉴定实效，总结形成可复制可推广经验，为住房和城乡建设行业培育高素质产业工人队伍提供有力支撑。按照国务院深化"放管服"改革精神和国家拟建立的职业技能等级制度，适时将职业技能鉴定调整为职业技能等级制度。

(2) 试点任务

1) 职业（工种）范围

筑路工、桥隧工、防水工、砌筑工、混凝土工、钢筋工、架子工、水生产处理工、手工木工、智能楼宇管理员、中央空调系统运行操作员 11 个职业（工种）。

2) 任务分工

住房和城乡建设部执业资格注册中心作为住房和城乡建设行业职业技能鉴定组织实施机构，按照人力资源和社会保障部和住房和城乡建设部要求统筹试点工作；研究制定相关规章制度，建立维护职业技能鉴定管理信息系统；指导监督职业技能鉴定试点单位（机构）开展相关工作；整理总结试点工作经验和问题。

省级住房和城乡建设主管部门、中央企业人事劳动保障工作机构制定所辖试点单位（机构）整体工作方案，报住房和城乡建设部注册中心备案；配合住房和城乡建设部注册中心建立符合行业特点、具有可推广性的职业技能鉴定管理工作机制；协助住房和城乡建设部注册中心推进职业技能鉴定管理信息系统建设；协调职业技能鉴定试点过程中的有关事务。

试点单位（机构）遵循职业技能鉴定有关法规、规章，制定工作方案，报住房和城乡建设部注册中心备案后开展职业技能鉴定试点工作。试点单位（机构）应坚持职业能力考核与职业素养评价相结合，重点考察劳动者执行操作规程、开展安全生产、解决生产问题和完成工作任务的能力；整理总结相关职业（工种）技能标准和评价规范，职业技能鉴定站（点）、考评员、督导员等标准，完善工作制度；通过职业技能鉴定管理信息系统，对鉴定合格人员进行备案。

4. 职业技能鉴定与工人等级考核

搞好企业职业技能鉴定考核工作的前提，应消除对职业技能鉴定工作认识上存在的思想误区，弄清职业技能鉴定和工人等级考核两种制度的区别与联系。

(1) 职业技能鉴定和工人等级考核的共同点

职业技能鉴定是在工人等级考核基础上逐步建立和发展起来的，因此它们有很多相似之处：

1) 都是对劳动者技能水平的客观评价。

2) 职业技能鉴定考核也分为知识考核和技能考试两大部分。

3) 职业技能鉴定和调整充实阶段的国家工人考核制度同样设置了初、中、高三个技术等级，同时建立和完善了技师与高级技师评聘制度。

（2）职业技能鉴定和工人等级考核的不同点

1）考核目的不同

工人等级考核是企业行为，目的是调动职工学习技术的积极性，只适用于企业内部。职业技能鉴定是社会行为，旨在提高全社会劳动者素质。

2）适用的社会经济体制不同

工人等级考核适用于计划经济，职业技能鉴定则是市场经济的产物，便于人才流动，促进我国用工制度改革同国际接轨。

3）证书法律效力不同

工人等级证书只在本企业、本行业有效。职业资格证书是劳动者职业能力的有效凭证，在全社会甚至于国际劳务市场都认可。职业资格证书是国家对申请人专业学识技术能力的认可，是求职、任职、独立开业和单位录用的主要依据。具有以下几点特征：一是国家证书制度。我国实行国家证书制度，职业资格证书一律由国家劳动行政部门颁发；二是现代第三方认证规则。职业技能鉴定实行考培分离，第三方认证的原则。三是标准参照考试。国家对各个行业、工种、等级都指定了明确的考核制度。四是职业导向内容体系。我国的职业技能鉴定作为职业培训体系的一个重要组成部分，在内容上采取以职业导向的内容体系。

4）考核方式不同

工人等级考核是企业或行业行为，企业或行业自主培训、自行发证，证书在行业内有效。职业技能鉴定则本着考培分离，第三方认证的原则，由企业培训，职业技能鉴定站负责考核，国家劳动部门统一发证。

5）法律效力不同

工人等级考核以行政条例为依据，职业技能鉴定以法律作保障。职业技能鉴定还对考试大纲、考核程序、考评人员做了严格规定，同等级考核相比具有计划性、科学性、规范性等特点。

做好职业技能鉴定的宣传贯彻工作，形成尊重和崇尚职业技能的良好社会风尚。企业应着力加强职业技能鉴定政策的宣传工作，及时发放学习资料，组织职工学习，统一干部职工对职业技能鉴定工作的认识，使职工技能鉴定工作深入人心，从而确保职业技能鉴定工作得以正确实施，不流于形式。

12.3.3 企业技能人才评价

企业技能人才评价既是职业技能鉴定的重要组成部分，也是高技能人才工作的重要环节。推进企业技能人才评价工作，对于拓宽企业技能人才成长通道，调动广大企业职工钻研技术、提高技能水平的积极性，推动引导企业建立完善培训、考核与使用相结合并与待遇相联系的激励机制，加快高技能人才培养，具有重要的促进作用。

1. 企业技能人才评价的内容

企业技能人才评价包括技师、高级技师考评和初级、中级、高级技能鉴定，重点是高级工以上的高技能人才。职业（工种）范围主要是在《中华人民共和国职业分类大典》范围内（不包括全国统考职业），企业生产一线的主体技术性的职业（工种）。另外，未颁布国家职业标准、属企业特殊性的职业（工种），经批准也可纳入评价范围。

结合企业实际生产,建立以职业能力为导向,以工作业绩为重点,注重职业道德和职业知识水平的技能人才评价新体系。坚持把品德、知识、能力、业绩作为衡量技能人才的主要标准,在评价的内容上,突出职业能力和工作业绩的考核。例如,对企业生产一线技能人才的评价,重点考核企业职工执行操作规程、解决关键生产难题和完成工作任务的能力。

(1) 职业能力考核

职业能力考核重点考核技能人员执行操作规程、解决生产问题和完成工作任务等方面的实际工作能力。可结合试点企业生产(经营)实际,在工作现场、生产过程中,采取典型工件加工、作业项目评定、现场答辩、情景模拟等方式进行考核。由试点企业向职业技能鉴定指导中心提出申请,从国家题库中抽取相应职业(工种)的实际操作试题,并结合岗位,依据国家职业标准,结合岗位实际要求共同命制。

(2) 工作业绩情况

技师、高级技师还包括完成的主要工作项目、现场解决技术问题情况,技术改造和革新等方面情况,以及传授技艺、培养指导徒弟等方面的成绩。工作业绩成果材料应在企业内进行公示。

(3) 职业道德评价

职业道德评价重点评价技能人员遵守国家法律法规和企业规章制度、工作责任心和积极性、岗位之间团结协作的能力,可采用上级评价和班组评议相结合的方式进行。

(4) 理论知识考试

理论知识考试重点考核本职业及本岗位相关的必备职业知识,由试点企业会同职业技能鉴定指导中心组织实施。理论试题可从国家题库中抽题组卷,对不符合企业实际的试题可按要求进行适当调整;尚未开发国家题库的,由职业技能鉴定指导中心与试点企业组织专家命制,考试方式以闭卷笔试为主。

职业能力考核、工作业绩评定、职业道德评价和理论知识考试均实行百分制,成绩全部达到 60 分及以上者为合格。可根据企业的生产特点,提高标准或对四个模块设定权数确定合格标准。可对少数职业能力考核成绩和工作业绩评定结果特别优异者采取直接认定方式。对掌握高超技能,并在国家级、省级技能竞赛中获得主要名次的优秀人才,可破格或越级参加技师、高级技师考评。

2. 企业人才评价的方式

(1) 企业现场评价

企业现场评价主要是对于在企业生产一线工作,且符合申报条件的人员,以及技术复杂及行业特有职业(工种)的人员,可在企业生产过程中,根据国家职业标准和生产岗位要求,在企业内部采取工作业绩和现场工作能力相结合的评定办法。并把考核内容从原来包括现代企业管理知识、计算机知识、专业英语、专业知识、"四新"(新技术、新工艺、新设备、新材料)知识、论文答辩等九项内容,修改为由企业进行职业道德评定、结合企业实际编制的理论笔试、企业生产现场的实际操作能力考核。同时,合理调整基础知识和专业知识、实际操作和解决实际问题的能力、工作业绩的分值,提高实际操作和解决实际问题的能力、工作业绩所占的分值,适当降低理论知识的分值,经考核合格者,发给技师以上资格证书。

（2）直接认定

对于在企业生产实践中确有绝招绝活、业绩突出、贡献较大，已被行业或企业公认达到技师、高级技师水平的，采取直接认定办法，由高技能人才考评专家组直接破格认定为技师或高级技师。如对在本职业（工种）连续工作 20 年以上，有突出技术水平的能工巧匠，不限职业资格证书等级，可直接申请技师认证。

（3）转系列认证

对持有同一专业（工种）的中级以上专业技术职务证书和国家三级职业资格证书，且持有"四新"（新技术、新工艺、新设备、新材料）知识培训合格证者，可直接申请转系列认证。经查核有关资料真实、齐全者，可直接认定为同一专业（工种）的技师或高级技师。

（4）技能竞赛、评比活动与师带徒

坚持以提高劳动者技能水平为目标，不断拓宽企业高技能人才成长的通道，不断发现和选拔高技能人才，是企业高技能人才成长的重要途径。坚持以提高劳动者技能水平为目标，鼓励和支持企业通过采取技能竞赛、绝技绝活、先进操作方法评比、以师带徒等多种形式，发现、评价和选拔高技能人才，拓宽高技能人才成长的通道。

1）开展经常性的技能竞赛，形成技能人才脱颖而出的评价选拔机制

职业技能竞赛是检验技能人才水平的活动，更是激励员工争先创优的有效手段。企业建立一套比较完善的竞赛实施办法，明确企业内部技能竞赛的指导思想和奖励办法，对参加职业技能竞赛取得优秀成绩者，除给予精神和物质奖励外，还按规定晋升职业资格。

2）开展各类评比活动，为技能人才成长开辟"绿色通道"

企业生产班组或个人对生产一线技术复杂、操作性强的操作经验进行总结后，可向企业申报先进操作方法，由企业组织专家组参照职业标准进行评审。经评审合格的，可以发给相应的职业资格证书；支持企业开展"绝技绝活"项目评比活动。鼓励企业发动广大员工申报"绝技绝活"项目，经评审和现场实际操作考核合格者，授予"绝技绝活"优秀能手称号及相应的职业资格证书。

3）积极推行师带徒制度

针对当前高技能人才年龄结构偏大、数量偏少的状况，企业积极推行师带徒制度。在师带徒活动中，按照品德优良、技艺高超、自愿结对的原则签订师带徒协议，明确双方权利和义务，并允许破格参加技师考核，从而达到培养目标。经认定合格的师徒双方由企业给予一定的奖励和荣誉；对考核合格者，由鉴定机构发给相应的职业资格证书。

12.3.4　建筑企业部分专业工人技术等级标准

目前建筑企业各专业工人技术水平参差不齐，对人员招聘、培训、使用都有较大影响，按照技术水平从低到高基本上分为初级工、中级工、高级工，主要工种有木工、钢筋混凝土工、基础起重工、结构吊装起重工、安装钳工、管道工、电气安装工、通风工、设备起重工、电焊工、气焊工、筑炉工、铆工等。

扫码了解建筑企业部分专业工人技术等级标准。

12.1

任务 13 填写岗位实习周记

13.1 任务描述

通过记录实习期间的工作内容、遇到的问题和取得的成果，实习生可以更好地理解自己的成长和进步，发现自身的优势和不足之处，并制定相应的改进计划。

13.2 任务目标

了解周记的意义；掌握周记记录要求；掌握周记内容要素。

13.3 知识储备与任务指导

13.3.1 填写岗位实习周记意义

填写周记可以帮助实习生反思和总结每周的工作和学习情况。周记记录了实习生在岗位实习中的工作进展和取得的成果，可供导师和管理人员了解实习生的工作表现和学习成果。填写周记可以展示实习生的工作能力、学习态度和责任心，给将来的职业发展留下积极的印象。填写周记提供了实习生与导师和管理人员之间的有效沟通渠道。通过周记，实习生可以向导师汇报自己的工作进展、遇到的问题和需要的支持，同时也可以接收导师的反馈和指导，提高自身的工作质量和效率。

填写周记可以记录实习期间的重要信息和经验教训，成为实习生日后回顾和参考的资料。实习期间可能会遇到各种情况和挑战，通过周记记录下来，实习生可以在今后的工作中查阅和借鉴，避免重复犯错，提高工作效率和质量；有助于实习生对自己的职业发展进行规划和定位。通过对实习过程的反思和总结，实习生可以了解自己的职业兴趣和优势，并在填写周记的过程中明确未来的学习目标和发展方向，为自己的职业道路制定清晰的计划。

填写周记是实习生在岗位实习中反思、记录和展示自己工作和学习的重要方式。通过填写周记，实习生可以提高自身的工作能力、学习效果和职业发展规划，为未来的职业道路奠定良好的基础。

13.3.2 填写岗位实习周记要求

日期：填写每周实习周记的具体日期范围，以便记录实习期间的时间进展和工作情况。

工作内容：详细描述每周实习期间所从事的建筑工作内容和任务。例如，参与的项目、参观的工地、设计工作、施工监督、文档准备、协助制定计划等。

学习收获：总结每周实习期间的学习收获和成长。记录新掌握的建筑知识、技能提升、工作方法和工程实践经验等。

遇到的问题：记录在实习过程中遇到的问题和困难。描述问题的性质、原因分析以及解决问题的思路和方法。

工作感悟与反思：分享在实习过程中的个人感悟和反思。可以包括对建筑行业的理解、职业规划的思考、团队合作经验、沟通技巧的提升等方面的体会。

成果和贡献：列举在实习期间取得的成果和对项目或团队的贡献。例如完成的设计图纸、参与的施工阶段、解决的技术问题、提出的改进建议等。

下周计划：提供下一周实习期间的计划和目标。包括要完成的任务、需要学习的内容、参与的项目或活动等。

签名和日期：实习生在填写周记后应签名确认，并注明填写的日期。

13.3.3 周记范文

建筑施工岗位实习周记

日期：2022 年 5 月 29 日—2022 年 6 月 4 日

1. 本周工作内容：

在本周的建筑施工岗位实习中，我参与了一项大型商业综合体的施工项目。具体的工作内容包括：

施工现场巡视：每天早上，参与施工现场的巡视工作。仔细观察不同施工区域的进展情况，检查施工质量和安全措施的执行情况，并记录现场存在的问题和需要改进的地方。

施工进度跟踪：协助项目经理进行施工进度的跟踪和记录。通过与施工队沟通，了解各个施工阶段的进展情况，包括基础施工、结构施工和内部装饰等。学会使用项目管理软件来记录施工进度和更新时间表。

施工质量检查：参与施工质量检查的过程，包括测量墙体垂直度、检查混凝二质量和钢筋的安装情况等。学习如何使用各种测量工具和检测设备，记录质量问题并及时向项目经理汇报。

施工文件准备：协助项目团队准备一些施工文件，包括施工进度报告、质量检查报告和施工安全会议记录等。学习如何准备专业的施工文件，并通过这个过程提高我的组织能力和文档撰写能力。

2. 学习收获：

在本周的实习中，获得了许多宝贵的学习收获，施工流程的了解：通过参与施工现场的巡视和进度跟踪，深入了解建筑施工的各个阶段和流程，从基础施工到竣工验收，对整个施工过程有了更清晰的认识。

施工质量控制：通过参与质量检查工作，熟悉检查和评估施工质量相关知识，了解解决质量问题的方法和技巧。这对今后参与建筑项目的质量控制工作非常有帮助。

施工文件的准备：参与施工文件的准备过程，学习如何准备专业的施工文件，并提高了组织能力和文档撰写能力。掌握了使用项目管理软件和办公软件来编制施工进度报告、质量检查报告和会议记录的技能。学会了按照规范和要求整理和归档施工文件，以便后续的查阅和审查。

3. 遇到的问题：

在本周的实习过程中，遇到了一些问题和挑战。其中一项挑战是在施工现场进行工作时，遇到意见不合和沟通不畅的情况该如何处理，应当积极与相关人员进行沟通和协调，以找到共同解决问题的方法。

4. 工作感悟与反思：

通过这周的实习，深刻认识到建筑施工的复杂性和细致性。施工现场需要高度的组织和协调能力，同时注重质量和安全。意识到在建筑行业中，每一个细节都至关重要，精细的规划和认真地执行是确保施工质量的关键。

5. 成果和贡献：

在本周的实习中，参与了施工现场的巡视和质量检查工作，通过及时发现问题并向项目经理报告，为确保施工质量作出了贡献。还协助项目团队准备了施工文件，确保项目进展和质量记录得到妥善归档和管理。

6. 下周计划：

在下一周的实习中，计划进一步加强对施工流程的理解，并学习更多与质量控制和安全管理相关的知识，提高施工文件编制能力，准备撰写更专业和规范的报告和记录。

签名： 日期：

任务 14　提出合理化建议或技术改造方案

14.1　任 务 描 述

通过建筑业 10 项新技术：地基基础和地下空间工程技术；钢筋混凝土技术；模板脚手架技术；装配式混凝土结构技术；钢结构技术；机电安装工程技术；绿色施工技术；防水技术与围护结构节能；抗震、加固与监测技术；信息化技术了解建筑行业发展趋势。通过新技术结合创新创业，培养建筑行业创新创业人才。

14.2　任 务 目 标

了解建筑业 10 项新技术，特别是钢筋混凝土技术、装配式混凝土结构技术、钢结构技术、机电安装工程技术、绿色施工技术、信息化技术等技术在项目中的应用。了解创新创业的意义和相关政策。

14.3　知识储备与任务指导

14.3.1　建筑业新技术概述

《中国制造 2025》计划：该计划旨在促进中国制造业的转型升级，其中包括建筑工业化和智能化的发展。计划提出了推动数字化、网络化、智能化建设的目标，鼓励应用信息技术、自动化装备和智能化系统，提高建筑工程质量和效率。《绿色建筑行动方案》：该计划旨在推广绿色建筑和可持续发展，鼓励建筑工业化和智能化的应用。政府支持建筑工业化企业发展，并提供财政和税收优惠政策，以鼓励绿色建筑技术和可再生能源的应用。"智慧城市"建设：中国政府致力于推动智慧城市的建设，其中包括智能建筑和智能交通等领域的发展。政府鼓励采用物联网、云计算、大数据等技术，提升城市的智能化水平，加强建筑与城市基础设施的互联互通。"一带一路"倡议：作为中国倡导的全球合作倡议，"一带一路"倡议涉及了大量的基础设施建设和工业化项目。政府鼓励在参与国家推广建筑工业化和智能化技术，提高建筑项目的效率和质量，并推动技术和经验的交流合作。

四新技术指的是新技术、新工艺、新材料、新设备，现代建筑工程具有规模大、楼层高、性能多的特点，要想保证建设施工如期完成，就必须依靠四新技术。实践表明，四新技术的应用，能加快施工进度、减少环境污染、提高质量安全系数，实现节能环保的目标。建筑行业的产业升级要从以下三方面进行。

加快建筑工业化升级。建筑工业化是行业发展的必然趋势，目前，国家层面已制定了大量的政策和指导意见，但整体上仍处于探索发展阶段，在技术、市场、运营、管理等方面均存在不少亟待解决的问题，不过这是所有新技术发展都会经历的特定阶段，建筑业的未来一定是工业化。建筑工业化升级的主要技术途径有：推动建立以标准部品为基础的专业化、规模化、信息化生产体系，打造建筑产业平台，推广应用钢结构构件和预制混凝土构件智能制造生产线；加大BIM（建筑信息模型）、物联网、大数据、云计算、5G（第五代移动通信技术）、人工智能等新技术的集成与创新应用；提升各类施工机具的性能和效率，提高机械化施工程度，包括各类自动化智能施工装备的研发。

提升数字化水平。我国目前正处于从"建造大国"向"建造强国"发展的关键阶段，建筑业精益化、智能化、绿色化、工业化融合发展，形成涵盖研发、设计、生产加工、施工装配、运营维护等全产业链融合一体的建设产业体系，驱动"中国建造"走向"中国智造"是未来建筑业发展的大势，数字化转型是推动建筑业高质量发展的重要途径。智慧建造作为信息技术、数字技术与施工现场深度融合的产物，对"以科技创新促进传统建造方式升级，提高项目管理和生产效率达到精益建造，推动建筑产业现代化，实现高质量发展"都具有重要意义。其主要技术途径有：加快部品部件生产数字化、智能化升级，推广应用数字化技术、系统集成技术、智能化装备和建筑机器人，在装配式建筑工厂打造"机器代人"应用场景，推动建立智能建造基地；在钢筋制作安装、模板安拆、混凝土浇筑、钢构件安装、隔墙板安装、地砖铺贴、面层喷涂等现场施工环节，推进工艺流程数字化和建筑机器人应用。

培育智能建造优势企业。智能建造涉及土木工程、自动化工程、电子信息工程、工程管理等多学科的交叉融合，人才缺口大，也缺乏具有系统解决方案能力的优势企业，亟需推动形成一批智能建造龙头企业，引领并带动中小企业向智能建造转型升级。根据我国建筑业企业的发展现状，比较有效的途径是形成以工程总承包企业为核心、相关领先企业深度参与的开放型产业体系。各地要将现有各类产业支持政策进一步向智能建造领域倾斜，加大对智能建造关键技术研究、基础软硬件开发、智能系统和设备研制、项目应用示范等的支持力度。

建筑业是传统行业，亦是开启市场化进程比较早的行业，在当前国民经济整体走向高质量发展的变革期，机遇与挑战并存，建筑业企业必须锐意改革，不断创新，秉持"科技是第一生产力，创新是引领发展的第一动力"理念，才能立于不败之地，随时代一起发展进步。接下来对住房和城乡建设部《建筑业10项新技术（2017版）》进行简要概述讲解。

1. 地基基础和地下空间工程技术

地基基础和地下空间工程技术包含：灌注桩后注浆技术、长螺旋钻孔压灌桩技术、水泥土复合桩技术、混凝土桩复合地基技术、真空预压法组合加固软基技术、装配式支护结构施工技术、型钢水泥土复合搅拌桩支护结构技术、地下连续墙施工技术、逆作法施工技术、超浅埋暗挖施工技术、复杂盾构法施工技术、非开挖埋管施工技术、综合管廊施工技术共13项技术。

扫码了解具体技术情况。

2. 钢筋混凝土技术

钢筋混凝土技术包含：高耐久性混凝土技术、高强高性能混凝土技术、自密实混凝土技术、再生骨料混凝土技术、混凝土裂缝控制技术、超高泵送混凝土技术、高强钢筋应用技术、高强钢筋直螺纹连接技术、钢筋焊接网应用技术、预应

14.1

力技术、建筑用成型钢筋制品加工与配送技术、钢筋机械锚固技术共12项技术。

扫码了解具体技术情况。

3. 模板脚手架技术

模板脚手架技术包含：销键型脚手架及支撑架、集成附着式升降脚手架技术、电动桥式脚手架技术、液压爬升模板技术、整体爬升钢平台技术、组合铝合金模板施工技术、组合式带肋塑料模板技术、清水混凝土模板技术、预制节段箱梁模板技术、管廊模板技术、3D打印装饰造型模板技术共11项技术。

14.2

扫码了解具体技术情况。

4. 装配式混凝土结构技术

装配式混凝土结构技术包含：装配式混凝土剪力墙结构技术、装配式混凝土框架结构技术、混凝土叠合楼板技术、预制混凝土外墙挂板技术、夹心保温墙板技术、叠合剪力墙结构技术、预制预应力混凝土构件技术、钢筋套筒灌浆连接技术、装配式混凝土结构建筑信息模型应用技术、预制构件工厂化生产加工技术共10项技术。

14.3

扫码了解具体技术情况。

5. 钢结构技术

钢结构技术包含：高性能钢材应用技术；钢结构深化设计与物联网应用技术；钢结构智能测量技术；钢结构虚拟预拼装技术；钢结构高效焊接技术；钢结构滑移、顶（提）升施工技术；钢结构防腐防火技术；钢结构与混凝土组合结构应用技术；索结构应用技术；钢结构住宅应用技术共10项技术。

14.4

扫码了解具体技术情况。

6. 机电安装工程技术

机电安装工程技术包含：导线连接器应用技术、可弯曲金属导管安装技术、工业化成品支吊架技术、机电管线及设备工厂化预制技术、薄壁金属管道新型连接安装施工技术、内保温金属风管施工技术、金属风管预制安装施工技术、超高层垂直高压电缆敷设技术、机电消声减振综合施工技术、建筑机电系统全过程调试技术共10项技术。

14.5

扫码了解具体技术情况。

7. 绿色施工技术

绿色施工技术包含：封闭降水及水收集综合利用技术、建筑垃圾减量化与资源化利用技术、施工现场太阳能、空气能利用技术、施工扬尘控制技术、施工噪声控制技术、绿色施工在线监测评价技术、工具式定型化临时设施技术、垃圾管道垂直运输技术、透水混凝土与植生混凝土应用技术、混凝土楼地面一次成型技术、建筑物墙体免抹灰技术共12项技术。

14.6

扫码了解具体技术情况。

8. 防水技术与围护结构节能

防水技术与围护结构节能包含：防水卷材机械固定施工技术、地下工程预铺反粘防水技术、预备注浆系统施工技术、丙烯酸盐灌浆液防渗施工技术、种植屋面防水施工技术、装配式建筑密封防水应用技术、高性能外墙保温技术、高效外墙自保温技术、高性能门窗技术、一体化遮阳窗技术共10项技术。

14.7

扫码了解具体技术情况。

9. 抗震、加固与监测技术

抗震、加固与监测技术包含：消能减震技术、建筑隔震技术、结构构件加固技术、建筑移位技术、结构无损性拆除技术、深基坑施工监测技术、大型复杂结构施工安全性监测技术、爆破工程监测技术、受周边施工影响的建（构）筑物检测、监测技术、隧道安全监测技术共11项技术。

14.8

扫码了解具体技术情况。

10. 信息化技术

信息化技术包含：基于BIM的现场施工管理信息技术、基于大数据的项目成本分析与控制信息技术、基于云计算的电子商务采购技术、基于互联网的项目多方协同管理技术、基于移动互联网的项目动态管理信息技术、基于物联网的工程总承包项目物资全过程监管技术、基于物联网的劳务管理信息技术、基于BIM和物联网的建筑垃圾监管技术、基于智能化的装配式建筑产品生产与施工管理信息技术共9项技术。

14.9

扫码了解具体技术情况。

14.3.2 创新与创业

14.10

1. 创新

创新是指人们为了发展需要，运用已知的信息和条件，突破常规，发现或产生某种新颖、独特的有价值的新事物、新思想的活动。创新的概念首先由经济学家熊彼特在1912年提出：创新是指把一种新的生产要素和生产条件的"新结合"引入生产体系，它包括五种情况，即引入一种新产品、引入一种新的生产方法、开辟一个新的市场、获得原材料或半成品的一种新的供应来源、新的组织形式。

创新思维是指以新颖独创的方法解决问题的思维过程，通过这种思维能突破常规思维的界限，以超常规甚至反常规的方法、视角去思考问题，提出与众不同的解决方案，从而产生新颖的、独到的、有社会意义的思维成果。创新思维是相对于传统性思维，是创造性实践的前提，是创新能力的核心因素，是创新活动的灵魂。古希腊哲人普罗塔戈说过这样一句话："大脑不是一个要被填满的容器，而是一支需要被点燃的火把。"创新思维的本质在于将创新意识的感性愿望提升到理性的探索上，实现创新活动由感性认识到理性思考的飞跃。

岗位实习与创新的关系：企业是创新主体，企业的创新涵盖其生产、采购、营销、服务、技术研发、财务、人力资源管理等所有职能部门，企业创新包括企业战略创新、模式创新、企业文化创新、产品创新、生产工艺创新、流程创新、市场营销创新、企业管理创新、标准创新、观念创新、结构创新、制度创新等各个方面。高职院校要以顶岗实习为载体，校企共建产业技术积累创新平台，促进新技术、新材料、新工艺、新装备的应用，加快先进技术转化和产业转型升级步伐。通过校企合作，企业将高职院校纳入技术创新体系，强化协同创新，促进实习生素质与技术创新、技术引进、技术改造同步提高，实现新技术产业化与新技术应用人才储备同步。创新是通过创新者的活动实现的，任何创新思想，只有付诸行动，才能形成创新成果。因此重视实干、重视实践是创新的基本要求。学生实践能力的培养，是提高学生创新能力最现实、最有效的方法。顶岗实习是高职院校实践教学最主要的环节，顶岗实习为培养学生的创新能力提供了良好的实践训练环境，通过学生的亲身实践和岗位锻炼，深化对知识和技能的掌握，了解新知识、新技术、新工艺的实际应用，为创新奠定基础。顶岗实习中，鼓励学生直面具体的技术问题、管理问题，发现企业生产经营的实际问题，使学生通过探究问题、解决问题的过程，对创新产生兴趣，对创新不再陌生，也不再感到遥远，并通过企业实际问题的突破、技术难题的解决、技术方案的产生、可行性方案的制订、可实施方案的落实、专利的申请、技术秘密的形成，使得学生的创新成果得以评价和认可，增强对创新创造的信心，进一步激发学生的创造力。早期的创新较多是依靠个人的智慧和知识来完成的，而随着现代社会经济和科学技术的发展，使创新越来越需要发挥集体智慧，才能有所成果。这就需要大学生跳出个体劳动的圈子，摆脱狭窄的专业知识范围的束缚，依靠团队智慧的力量、依靠科学技术的交叉渗透，使创新活动焕发出更大的活力。顶岗实习使大学生融入社会、融入职业，对于大学生团队精神、团队意识的培养具有积极作用，从而有利于创新活动的积极开展。

青年是国家和民族的希望，创新是社会进步的灵魂，创业是推动经济社会发展、改善民生的重要途径。青年学生富有想象力和创造力，是创新创业的有生力量。希望广大青年学生把自己的人生追求同国家发展进步、人民伟大实践紧密结合起来，刻苦学习，脚踏实地，锐意进取，在创新创业中展示才华、服务社会。

2. 创业

创业是一种普遍的社会活动，国内外学者对创业有不同的理解，哈佛商学院教授斯蒂文森认为创业是一个人追踪和捕获机会的过程，这个人既可以是独立的，也可以在一个组织内部，这一过程与其当时控制的资源无关。我国有学者认为，创业是一个发现和捕获机会并由此创造出新颖的产品、服务和实现其潜在价值的过程。

从理论层面而言，创业的概念分为三个层次：狭义的创业、次广义的创业和广义的创业。狭义的创业是指创建一个新企业的过程。次广义的创业是指通过企业创造事业的过程，它又包括两个层次的内容：创建新企业和企业内部创业。广义的创业是指创造新的事业的过程，这个"事业"既包括营利性组织，也包括非营利性组织；既包括官方设置的部门和机构，也不排斥非政府组织；既包括大型的事业，也包括小规模的事业甚至"家业"。创业必须要付出时间和精力，承担相应的财务的、精神的和社会的风险，并力求获得物质的回报、精神层面的满足和自我价值的实现。

综上所述，理论层面的创业包含以下四个方面的含义：

创业是创造出某种"有价值的"新事物的过程。

创业需要耗费必要的时间，付出极大的努力。

创业存在各种风险，如财务上的、精神上的，以及社会舆论上的。

创业的回报涉及物质层面、精神层面及自我价值层面。

从实践层面而言，创业的定义有狭义和广义之分。狭义创业是与"打工"相对应的概念，是指自我雇佣。从这一角度看，个体户、街道两旁摆地摊的商贩都属于创业者。广义的创业是与"守成"相对应的概念，是指开创事业，自主地开拓和创造成就与业绩。它主要包括：个人创业＋、公司创业＋、常态行为。

(1) 创业的本质

创业的本质是创造。莫里斯等人把创业活动的本质归纳为七种创造活动：财富的创造、企业的创造、创新的创造、变革的创造、雇佣的创造、价值的创造、增长的创造。

创业是富有创业精神的创业者与机会结合并创造价值的活动。同样的机会，有的人看到了而有的人没有看到；同样看到了机会，有的人把握机会采取了行动，有的人则没有行动；同样采取了行动，有的人创造了价值而有的人没有创造价值。

解释这些现象需要复杂的理论研究。目前的研究发现，影响创业效果的因素很多，对各种因素的影响力大小难有准确定论。可以肯定的是，创业精神强度的差异是影响创业效果的重要因素。

(2) 创业的类型

随着时代的变迁，创业活动的活跃，创业活动的类型也呈现出多样化的趋势，在这种形势下了解创业的几种主要类型，比较它们之间的不同，有助于更好地理解创业活动。下文根据创办企业的动机、创建企业的成长性、创建企业是否属于创业者专业领域、创建企业进入的生产部类、创建企业使用电子商务程度、创建企业的宗旨这几个常见的分类标准对创业的类型进行简单的介绍。

(3) 创业的一般过程

创业是复杂的、综合性很强的过程。研究创业，需要对创业过程中所包含的活动和行为进行剖析。创业包含的活动和行为较多，一般可以划分为产生创业动机、识别创业机会、整合创业资源、新企业的创建与成长、收获创业的回报这五个阶段。

(4) 创业精神的含义及本质

创业精神的概念最早出现于18世纪，其含义一直在不断演化。很多人仅把它等同于创办个人工商企业。但大多数经济学家认为，创业精神的含义要广泛得多。对某些经济学家来说，创业者是指在有盈利机会的情况下自愿承担风险创业的人。另一些经济学家则强调，创业者是一个推销自己新产品的创新者。还有一些经济学家认为，创业者是那种将有市场需求却尚无供应的新产品和新工艺开发出来的人。

20世纪的经济学家熊彼特专门研究了创业者创新和追求进步的积极性所导致的社会经济的动荡和变化。熊彼特将创业精神看作是一股"创造性的破坏"力量。创业者采用的"新组合"使旧产业遭到淘汰。原有的经营方式被新的、更好的方式所摧毁。管理学专家彼得·德鲁克将这一理念推进了一步，称创业者是主动寻求变化、对变化作出反应并将变化视为机会的人。只要看一看传播手段所经历的变化：从打字机到个人电脑到互联网，这一点便一目了然。

大多数经济学家认为，创业精神是在各类社会中刺激经济增长和创造就业机会的必要因素。在发展中国家，成功的小企业是创造就业机会、增加收入和减少贫困的主要动力。因此，政府对创业的支持是促进经济发展的一项极为重要的策略。诚如经合组织商务产业咨询委员会指出的："培育创业精神的政策是创造就业机会和促进经济增长的关键。"政府可以采用优惠措施，鼓励人们不畏风险创建新企业。这类措施包括实施保护产权的法律和鼓励竞争性的市场机制。

社会群体文化也与创业精神相关。比如推崇通过个人奋斗取得成功的文化或政策就更有可能鼓励创业精神。什么是真正的创业精神？哈佛大学商学院对其的定义是："创业精神就是一个人不以当前有限的资源为基础而追求商机的精神。"从这个角度来讲，创业精神代表着一种突破资源限制，通过创新来创造机会、创造资源的行为，而不是简单地体现在创造新企业。因此，创业精神可以简洁地概括为："没有资源创造资源，没有条件创造条件，用有限资源去创造更大资源。"

(5) 创业精神在社会发展中的作用

人类社会的发展史就是人类艰苦奋斗的创业史，人类社会的许多文明成果，都是创业精神的结晶，创业精神是与人类社会的发展同在的。人类在改造自然与社会的过程中，使艰苦奋斗的创业精神逐渐积淀成为一种备受推崇的美德，成为后人继往开来、创造更加辉煌灿烂的物质文明、政治文明、精神文明和生态文明的巨大动力。实现中华民族伟大复兴，是充满艰辛和创造的伟大的事业。伟大的事业需要并将产生崇高的精神，崇高的精神支撑和推动着伟大的事业。为了巩固和提高目前达到的小康水平，实现各族人民的共同理想，推动现代化建设，我们更需要大力倡导和发扬创业精神。

任务 15　参加与组织文体活动

15.1　任务描述

参加与组织文体活动有利于个人身心健康、丰富个人经验、增加企业员工的凝聚力和归属感，企业提供丰富的文体活动，满足不同人的需求，不断提高活动质量，化解工作生活压力，营造积极向上的企业文化氛围，是企业文化的一部分。

15.2　任务目标

了解参加与组织文体活动的意义；了解参加与组织文体活动与融入企业文化的作用；了解文体活动对促进企业内部的交流和互动，拉近员工之间的距离，营造和谐的氛围作用。参加和组织文体活动可以培养创造力和艺术表达能力。

15.3　知识储备与任务指导

参加和组织文体活动可以促进身心健康。体育运动和文艺活动有助于释放压力、放松身心，增强体质和提升心理健康。定期参与文体活动可以改善生活质量，提高幸福感和生活满意度。文体活动通常需要团队协作和合作，参与和组织这些活动可以培养团队合作能力。通过与他人合作、协商和协调，人们可以学会有效地沟通、分工合作、解决问题，并培养良好的团队精神和合作意识。组织文体活动可以提供领导和管理的机会。作为活动的组织者，人们需要规划活动流程、协调资源、管理团队，并负责活动的顺利进行。通过组织文体活动，人们可以锻炼领导才能、培养决策能力和团队管理能力。

参加和组织文体活动可以丰富个人经验。通过参与各种文体活动，人们可以接触到不同的文化和艺术形式，开阔眼界，提高审美和艺术欣赏能力。同时，组织活动也可以锻炼人们的组织能力、沟通能力和解决问题的能力。参加和组织文体活动可以拓展社交圈和增强社交能力。在活动中，人们可以结识志同道合的朋友，与他人交流、分享兴趣和经验，建立良好的人际关系和社交网络。

通过组织社区文体活动，可以增加企业员工的凝聚力和归属感。文体活动可以促进企业内部的交流和互动，拉近员工之间的距离，营造和谐的氛围，参加和组织文体活动可以培养创造力和艺术表达能力。在文体活动中，人们可以通过艺术表演、创作和展示来展示自己的才华和创意，激发个人的知识储备；提升身心素质；加强企业满意度和企业归属感增强企业内部凝聚力。通过参加企业文体活动，培育集体荣誉感和责任感，有利于团队建设和企业文化的形成。

通过企业文体活动可以缓解工作压力，提高员工满意度。企业文体活动可以让员工放松心情，排遣工作压力，增强身心健康。这也是许多员工获得工作生活平衡和职业幸福感的重要途径之一。

企业活动可以展现自我，获得认可。企业文体活动是员工展示自我潜能和技能的平台，通过参与活动可以获得同事和企业的认可，建立自信，有助于职业发展。

企业活动可以拓展人脉，促进交流。参加企业文体活动可以认识不同部门和岗位的同事，拓宽人际关系网络，这对工作协调和信息交流大有裨益。

企业组织文体活动可以维护企业形象。企业组织开展的文体活动可以产生良好的社会影响力，展现企业良好的文化氛围和员工生活状况，有利于树立企业良好的社会形象和品牌。

总之，企业文体活动发挥着团建、娱乐、交流、展示等多重作用，员工应重视并积极参加。同时企业也应提供丰富的文体活动给员工选择，满足不同人的需求，化解工作生活压力，营造积极向上的企业文化氛围，提高员工满意度和企业形象。

任务 16 岗位实习过程中劳务管理

16.1 任务描述

在岗位实习过程中，可能会出现一些劳动争议。因此要了解相关法律和政策；在面临劳动争议时，首先要了解相关的劳动法律和政策；熟悉实习合同、工时规定、工资支付等方面的规定，以便了解自己的权益和义务。

16.2 任务目标

了解相关法律和政策；了解建筑企业的劳动定额管理；了解劳务关系管理；熟悉合同、工时规定、工资支付等方面的规定；了解维护自己权益的方法；了解解决争议问题的方法。

16.3 知识储备与任务指导

16.3.1 建筑企业的劳动定额管理

1. 劳动定额的概念

对每一个具体的生产过程或施工工序，事先规定的消耗标准或限额，通常称之为定额。它是企业的生产经营活动在人力、物力、财力消耗方面应遵守或达到的数量标准。对建筑企业而言，劳动定额是在建筑产品生产中或劳动消耗数量的标准，也称人工定额，是指在正常的施工（生产）技术与组织条件下，生产一定的合格产品，或完成一定量的工作所预先规定必要劳动时间消耗量的标准；或是一定的时间内应该完成的合格产品的数量标准。劳动定额是对一定社会生产水平条件下的产品生产和劳动消耗之间的数量关系的描述。

1）建筑企业劳动定额的种类，按主管单位、批准权限和执行范围分类

全国统一定额由国家授权建设行政主管部门住房和城乡建设部负责组织，综合全国建筑工程的生产技术和施工组织管理的一般情况而编制的定额，在全国范围内执行，如全国统一安装工程定额。全国统一定额反映全国建筑企业生产力水平的一般状况，它使全国的建筑企业在计划、统计、产品价格、成本核算、劳动生产率、劳动报酬等方面，具有统一尺度和可比性。它综合考虑了全国建筑业的情况，而对各地区的特点和专业建筑工程的特点考虑得相对较少。因此，需要编制专业定额和地方定额作为补充。

行业统一定额由国家建设行政主管部门授权有关行业主管部门根据行业专业技术特点，以及施工生产和管理水平，参照全国统一定额编制的。它是为某些具体的建筑行业编

制的，专业性相对比较强。一般只在本行业和相同专业性质的行业内使用，如公路工程定额、装饰工程定额、矿井建设工程定额等。这些定额不包括一般民用建筑中的定额项目。

地方定额由国家授权本地区、考虑本地区的特点，参照全国统一定额做适当调整补充编制的，只在规定的地区范围内执行，包括省、市等各级地方定额。各地区的气候条件、物资供应条件、施工技术条件、地方资源条件、交通运输条件以及机械化施工程度等对定额内容和定额水平的影响，是编制地方定额的客观依据。

企业定额由建筑企业考虑本企业具体情况，参照国家、行业和地方定额编制的定额。只在企业内部使用，是企业素质的一个标志。企业定额水平一般应高于国家现行定额，才能满足生产技术发展、企业管理和市场竞争的需要。

补充定额这是指随着设计、施工技术的发展现行定额不能满足需要的情况下，为了补充缺项所编制的定额。补充定额只能在指定的范围内使用，可以作为以后修订定额的基础。

2）按生产要素分类

人工定额在一定的生产技术组织条件下，为生产合格产品所预先规定的劳动时间标准，也即在产品生产过程中对活的劳动消耗量的规定。

机械台班定额在正常的施工条件下，利用某种机械生产单位合格产品所必需消耗的机械工作时间，或在单位时间内机械完成的合格产品的数量。因为都是以一台机械的一个工作班（八小时）为计量单位，所以称之为机械台班定额。

施工定额即建筑业的生产定额。一般由人工定额（劳动定额）、机械台班定额（机械设备利用定额）和材料消耗定额三部分组成。它规定建筑安装工人或生产班组在正常的施工条件下，完成单位合格产品的人工、机械台班（机械费）、材料消耗的数量标准。

2. 劳动定额的作用

劳动定额是标准的劳动生产率，是衡量劳动效率高低的尺度，是组织生产和按劳分配的重要依据。劳动定额的作用主要表现在以下几个方面：

劳动定额是企业科学组织生产，实行有计划管理的依据。通过劳动定额的计算，才能合理地配备劳动力，合理地核定各类人员的配置比例，保证生产的正常进行；另外，企业编制生产计划、工资计划及作业计划都要以劳动定额为依据。

劳动定额是编制定员标准，合理配备和使用人员，节约劳动力使用的依据。

劳动定额是实行经济核算的重要依据。经济核算是用价值形式计算、分析和比较企业经济活动中人力、物力、财力的消耗及其效果，以达到用尽可能少的生产消耗，取得最大经济效果的目的。劳动定额的完成情况是经济核算的一项重要内容。只有用劳动定额严格地对劳动消耗进行监督和控制，不断降低施工生产的工时消耗，努力节约人力、降低人工费用，才能达到降低工程人工成本效果。

劳动定额是考核工人劳动贡献的标准，是贯彻按劳分配原则的必备条件。劳动定额是衡量劳动量的重要尺度，完成劳动定额的情况可以直接反映出劳动者在一定时间内劳动贡献的大小，也可以间接地反映出劳动者的态度好坏和劳动技能的高低。因此，在规定劳动报酬时，应把劳动定额的完成作为一项必要的条件。

3. 劳动定额的表现形式

时间定额和产量定额。时间定额亦称工时定额，是指在正常的生产技术组织条件下，某工种、某一技术等级的工人,完成单位合格产品所必须消耗的工作时间。定额时间包括工人的准备与结束时间、基本工作时间、辅助工作时间、不可避免的中断时间以及必需的休息时间和生理需要时间。

时间定额的计量单位可以是工日,也可以是工时。目前,在我国通常是采用工日作为建筑施工企业计算时间的单位,每个工日按八小时计算。时间定额的计算方法如下:

$$单位产品的时间定额(工日) = \frac{1}{每工日产量}$$

或:

$$单位产品的时间定额 = \frac{小组成员工日数总和}{台班产量}$$

综合时间定额:完成一合格产品的各单项(或工序)时间定额的综合。

综合时间定额(工日)=各单项(或工序)时间定额之和。

产量定额是指在合理的劳动组织与合理使用材料的条件下,某种专业、某种技术等级的生产工人或生产工人小组,在单位时间(工日)所应完成的合格产品的数量。其优点是形象化,便于分配任务。它的计量单位即产量的计量单位,如立方米、平方米、米、吨、根、块等,产量定额计算方法如下:

$$每工产量定额 = \frac{1}{单位产品时间定额(工日)}$$

或:

$$每台班产量定额 = \frac{小组成员工日数的总和}{单位产品时间定额(工日)}$$

综合产量定额为完成一合格产品的各单项(或工序)产量定额的综合。

综合产量定额等于各单项(或工序)产量定额之和。

时间定额与产量定额互为倒数,呈反比例关系。

即:

$$时间定额 \times 产量定额 = 1$$

$$时间定额 = \frac{1}{产量定额}$$

$$产量定额 = \frac{1}{时间定额}$$

综合时间定额与综合产量定额互为倒数,呈反比例关系。

即:

$$综合时间定额(工日) = \frac{1}{综合产量定额}$$

$$综合产量定额 = \frac{1}{综合时间定额(工日)}$$

机械时间定额是指机械在一定的工作内容和质量安全范围内生产单位合格产品所需消耗的工作时间。计量单位为"台班/单位产品"。表现形式为:

$$机械时间定额 = \frac{1}{机械台班产量定额}$$

机械台班产量定额是指机械在单位时间内所应生产合格产品的数量。计量单位为"产品数量/台班"。表现形式为：

$$机械台班产量定额 = \frac{1}{机械时间定额}$$

机械时间定额与机械台班产量定额互为倒数，呈反比例关系。

$$机械时间定额 \times 机械台班产量定额 = 1$$

采用科学的方法，及时、准确和全面地制定出有技术根据的劳动定额，是劳动定额工作的前提。在制定劳动定额工作中，要正确规定劳动定额水平。定额水平是对劳动者的劳动量大小的要求，也是企业的技术水平、管理水平等方面的综合反映，它是定额工作的核心。定额水平过高，职工经过努力达不到，便会打击积极性，影响定额的完成；定额水平过低，职工不经过努力就轻而易举地超额，对生产也没有促进作用。所以，合理的定额水平，是在正常的生产条件下，多数职工经过努力可以达到或超过的定额。为了制定先进合理的定额，要选择恰当的制定定额的方法，这首先就涉及了工作时间构成分析。

工人劳动时间也称工作时间，是指工作延续时间（不包括午休时间）。我国规定的现行工作时间为八小时。劳动者在工作班内消耗的时间，有的是必要的，即定额时间。有的则是损失掉的，即非定额时间，它与产品无关。工人的工作时间分为两类：即定额时间及非定额时间。

定额时间是制定劳动定额的主要依据，它由有效工作时间、休息时间和不可避免的中断时间组成。

有效工作时间。有效工作时间包括三个部分：

准备与结束工作时间是指开始生产以前的准备工作（如接受施工任务，研究图纸，准备工具，领取材料，布置工作地点）和生产任务完成以后或下班以前的结束工作（如工具清洁，工作地点清理）所需要的工时消耗。一般说来，准备与结束工作时间的长短，与所负担的工作量大小无直接关系，而与工作任务的复杂程度直接有关。

基本工作时间是指为保证基本工艺过程，使劳动对象发生变化所消耗的时间，即指工人直接完成某项产品各个工序工作的工时消耗。它的长短与工作量大小成正比。

辅助工作时间是指为保证完成基本工作所必需的辅助性工作的工时消耗。辅助工作时间的工时消耗与任务量的大小成正比。

休息时间包括劳动者因繁重紧张、条件差（如高温、高寒等）不能连续作业，需中间短暂地休息恢复体力的时间。它的长短与劳动强度、工作条件和工作性质有关。

不可避免的中断时间。劳动者在施工生产过程中，由于技术操作、施工组织的原因，或因施工过程特殊性而不可避免或难以避免地中断时间。如安装工人等候起重机起吊构件时的工作中断以及在工地范围内由一个工作地点转移到另一个工作地点的工作中断时间。

非定额时间（损失时间）是指与完成产品无关的工时消耗，由多余和偶然工作时间、停工时间组成。

多余和偶然工作时间是指在正常的条件下，由于意外事项所引起的时间消耗。例如，手推车运输过程中车子的倾翻和扶正，质量不合格产品的修正和返工，以及对合格产品多余的加工等工作的工时消耗。多余和偶然工作的工时消耗与任务量的大小无直接关系，但与工作条件及工人的技术水平直接有关。

停工时间，是指由于非正常原因而造成的工作中断的工时消耗。由于造成停工原因不同，停工时间可分为以下三种：

施工过失的停工时间是指由于劳动组织和施工组织不当而引起的停工时间。例如，未及时向工人或工作小组布置任务，未及时向工地运送材料，未及时准备好足够的工作场地，技术交底不明确，以及工人班组成员配合不好而引起的停工等；

非施工过失的停工时间是指由于气候条件的特殊变化以及水电供应中断而引起的停工时间。例如，暴风、大雨、停电等；

违反劳动纪律的停工时间是指由于工人迟到、早退，以及个别工人不遵守劳动纪律的行为而造成的停工时间。

建筑企业劳动定额的制定方法，大体上有4种，即：技术测定法、经验估计法、统计分析法和类推比较法。这里主要介绍技术测定法。

技术测定法。它是在一定的生产技术组织条件下对建筑安装工程施工过程的各个组成部分各种工时消耗进行实地观察测定和科学计算，拟定合理的施工条件、操作方法、劳动组织和工时消耗，在充分考虑挖掘施工生产潜力的基础上，制定定额的方法。生产工人和机械在施工作业中的工时消耗，主要是在建筑安装工程施工现场进行实地观察记录下来的。

技术测定法的优点是数据准确可靠，因素分析细致，定额水平精度高；缺点是技术要求高，工作量大，制定定额周期长。因此，它适用于生产技术组织条件比较正常、稳定，工程量大或常用的定额项目。技术测定法通常包括工作日写实、测时、写实记录和简易测定等方法。

工作日写实是按照工时消耗的顺序，对从事施工生产的工人在整个工作日的工时利用情况进行实地观察、记录和分析研究的一种测定方法。工作日写实的目的，一方面是了解生产工人工作日的工时的利用情况，分析造成工时损失的原因，拟定改进措施，提高工时利用率；另一方面是为制定劳动定额提供必需的准备与结束时间、休息时间和不可避免的中断时间的资料。

测时主要是用来测定某些定时重复的循环工作的工时消耗，是直接在施工现场，以工序操作或某一个工作项目为对象进行实地观测、记录、分析研究某施工作业时间消耗的一种测定方法。测时分为选择法和连续法两种。选择法不是连续地测定施工过程循环的所有组成部分，而是有选择地进行测定。这种方法比较容易掌握，使用得最为广泛。连续法是对施工工程循环的所有组成部分进行不间断地测定。这种方法技术要求高，比较准确、完备。

写实记录是对所观察的工人或工人小组在施工生产中的一切活动，自始至终地全面进行测定的方法。

测定的时间包括施工过程中的基本生产时间、辅助生产时间、准备与结束时间、休息时间、不可避免的中断时间以及各种损失时间等。

记录时间的方法有数示法、图示法和混合法三种。

数示法，即测定时直接用数字记录时间，可同时对两个以内的工人进行测定，适用于组成部分较少而且比较稳定的施工过程。

图示法，即用图表的形式记录时间，适用于对三个工人以内共同完成某一个产品的集体操作。

混合法，即混合记录时间的方法。它吸取了图示法和数示法的优点。用图示法的直线记录各组成部分的延续时间,用数示法填写完成每一组成部分的工人人数,此方法适用于三人以上的集体操作。

劳动定额的管理:建筑企业劳动定额管理是企业管理工作的一个重要组成部分,其主要内容包括建立健全定额管理机构,制定、设计劳动定额,贯彻执行施工任务书制度和统计分析劳动定额的执行情况等。

4. 劳动定额管理的内容

劳动定额的管理是劳动定额的制定、贯彻、修订和日常管理工作的总称。建筑企业劳动定额的内容主要包括以下几个方面。

正确地解释和制定劳动定额。对建筑业执行的全国统一定额和地方定额作出统一的解释,不得各取所需,任意曲解。由于统一定额或地方定额缺项或技术革新出现新成果;或施工条件发生变化,应及时制定补充定额。

建立健全劳动定额管理机构,配备必要的定额管理专职人员,负责劳动定额的贯彻执行和管理制度的实施。

建立健全劳动定额管理制度,制定劳动定额管理办法,使劳动定额管理有章可循,推动定额管理向标准化和科学化发展。

建立健全劳动定额管理原始记录,积累定额资料,如施工日志、任务书、计时单、停工签证等。

定期做好劳动定额的统计分析工作,经常了解定额完成情况,分析定额执行中存在的问题,挖掘生产潜力,帮助工人生产班组完成和超额完成定额。

制定施工任务书管理办法,做好施工任务书的签发、交底、验收和结算工作,把劳动定额管理贯穿到施工操作过程中去。

准确地执行劳动定额,定期或不定期地检查定额执行情况、定额与内部分配挂钩情况,及时纠正定额子目套用错误或系数采用不当等现象。

定期汇总劳动定额执行情况。掌握本单位各工种生产工人完成定额水平,为企业的经济活动分析提供必要的基础资料。

随着企业生产力水平不断提高及产品结构的改进,适时地对企业制定的劳动定额进行修订或完善。

加强组织建设,稳定定额人员队伍,不断进行业务培训,提高人员素质,使劳动定额管理适应企业现代化管理的需要。

5. 劳动定额管理机构和职责范围

劳动定额工作,应由劳动工资部门归口统一管理。定额管理机构的设置和人员配备应符合有利生产、提高效率、节约用人的原则,做到"精兵简政"。实行统一领导与分级管理、专业与群众相结合、以专业为主的管理体制。

一般情况下,三级管理的施工企业,企业劳动工资部门内应该设专门负责劳动定额管理工作的职能组,并配备专职人员,工程管理部门应根据具体情况成立劳动定额管理职能组或配备专职定额人员,施工队可配备专职定额人员,班组可设定兼职定额员。企业专职定额人员的队伍要保持相对稳定,并应加强对定额人员的培训工作。

建筑企业劳动定额管理部门的主要职责:认真贯彻执行上级颁发的劳动定额和有关定额管理的方针、政策和指示,并经常宣传劳动定额的意义和作用;负责编制企业补充劳动定额，审批本企业临时定额，参加上级组织的劳动定额制定工作或提供必要的资料；做好调查研究，组织技术测定，积累劳动定额资料；经常深入基层和工地现场，检查劳动定额执行情况，帮助基层定额人员解决疑难问题，帮助工人提高工效，挖掘企业劳动潜力；认真抽查施工预算和施工任务书中劳动定额部分，了解完成劳动定额的实际情况，做好有关劳动定额的统计分析工作，按时填报规定的劳动定额报表；负责全公司劳动定额技术业务的培训工作，组织有关人员学习劳动定额知识，交流管理经验，开展业务竞赛，不断提高操作技术和劳动定额管理水平。

基层劳动定额管理人员的主要职责：认真贯彻执行上级颁发的劳动定额和管理办法，做好劳动定额的宣传解释工作，采取有效措施，帮助工人达到或超过劳动定额；负责培训班组定额员，组织有关人员学习劳动定额，不断提高操作技术和定额管理水平；经常收集重点工程项目的劳动定额资料，组织技术测定，参加上级组织的劳动定额制定工作或提供必要的资料；负责制定和申报一次性临时劳动定额，压缩计时工，扩大定额执行面。审核施工任务书中采用的劳动定额项目，协助工长进行劳动定额交底，并参加竣工验收，结算超额奖金和计件工资。建立劳动定额统计和施工任务书登记台账，及时填报劳动定额日报，按日、旬、月公布班组劳动定额完成情况。

工人班组不脱产定额员的主要职责：协助班组长合理组织劳动，推广先进操作技术，使班组达到或超过劳动定额。正确填写班组工时记录，及时统计劳动定额完成情况，并提出分析意见。收集班组对劳动定额工作的意见，及时表扬执行劳动定额中的好人好事，负责班组奖金及计件工资的分配工作。

6. 劳动定额管理制度的建立

劳动定额管理制度是企业职工在劳动定额工作方面的行动规范和准则，主要包括以下方面：

劳动定额的制定、修订以及补充定额和调整定额水平的审批制度。定额管理业务人员的考核制度。定额的监督、定期和不定期的检查制度。生产工人班组考勤、工程用工记录制度。定额完成情况定期报告制度。施工任务书的签发、验收、结算制度。计件工资或生产奖金管理制度。定额管理原始记录保存制度等。

7. 贯彻执行施工任务书制度

施工任务书（单）是建筑企业基层生产单位（如工程项目部或作业队）向生产工人班组下达施工任务的指令，是工人班组组织施工生产的凭证，也是贯彻执行劳动定额的主要形式。它有以下几方面的主要作用：组织实施基层施工单位生产作业计划的主要方法；劳动定额管理的一个重要手段；计算计件工资或生产奖金的主要依据；进行成本核算的重要依据；可以正确、及时地提供工人班组出勤、工时利用、劳动效率等原始资料，有利于促进基层的成本核算。

施工作业计划通过施工任务书落实到班组和个人。劳动定额也是通过施工任务书来贯彻执行。因此，施工作业计划、施工任务书、劳动定额三者是相辅相成的，一环扣一环，相互之间有着密切的联系。

施工任务书的编制：施工任务书的编制要与月、旬作业计划紧密结合，保证月、旬作业计划的完成。任务书原则上按工种、按分部分项工程签发到班组包干完成（工程较大、工期较长的单位工程可分批签发）。跨月的任务书，月终可预支工人工资，竣工后统一核算。

施工任务书签发一式两份。一份下达班组；一份定额员保存备查。

生产班组根据施工任务书进行生产。如果由于客观条件变化，生产班组需要执行其他任务时，施工员（或工长，下同）须在当天补签新任务的施工任务书。

计时用工，应由施工员签发计时任务书（或发计时工票）。

施工任务书的主要内容：包括工程数量、工期要求、劳动定额、质量安全要求及施工注意事项等。

施工任务书的签发流程：先由施工员根据施工预算或作业计划填写施工任务书中的单位工程名称、生产班组、分部分项工程名称及工作内容、计量单位、定额编号、调整系数、计划工程量、材料用量、计划开竣工日期及技术措施、操作方法、质量安全要求等，然后交定额员或材料员。定额员接到施工任务书后，立即进行编号登记，核对定额编号，填写每工产量和时间定额，计算计划定额工日数等，然后交材料员签发定额用料单，并将任务书交还施工员，以便向生产班组下达任务。

施工员向生产班组下达任务时，应进行任务交底、技术交底、质量安全交底，讲明施工注意事项等。

生产班组接受任务后，班组长应组织班组成员讨论任务要求，熟悉工程图纸，研究制定完成和超额完成的措施，然后将任务书交班组兼职定额员记工。班组兼职定额员填写实际开工日期，按分部分项工程做好逐日实际用工记录。

施工任务书的回收与结算：施工任务书完成后，由施工员及时会同质量安全员、生产班组长按任务书进行实地验收。

施工员计算实际完成工程量，填写实际竣工日期，然后由质量安全员进行质量鉴定签证。

生产班组兼职料具员办理退料手续，材料员进行材料核算。

定额员按实际完成工程量计算定额工日，按实际用工核算工效，并登记任务书台账。

财务员结算工资。

施工任务书的管理以生产计划部门为主，劳资、材料、技术、机械、动力等部门配合。上述施工任务书的签发过程是由施工员签发交底、竣工验收，定额员核算使用定额，但有的单位是由施工员和定额员共同签发、验收。

8. 劳动定额的修订

劳动定额的修订分为定期修订和不定期修订两种；全国统一定额和地方定额可采取定期修订，企业内部定额可采取不定期修订。一般在下列情况下需要对劳动定额进行不定期的修订。

个别定额项目明显偏高偏低且不合理。定额规定的工作内容与实际有较大差别，定额项目划分不妥。定额规定的工种技术等级与实际工人技术等级差距太大。生产技术组织条件（如机具、设备等）发生显著变化等。

9. 劳动定额资料积累

劳动定额资料积累是劳动定额管理中一项很重要的工作，包括两方面的定额资料积累：一方面是数字材料的积累；另一方面是有关定额方面活的情况积累，如工人对完成定额的思想反映、技术操作熟练程度、劳动组织和技术革新等情况。

10. 劳动定额检查

劳动定额检查的目的是通过检查，提高执行定额的准确性，及时纠正存在的问题。可以采用定期检查和不定期的抽查。检查的内容主要包括：定额管理办法或定额实施细则执行情况。各种定额管理制度是否健全。定额子目套用准确性和系数采用恰当程度。实际执行定额人数占应执行定额人数的比例。定额执行面和定额完成水平。定额资料积累和各种台账登记是否及时、有条理。施工任务书签发、验收、结算是否准确及时。计件工资或生产奖金是否按时兑现等。

11. 劳动定额册的查阅

建筑企业安装工程结构复杂、种类繁多，因此，劳动定额的内容多、篇幅较大。通常熟悉查阅现行定额可按以下顺序进行：

总说明是各分册共性的内容：定额的适用范围、定额规定的工作内容、工程质量和施工安全要求、其他有关规定。分册说明是各分册特性的内容：分册定额使用的范围、分册定额的工作内容、分册定额的质量要求、分册定额的工程量计算、分册定额中的有关规定、分册定额规定的小组成员和技术平均等级。

12. 劳动定额的统计与分析

劳动定额的统计与分析是劳动定额管理的一项很重要的日常工作，因此，必须做到准确、及时。

执行劳动定额面的统计。劳动定额面是指应执行劳动定额的生产工人中实际执行定额的人数或工数与应执行定额的人数或工数之比。计算公式为：

按人数计算

$$定额面 = \frac{实际执行定额人数}{应执行定额人数} \times 100\%$$

按工数计算

$$定额面 = \frac{实际执行定额工人的实用工日数总和}{应执行定额工人实际出勤工日数总和} \times 100\%$$

完成劳动定额水平的统计。完成劳动定额水平是指生产工人在单位时间内生产某种产品或完成某道工序达到定额的程度。其计算公式为：

$$完成劳动定额水平 = \frac{定额工日}{实用工日} \times 100\%$$

定额工日是指在报告期完成的实际验收工程量按劳动定额计算所需的工日。实用工日是指在同一报告期完成的实际验收工程量所实际耗用的工日。

劳动定额完成情况的分析。定额完成情况统计资料只能反映其数量的现象，不能反映定额完成情况的内在联系和它的本质，所以还要进行文字分析。可以着重从以下方面进行分析：①施工管理；②工时利用；③工人的技术操作熟练程度；④气候等自然条件；⑤施工环境和产品质量；⑥劳动组织和操作方法；⑦定额水平；⑧生产工具、设备和材料供应等。

16.3.2 劳务报酬管理

1. 劳务报酬的含义

（1）劳务报酬的概念

劳务报酬是指个人独立从事各种非雇佣的劳务工作所得，是根据个人提供的服务性劳动数量和质量支付的劳务工作的报酬。劳务报酬是相对劳动报酬而言的概念，通常是指劳动合同之外的非劳动合同用工报酬，不一定是服务的形式。比如：单位使用的退休返聘员工、聘请的临时性工作人员、劳务派遣人员等，为其支付的报酬。

（2）劳务报酬与工资薪金的区别

从劳动合同、劳务合同的不同来看，劳动合同关系下，劳动者作为用人单位的一个成员，在内部受劳动规则的约束，根据用人单位需要进行劳动，并根据劳动者的职级、能力获得相应的工资薪金，同时用人单位要根据劳动法律、法规及合同约定提供相应的劳动条件、社会保障和福利待遇，这些统称为劳动报酬。劳务合同关系下，约定的是一方提供劳务另一方给付报酬，个体是在自治的原则下，根据合同约定事项自主安排劳动内容，劳动者不受支付报酬一方的管理，劳动者服从于合同约定的劳务事项，个人因与用人者之间存在这种劳动关系而取得的报酬就是劳务报酬所得。

从适用的法律规范来看，劳动合同由劳动法律规范来调整，而劳务合同由民事法律规范来调整。

在劳动合同的履行过程中，劳动者必须参加到用人单位的劳动组织中去，担任一定的职务或工种，服从用人单位的行政领导和指挥，遵守劳动纪律，双方存在隶属关系。劳务合同中提供劳务的一方不受用人单位的行政领导和指挥，双方不存在隶属关系。

如果从事某项劳动服务取得的报酬是以工资薪金形式体现的，如演员从其所属单位领取工资，教师从学校领取工资，就属于劳动报酬，而不属于劳务报酬。如果从事某项劳动服务取得的报酬不是来自聘用、雇佣或工作单位，例如演员"走穴"演出取得的报酬，教师为企事业单位提供咨询、授课等取得的收入，就属于劳务报酬。

本书所研究的劳务报酬主要是指建筑企业劳务用工人员从事建筑施工劳务所获得的报酬，即我们通常所说的"进城务工人员工资"或者"劳务费"。

2. 建筑施工企业劳务报酬

目前关于建筑企业劳务报酬管理及支付通常有以下几种模式：

（1）劳务外包管理模式

建筑企业将劳务费外包给有资质的劳务公司，定期根据工程进度支付工程款，具体施工劳务人员的报酬由劳务分包单位自行分配发放。

（2）建筑施工企业自有班组管理模式

根据工作量和工期要求对自有班组下达承包任务单，按月对班组进行结算，班组内按技术水平高低进行分配造单，采用实名制银行打卡形式进行发放。

（3）建筑施工企业外来劳务承包队管理模式

在内部劳务班组不能满足需要的前提下，引进成建制的外来劳务承包队进行劳务承包的管理模式。劳务费的发放形式根据签订的外来劳务承包协议，每月下达承包任务单，根据外来劳务承包队每月考勤表和分配单将结算的劳务费用造表直接支付给外来劳务承包队的承包人，再由承包人自行支付其所雇佣人员的劳务费。

采用劳务分包用工模式，由劳务分包企业从施工总承包或者专业承包企业的工程项目中分包劳务作业，一般在二三级建筑市场中承揽业务。在施工过程中，劳务作业的质量、安全等由劳务分包企业负责，劳务分包企业要有完善的管理模式，能够对雇佣的劳务工人进行规范管理。同时应该具有一定的经济、技术实力，能够对劳务工人进行技术培训，能够抵御一定的经营风险等。劳务分包企业劳务输出的形式主要有两种：一种是根据施工总承包企业或者专业承包企业的施工需要，零散地提供作业人员，作业人员由施工总承包企业或者专业承包企业安排作业。一种是成建制的劳务分包，指以企业的形态从施工总承包企业或专业承包企业处分项、分部或单位工程地承包劳务作业。

在劳务分包模式下，施工总承包企业或专业分包企业将其承揽工程中的劳务作业分包给劳务分包企业，完成工程项目所需劳务报酬由施工总承包企业或专业分包企业按工程量或按月将建筑劳务用工劳务费拨付给劳务分包企业，再由劳务分包企业发放到各个劳务人员手中。

采用施工企业自有劳务班组作业模式。由施工企业的管理人员、技术人员、生产骨干及具有熟练的劳动生产技能的劳务人员或与施工企业签订劳动合同的其他零散劳务人员的劳务队伍组成，改变了以往管理层与作业层脱节的管理模式，有利于工程的进度、质量和安全控制。企业自有劳务班组作业模式是在施工企业直接雇佣劳务用工模式的基础上发展而来。减少自有劳务人员，保留部分精通技术与管理的劳务人员形成劳务作业班组，与其签订长期正式劳动合同，发挥领工员、安全员、监督员、质量员等人员的作用，既满足了多余职工的就业问题，又改善了管理监督环节薄弱等问题。在这种模式下，班组长在班组内拥有较大权威，带领组员发展劳务队伍，对外承包公司项目建设，承包公司将项目建设所需劳务费拨付给劳务班组，再由班组长发放到个人。

在企业内部劳务班组不能满足需要的情况下引进外来劳务承包队承接企业劳务工程。外来劳务承包队一般要坚持"先评审、后使用"的原则。评审合格的可以在建筑企业承包劳务工程，签订承包协议，下达承包任务单，每月按照施工工程量进行结算，根据外来劳务承包队所雇佣人员的考勤和分配单进行造单发放劳务费。发放形式一般有两种：一种直接打给承包人，由承包人进行发放；另一种由承包人委托建筑企业对其所雇佣人员进行实名制打卡发放。

为了降低施工成本，目前绝大多数建筑企业都是采取的自有劳务班组承包和外来劳务承包队承包两种管理形式，这也是本章要重点阐述的两种劳务班组承包管理模式。

16.3.3　建筑企业自有劳务班组承包管理模式

1. 建筑企业自有劳务班组承包形式

（1）人工费用承包形式

在分部、分项工程开工之初，由各专业施工员负责按照施工图纸计算出实际工程量并提出材料计划；由成本核算部门套用定额，核算该分部、分项工程的人工费用总额。成本核算部门、项目经理、项目部其他相关人员以及班组长共同分析和商议后，签署人工费承包任务书并下达班组执行；同时下达限额领用材料计划，包括消耗性材料限额领用计划。

（2）综合单价承包形式

对于建筑企业业绩比较多的分部、分项工程，如：房建钢结构、窑炉砖结构及钢结构、常用钢结构、通用设备安装等施工内容，企业应定期发布综合单价。各项目部可据此综合单价为指导，以班组当月实际完成工作量乘以综合单价对班组进行费用结算。材料费、垂直及水平运输机械费的核算方式应在承包任务书中明确。企业要逐步收集、整理综合单价的资料和信息，逐步扩大信息发布范围和适用范围，稳步推进。

(3) 判工制承包形式

对于不适用于1、2款承包形式,且任务量较小、施工范围比较明确,施工工期较短的分部、分项工程,可以采用判工制承包管理形式。班组以其他形式承包期间,如需增加临时性工作,也可采取判工制的管理形式,调整该班组的承包内容和承包费用总额。

判工制应明确工作内容、作业范围、人员数量、作业时间等。由专业施工员与相关人员依据有关资料及过往施工经验,判定费用总额,报项目经理批准、经成本核算部门备案后,下达班组执行;同时下达该分部、分项工程辅助材料限额领用计划。

(4) 计时工资制承包形式

在项目开工、配合试车(不含试压、吹扫等)、保驾护航等施工阶段,以及现场临时停工、技术攻关、现场培训等不便于实行承包考核的情况下,可采用计时工资制对班组进行考核。

实行计时工资制承包形式,应严格控制人数,严格控制作业范围和施工阶段,严格按照公司发布的班组人员日工资标准,依照实际出勤工日,按时发放。

无论采用何种承包形式,均须事前以书面形式下达给作业班组,不得事后补办。

2. 建筑企业自有劳务班组承包结算程序

承包班组的结算程序(包括月结和最终结算)。由专业施工员、质量员、安全员、劳务员、材料部长、工程部长、项目部负责人审核签署"专业工程中间(总)结算单",报工程技术质量安全管理部门、成本核算部门、主管经理核准;项目劳务员依据完成签署的"专业承包中间(总)结算单"和班组人员考勤表,按时编制工资(劳务费)发放单,由人力资源部门审核、主管经理、经理签署后统一发放。

3. 内部班组承包的分配方式及组员技能鉴定

班组月工资分配,宜按下列分配比例进行,班组长:带班技工:技工:普工:徒工=1.4:1.1:1.0:0.9:0.6;班组长可根据情况适当调整组员分配系数,但其本人不得突破相应分配系数。项目部针对施工现场临时性、突发性工作,招聘的临时雇工(力工),工资标准执行市场价;临时雇工费用在班组承包范围以内的,结算时,须从班组承包额中扣除。

承包结余分配:通过施工班组承包控制,每月发放工资(或劳务费)后,承包金额仍有结余的,结余部分按照下列原则分配:班组长可以获得不超过结余额总额60%的个人收益;剩余部分由班组长分配给其他组员。

班组人员补充,原则上以徒工为主。企业劳务管理部门招聘的徒工,在进场前,须接受集中的岗前培训,并取得培训合格证。没有取得培训合格证的徒工不得进入班组,人力资源部门不得造表发放劳务费。

为满足施工现场需要,班组确需补充技工或普工的,技工和普工的技能水平须得到认定。技工和学徒工的身份和岗位认定,应在人员进场10日内完成;技工或普工的岗位和身份认定工作,由项目劳务员组织,项目副经理、相关专业施工员及班组长参与,共同确定其技能水平和岗位身份;技工或普工认定工作结束后,由项目劳务员填写技工、普工(徒工)岗位认定表,相关人员签署后,报上级劳务管理部门备案。没有经过技能考核和岗位认定的技工、普工(徒工),不得造表发放劳务费。

技工、普工、徒工的工资标准由企业总部统一发布,各项目部参照执行。

4. 建筑企业自有劳务班组考勤、劳务费造单、审批管理

自有劳务班组所有组员均实行人脸识别考勤机和纸质考勤表相结合、以人脸识别考勤机电子版考勤为主的考勤办法。

所有进入项目务工的人员必须经项目劳资部门核实身份，并在考勤机上录入考勤信息，做到考勤机内人员信息与各自有劳务班组实有人员相一致。

每月月初各班组、项目专业施工员应向本项目劳资部门提供施工班组上月纸质考勤表，由项目劳资部门根据考勤机记录进行核对，建立出勤台账；详细记录进入施工现场人员姓名、身份证号以及进场、离场时间等信息，确保考勤表信息真实。

劳务费发放单必须以考勤表、班组承包协议、承包结算单和班组分配单为编制依据，由劳务员按月进行编制。

只有经与考勤机电子版考勤核对后的纸质考勤表才能作为编制工资或劳务费发放单的依据。

项目部班组承包结算单须经上级工程技术质量安全、成本管理部门审核批准后，方可作为班组分配的依据，不得突破班组承包协议金额。

项目班组分配单必须经本人签字，劳务员、施工员进行审核确认分配单与考勤表姓名和出勤一致后方可造单。

项目劳务费发放单单表须有制表人、项目经理审核签字；汇总表须有制表人、项目经理、机关人力资源科及主管领导签字，总经理批准。

劳务费发放单所有签字必须手写签字，不得电脑打印，财务部门凭签字完备的发放单方可进行发放。

5. 建筑企业自有劳务班组劳务费发放管理

严格实行劳务费发放实名制，发放单上姓名必须与用工协议及身份证相一致。

财务部门应建立劳务费支付清单台账，记录当月应发、预发、实发数额，确保工资和劳务费直接支付到本人。

劳务费发放一律采用实名制银行卡打卡发放。自有劳务班组人员在离开现场前，应将本人的身份证、银行卡复印件，经本人签署后交项目财务人员。

劳务费发放的特殊情况：自有劳务班组为突击抢工完成某项施工任务，从当地或外部临时招用劳务人员参与项目施工，完工后人员离场，要求必须马上结清工资，按正常结束程序劳务费不能及时发放时，可以走抢工、抢修劳务费发放流程。由项目劳务员根据临时结算单制《抢工、抢修项目劳务费发放单》，项目经理、各生产单位经理审核、总经理审批后，当事人在领款栏签字，财务通过银行支付给承包人或者相关人员并直接计入人工费成本。

关于项目部班组长预借生活费以及预支部分人员工资问题，由于很难确定借款金额大小，项目部原则上不介入班组长对自有劳务班组人员的借款。如果的确发生此种类型的借款，班组长在做劳务费分配单时可给相应人员予以扣除。借款不在劳务费发放单上反映，然后班组长提供劳务发票，财务直接支付到班组长银行卡。

针对少数人员因各种原因确实办不了银行卡，如情况属实，可由劳务人员本人填写委托付款申请书，由项目经理、生产单位总经理签字后，劳务费可以支付到相关人员直系亲属银行卡。

16.3.4 建筑企业外来劳务承包队承包管理模式

1. 外来劳务承包队伍评审

当建筑企业自有劳务队伍不能满足施工需要时,可以引进外来成建制的劳务承包队承接建筑企业的劳务工程。以规避使用"包工头"组织的零散无承包造成的经济损失和用工风险。但使用前必须对外来成建制劳务队伍进行评审,评审合格的外来劳务承包队伍才能在建筑企业内部进行劳务工程承包。

(1) 外来劳务承包队的使用原则

外来劳务承包队必须坚持"先评审,后使用"的原则,严禁未经评审或评审不合格的外来劳务承包队在企业内部进行劳务工程承包。

(2) 外来劳务承包队评审内容

建筑企业要从以下几个方面对外来劳务承包队伍进行评审:

劳务承包队伍的实力:承包人素质、组织管理水平、劳务队伍人员构成,技术骨干力量、特殊作业人员及持证情况等。

风险控制能力:承包人及成员安全风险防控意识,现场安全防控知识,承包人是否为其雇佣的人员购买意外伤害保险等。

施工经验:考察外来劳务承包队伍有无同类型劳务工程的施工经验及业绩情况。

履约能力:考察外来劳务承包队能否按期、保质保量完成承包合同,是否有拖欠其雇佣人员的工资行为等。

2. 外来劳务承包队伍承包、结算程序

(1) 外来劳务承包队的承包方式

人工费承包,同自有劳务班组承包方式,每月按实际完成的工程量进行结算。

综合单价包干,同自有劳务班组承包形式,但是在决算款扣除管理费及税金后支付给外来劳务队承包人,企业所付的价款应综合考虑各项费用,其中包括但不限于一切保险及所有福利等费用。

(2) 外来劳务承包队的管理

日常巡查考核:基层单位人力资源部门应会同工程项目部,就外来劳务承包队的用工管理、现场管理、安全管理等内容进行经常性巡查。对巡察中发现的问题,要及时开具"整改单"并督促其整改;逾期不改进行处罚。

当承包合同履行结束后,项目部要组织相关人员,就外来劳务承包队的施工能力、履约诚信、现场管理等方面进行综合评价,并形成结论上报所属单位劳资科备案。

外来劳务承包队应与所雇佣的劳务人员签订"人员使用协议",同时建立人员名册,并报项目部所属单位备案。

外来劳务承包队须为所雇佣劳务人员购买意外伤害保险等相关商业保险,并承担相应责任。项目所属单位应督促项目部监督落实。

外来劳务承包队在现场必须实行限额领料,节约不奖励,超支自担。

(3) 外来劳务承包队承包结算及付款方式

每月按实际完成的工程量进行进度结算,经项目部审核后,扣除当月发生的费用,按审定承包结算款的90%支付结算款,待工程结束验收后,由外来劳务承包队将结算资料报项目部审查，同时移交有关竣工资料，按项目部的结算程序办理完结算后，项目部按审核后结算价支付剩余承包款。

外来劳务承包队以工程款的形式支付劳务费。所在基层单位（项目部）依据"专业承包中间（总）结算单"，以工程款形式支付给劳务公司；劳务公司再以劳务工程款的形式支付给外来劳务承包队。外来劳务承包队应将所属人员签字确认的"劳务费分配单"报劳务公司备案。

16.3.5　建筑企业劳务报酬管理存在问题及改进措施

随着市场经济的不断发展，我国建筑业正处在蓬勃发展中，建筑施工队伍在日益壮大，建筑企业的劳务报酬管理工作也受到了极大的重视，各建筑企业和单位对建筑企业劳务管理工作开展了积极的服务工作，取得了一定的成绩，但也存在各种各样的问题，本节主要介绍这些存在的问题及解决办法。

1. 建筑企业劳务报酬支付存在问题

少数建设单位盲目贪大投资规模，在资金没有筹措到位的情况下，急于施工，使得建设单位与施工企业资金链不能形成良性循环。而建设单位又没有足够的资金满足施工企业工程进度的需要，施工企业也没有雄厚的资金垫付，往往形成大量的工程款不能按时拨付到位。由此引起的拖欠进城务工人员工资案件占到了受理案件的35%，涉及人数多，拖欠数量大，是建筑领域拖欠克扣进城务工人员工资的根本原因。

建筑施工领域管理不规范、措施不到位，导致非法分包、转包现象普遍存在。一些既没有资质又没有资金担保能力的"包工头"（即自然人）私自招揽进城务工人员在建筑企业务工，当这些"包工头"亏本时，便把负担转嫁给进城务工人员，导致进城务工人员的血汗钱无从着落。

建筑施工单位劳动用工行为不规范。一些建筑企业拒不与进城务工人员签订劳动合同，而是要求进城务工人员与项目部、包工头签劳务承包协议，包工头与进城务工人员之间又往往是一种"口头协议"。一旦拖欠工资现象发生，往往空口无凭。

工资支付制度不完善。不少施工企业未把进城务工人员工资直接支付给进城务工人员，而是按劳务协议付给"包工头"，而"包工头"不按月支付进城务工人员工资，只发给一定的生活费，余款年底一次性结清。年底时若包工头一走了之，施工企业又不掌握施工一线工人的出勤和工资发放情况，进城务工人员工资就没了着落。

2. 建筑企业劳务报酬支付问题的改进措施

根据《保障农民工工资支付条例》《建筑工人实名制管理办法（试行）》有关规定，并结合企业工程项目管理实际，加强进城务工人员实名制管理。

建筑企业在进行总承包合同谈判时，应将工程款计量周期、工程款进度结算、人工费用拨付比例、人工费用拨付周期、人工工资每月足额支付时间以及违约责任等事项作为建设方责任列入谈判议题，并在总承包合同中予以明确约定。其中建设方对人工费用拨付周期不应超过1个月。应将实施进城务工人员实名制管理所需费用列入安全文明施工费和管理费。

根据总承包相关规定，在组织分项（部）工程分包时，应在分包合同中明确约定：对分包单位实名制管理有关要求以及违约责任；分包工程款与人工费应分开支付；分包单位应与其使用的进城务工人员签订《劳动合同》，且《劳动合同》中应载明工资支付周期、工资计算标准、进城务工人员实名制具体要求等条款；分包单位使用的进城务工人员工资应由公司所成立的总承包项目部通过专用账户进行代付；分包合同中设置缴纳进城务工人员工资保证金条款，指导总承包项目部推行智慧工地建设。

二级以上项目应设置项目专职劳务员，具体负责项目实名制管理工作。

项目部劳资部门应严把人员入口关。除企业自有职工外，项目部其他劳务人员进场必须百分之百签订协议。

要求分包单位在其人员进场后一周内，向项目部提交其与进城务工人员所签订的劳动合同（协议书），并存档备案。

做实项目考勤管理，实行以电子考勤为主，与纸质考勤相结合的方法。推行智慧工地建设的总承包项目，应利用智慧工地实名制管理系统，通过人脸识别闸机考勤，生成系统考勤数据。项目部不得为没有考勤记录的人员代发工资（劳务费）。

建立项目书面工资支付台账。支付台账应当包括单位名称、支付周期、支付日期、支付对象姓名、身份证号码、联系方式、工作时间、应发工资项目及数额、代扣、代缴、扣除项目和数额、实发工资数额、银行代发工资凭证或者进城务工人员签字等内容。

应留存的电子纸质考勤、花名册、工资单、支付台账等相关资料。工程项目完工且工资全部结清后，应提交所在基层单位人力资源部门存档，存档时间不少于3年。

3. 加强分包单位工资代发支付管理

（1）要求分包单位进城务工人员按照项目所在地政策主动配合办理银行卡；

（2）要求分包单位根据月度工程量结算单以及人员考勤编制工资单。工资单应由分包单位项目负责人签字，加盖分包单位印章，经进城务工人员本人签字确认后，提交项目部劳资部门，同时应提供与班组的承包协议（或口头协议价）；

（3）要求分包单位提供代发《进城务工人员工资委托书》。

4. 加强对外来劳务承包队实名制管理

（1）外来劳务承包队所雇佣人员的劳务费统一由劳务公司通过银行卡代发，此项内容在外来劳务承包队的承包协议中予以明确；

（2）外来劳务承包队根据月度工程量结算以及人员出勤，每月向项目劳资部门提供劳务费分配单，如有分配剩余，则该部分可直接支付承包人；

（3）项目劳资部门要对外来劳务队提供的劳务费分配单进行审核，确保人员姓名、考勤做到实名制。

5. 按照项目所在地有关规定开设进城务工人员工资专用账户

专用账户开设、使用有关资料由项目所在单位妥善保存备查。已经设立工资专用账户的总承包项目，应通过专用账户代发进城务工人员工资。暂未设立工资专用账户的项目，分包单位进城务工人员工资经项目部及所在单位审核后，由总承包企业财务代发。

6. 在现场设立维权信息告示牌，明示有关事项

（1）建设单位、施工总承包单位及所在项目部、分包单位、相关行业工程建设主管部门、劳资专管员等基本信息；

（2）项目所在地最低工资标准、工资支付日期等基本信息；

（3）相关行业工程建设主管部门和劳动保障监察投诉举报电话、劳动争议调解仲裁申请渠道、法律援助申请渠道、公共法律服务热线等信息。

16.3.6 劳务公司会计及税务管理

1. 建筑劳务公司的会计处理

建筑劳务公司是随着我国改革开放不断深入和发展的基础上出现的新生事物，它是依据劳动市场的需求，在建筑企业用工单位进行劳务分包的企业组织。

（1）建筑劳务公司会计的作用

随着经济活动的进一步发展，会计在建筑劳务公司中所起的作用日益提高，会计不仅仅是记账，开凭证，而是成为劳务公司经济管理活动的一部分。

从企业角度分析，会计信息的形成对于劳务公司管理者绩效的反映及其报酬的取得、债务契约的签订、投资者的回报以及维护企业形象等多方面都有重要作用。一个企业的管理层的绩效，能否通过有效的管理为企业创造利润，必须通过会计信息反映，会计信息可以准确地从各项指标对其进行评价。当企业要进行贷款时，信贷机构最关注的就是企业的会计信息。通过对会计指标的分析，信贷机构可判断出该企业的发展前景如何，是否可以与企业签订债务契约。

从个人角度分析，依据会计信息，投资者可以形成对企业的监督，并确定自己选择股票的方式。投资者最关注的莫过于该企业的财务状况，企业能否取得利润直接关系到其能否取得相应的投资回报。

从政府角度分析，政府可以根据会计报表的汇总信息进行有效的宏观调控，决定资源和利益的分配，使国家的经济健康、有序的发展。

（2）劳务公司会计核算的四个基本假设

会计基本假设是企业会计确认、计量、记录和报告的前提，是对会计核算所处时间、空间环境等所作的合理设定。会计基本假设包括会计主体、持续经营、会计分期和货币计量。

1）会计主体（会计实体、会计个体）

会计主体指的是会计核算服务的对象或者说是会计人员进行核算（确认、计量、报告）采取的立场及空间活动范围界定。组织核算工作首先应明确为谁核算的问题，这是因为会计的各种要素，例如，资产、负债、收入、费用等，都是同特定的经济实体，即会计主体相联系的，一切核算工作都是站在特定会计主体立场上进行的。如果主体不明确，资产和负债就难以界定，收入和费用便无法衡量，以划清经济责任为准绳而建立的各种会计核算方法的应用便无从谈起。因此，在会计核算中必须将该主体所有者的财务活动、其他经济实体的财务活动与该主体自身的财务活动严格区分开，会计核算的对象是该主体自身的财务活动。

以会计主体作为会计的基本前提条件，对会计核算范围从空间上进行了有效的界定，有利于正确地反映一个经济实体所拥有的财产及承担的债务，计算其经营收益或可能遭受的损失，提供准确的财务信息。

2）持续经营

如果说会计主体作为基本前提是一种空间界定，那么持续经营则是一种时间上的界定。将持续经营作为基本前提条件，是指企业在可以预见的将来，不会面临破产和清算，而是持续不断地经营下去。既然不会破产和清算，企业拥有的各项资产就在正常的经营过程中耗用、出售或转换，承担的债务也在正常的经营过程中清偿，经营成果就会不断形成，这样核算的必要性是不言而喻的。这是从第一条基本前提引申出来的，也就是说，组织会计核算工作，必须明确核算的主体，即解决为谁核算的问题；其次还必须明确时间范围，核算主体是持续不断地经营的。否则，组织核算工作的必要性就不存在了。

持续经营对于会计十分重要，它为正确地确定财产计价和收益，为计量提供了理论依据。只有具备了这一前提条件，才能够以历史成本作为企业资产的计价基础，才能够认为资产在未来的经营活动中可以给企业带来经济效益，固定资产的价值才能够按照使用年限的长短以折旧的方式分期转为费用。对一个企业来说，如果持续经营这一前提条件不存在了，那么一系列的会计准则和会计方法也相应地会丧失其存在的基础，所以，作为一个会计主体必须以持续经营作为前提条件。

3）会计分期

会计分期这一前提是从第二条基本前提引申出来的，也可以说是持续经营的客观条件。

企业的经营活动从时间上来看是持续不断的，但会计为了确定损益编制财务报表，定期为使用者提供信息，就必须将持续不断的经营过程划分成若干期间。会计期间一般按照日历时间划分，分为年、季、月。会计期间的划分是一种人为的划分，实际的经济活动周期可能与这个期间不一致，有的经济活动可以持续在多个会计期间。但是，与企业有利益关系的单位或个人都需要在一个期间结束之后随时掌握企业的财务状况和经营成果，而不可能等待全部经营过程完结之后再考察企业经营成果。所以，将划分会计期间作为会计的基本前提是由持续经营和及时提供信息的要求决定的。

4）货币计量

用货币来反映一切经济业务是会计核算的基本特征，因而也是会计核算的一个重要性的前提条件。选择货币作为共同尺度，以数量的形式反映会计实体的经营状况及经营成果，是商品经济发展的产物。会计计量是会计核算的关键环节，是会计记录和会计报告的前提，货币则是会计核算的统一尺度。企业经济活动中凡是能够用这一尺度计量的，就可以进行会计反映，凡是不能用这一尺度计量的，则不必进行会计反映。

（3）劳务公司会计的六大要素

根据我国企业会计准则的规定，劳务公司企业会计要素可以分为6项：资产、负债、所有者权益（股东权益）、收入、费用、利润。其中：前3项要素与资产负债表中财务状况的确认直接联系，是企业财务状况的静态反映；后3项要素与利润表中的经营业绩的确认计量联系，是从动态角度反映企业的经营成果。

1）资产

资产通常分为流动资产和固定资产两大类，前者如货币资产、存货、应收账款等，后者如长期投资、房屋设备等。根据经济周转特性的不同，资产可以分为流动资产、长期投资、固定资产、无形资产和递延资产等。另外，根据特殊的目标，资产又划分为非金融资产和金融资产，货币性资产和非货币性资产等类别。

劳务公司的资产主要有：货币资金（现金、银行存款等）、应收账款、其他应收款、存货、固定资产、无形资产、在建工程及临时设施等。

2）负债

负债一般按其偿还速度或偿还时间的长短划分为流动负债和长期负债两类。流动负债是指将在 1 年以内（含 1 年）或一个营业周期内偿还的债务，主要包括短期借款、应付票据、应付账款、预收货款、应付工资、应交税金、应付利润、其他应付款、预提费用等。长期负债是指偿还期在 1 年以上（不含 1 年）或一个营业周期以上的债务，包括长期借款、应付债券、长期应付款等。

3）所有者权益（股东权益）

负债和所有者权益（股东权益）构成了企业资本的来源。所有者权益（股东权益）就是投资者对企业净资产的所有权，又称为股东权益。所有者权益（股东权益）是所有者对企业资产的剩余索取权。

4）收入

收入是指企业在日常活动中形成的、会导致所有者权益（股东权益）增加的、与所有者投入资本无关的经济利益的总流入。因此，收入是会计活动带来的结果。

5）费用

有投入才有产出。如要销售产品，必须先生产出产品，为此，要消耗各种材料，支付工人工资，生产车间为组织管理生产也要发生各项制造费用；行政管理部门要支付各种管理费用；为销售产品要支付销售费用；筹集生产经营资金要支付财务费用；还会发生与生产经营没有直接关系的营业外支出。此外，企业应缴纳的所得税也是一项费用。总之，费用的名堂可谓五花八门，令人应接不暇。会计上，费用是指企业在日常活动中发生的、会导致所有者权益（股东权益）减少的、与向所有者分配利润无关的经济利益的总流出。

6）利润

利润是指企业在一定会计期间的经营成果，是一种收获。如果企业实现了利润，表明企业的所有者权益（股东权益）将增加，业绩得到了提升；反之，如果企业发生了亏损（即利润为负数），表明企业的所有者权益（股东权益）将减少，业绩下滑。从数值上看，利润就是收入（包括利得）减去费用（包括损失）之后的净额。其中，收入减去费用后的净额反映的是企业日常活动的经营业绩，直接计入当期利润的利得和损失反映的是企业非日常活动的业绩。

$$收入-费用+利得-损失=利润$$

《中华人民共和国会计法》和《企业财务会计报告条例》对会计六大要素的实质内涵做了全面、详尽的规定，并根据新情况对其赋予了新的内涵。只有认真学习领会、准确把握并依据会计要求对经济事项进行正确地确认、计量和记录，才能为企业会计核算工作打下坚实的基础。

（4）劳务公司人工成本的账务处理

1）工资薪金相关会计科目设置

根据财政部 2014 年最新修订的《企业会计准则第 9 号——职工薪酬》，工资核算应通过应付职工薪酬以及科目，根据核算的内容，分别设置"工资""社会保险费""住房公积金""职工福利费""职工教育经费""工会经费""非货币型福利""辞退福利""股份支付"等二级科目。

2) 工资的核算与会计分录

工资薪金一般按照不同的部门，由人力资源部（小企业也有由财务部的）编制工资分配明细表，财务部据此进行工资的计提。

① 分配或者计提工资会计分录如下：

借　生产成本、管理费用、制造费用、销售费用、在建工程等。

贷　应付职工薪酬：工资。

② 每月还需进行五险一金的计提，会计分录如下：

借　生产成本、管理费用、制造费用、销售费用、在建工程等。

贷　应付职工薪酬：社会保险费（单位）。
　　应付职工薪酬：住房公积金（单位）。

③ "职工福利费""职工教育经费""工会经费"每月不再根据工资进行计提，实际发生时通过应付职工薪酬科目核算，据实列支，分录如下：

借　生产成本、管理费用、制造费用、销售费用、在建工程等。

贷　应付职工薪酬：职工福利费、职工教育经费、工会经费。

④ 每月发放工资会计分录

包括代缴的社保费、公积金、个人所得税、水电费等。

发放工资：

借　应付职工薪酬——工资。

贷　银行存款/库存现金。

其他应付款：社会保险费（代扣代缴的个人承担）、住房公积金（代扣代缴的个人承担）。

其他应收款：代垫费用（代垫的水电费等）。

应交税费：应交个人所得税。

支付社保费、住房公积金、代垫费用：

借　应付职工薪酬：社会保险费（单位）、住房公积金（单位）。

其他应付款：社会保险费（代扣代缴的个人承担）、住房公积金（代扣代缴的个人承担）。

其他应收款：代垫费用（代垫的水电费等）。

贷　银行存款。

缴纳个人所得税：

借　应交税费：应交个人所得税。

贷　银行存款。

⑤ 解除与员工的劳动关系给予的补偿会计分录

计提解除劳动关系补偿金：

借　管理费用等。

贷　应付职工薪酬——辞退福利。

支付补偿金：

借　应付职工薪酬——辞退福利。

贷　银行存款/库存现金。

应交税费——应交个人所得税。

一次性补偿如果超过当地上年职工社会平均工资 3 倍数额的部分，要计征个人所得税。以公司开具的劳动关系名单和补偿金审批表作为记账凭证的附件。

⑥ 代垫各种费用

取得水电费用发票或收据，同时出纳传来的银行转账支票存根——编制记账凭证。

借　其他应收款——代垫费用。

贷　银行存款。

⑦ 以自产产品当作福利发放给员工

借　生产成本、管理费用。

贷　应付职工薪酬：非货币性福利。

借　应付职工薪酬：非货币性福利。

贷　主营业务收入。

　　应交税费：应交增值税（销项税额）。

借　主营业务成本。

贷　库存商品。

⑧ 购买商品发放福利

审查商品发票和公司批准的福利发放表——编制记账凭证。

借　生产成本、管理费用。

贷　应付职工薪酬：非货币性福利。

借　应付职工薪酬：非货币性福利。

贷　银行存款、应付账款等。

⑨ 将拥有的汽车等资产无偿提供给部门经理以上职工使用，或租赁住房等资产供职工无偿使用

审核公司批准文件、骑（汽）车发票、房屋租赁合同、租赁发票等——编制记账凭证。

借　管理费用、生产成本。

贷　应付职工薪酬：非货币性福利。

借　应付职工薪酬：非货币性福利。

贷　累计折旧。

其他应付款（租金）

⑩ 日常零星工资性支出

收到人力资源部门开具的零星工资支出证明单——编制记账凭证。

借　应付职工薪酬。

贷　库存现金。

2. 建筑劳务公司承接业务的财税处理

建筑劳务公司合法承接业务有如下几种方式：

第一：建筑劳务公司与施工总承包单位、专业承包单位和专业分包单位签订纯劳务作业的分包合同。

第二：劳务公司转型为专业作业的劳务公司，那么专业作业的劳务公司与班组长或自然人包工头签订内部承包协议。

第三：劳务公司与施工总承包单位、专业承包单位和专业分包单位签订含有部分辅料和纯劳务部分的劳务分包合同。

第四：劳务公司转型为具有不同专业作业资质的劳务总承包企业，那么劳务公司与不同专业作业的个体工商户或小微企业签订的专业作业分包合同是合法的。

建筑劳务公司与施工总承包单位、专业承包单位和专业分包单位签订纯劳务作业的分包合同或劳务公司（实质上具有不同专业资质的劳务总承包企业）与施工总承包单位、专业承包单位和专业分包单位签订含有部分辅料和纯劳务部分的劳务分包合同财税处理。

（1）财务处理

建筑劳务公司与施工总承包单位、专业承包单位和专业分包单位与劳务公司签订劳务分包合同，选择3%清包工简易计税方法，开具3%增值税专（普）发票，施工总承包单位、专业承包单位和专业分包单位计入"工程施工——分包成本——人工费用"核算。

施工总承包单位、专业承包单位和专业分包单位将劳务款项通过对公账户转入劳务公司账户，劳务公司向发包方开具发票计入"主营业务收入"和"应收账款——某某公司"。

① 收到用工单位转来的工资时：

借　银行存款。

贷　其他应收款（其他应付款）。

② 代发工资支付时：

借　其他应收款（其他应付款）。

贷　现金（银行存款）。

借　营业税金及附加。

贷　应交税费（各明细，如营业税、城建税、教育费附加等）。

③ 收到劳务费，开具发票：

借　银行存款。

贷　主营业务收入。

应交税费——增值税简易计税。

④ 计提劳务人员工资及企业承担的社保、住房公积金：

借　主营业务成本。

贷　应付职工薪酬：薪金、社保、住房公积金。

⑤ 支付劳务人员的工资：

借　应付职工薪酬——薪金。

贷　银行存款。

其他应付款：个人承担的社保和公积金。

应交税费：个税。

⑥ 缴纳社保和公积金：

借　应付职工薪酬：社保、住房公积金。

其他应付款：个人承担的社保和公积金。

贷　银行存款。

⑦ 计提营业税和附加税费：

借 营业税金及附加。

贷 应交税费：营业税、城建税、教育费附加。

(2) 税务处理

1) 建筑企业班组长内部劳务承包"经营所得"自行申报个税

根据《国家税务总局关于个人所得税自行纳税申报有关问题的公告》（国家税务总局公告 2018 年第 62 号）第二条取得经营所得的纳税申报规定，个体工商户业主、个人独资企业投资者、合伙企业个人合伙人、承包承租经营者个人以及其他从事生产、经营活动的个人取得经营所得，包括以下情形：

① 个体工商户从事生产、经营活动取得的所得，个人独资企业投资人、合伙企业的个人合伙人来源于境内注册的个人独资企业、合伙企业生产、经营的所得；

② 个人从事办学、医疗、咨询以及其他有偿服务活动取得的所得；

③ 个人对企业、事业单位承包经营、承租经营以及转包、转租取得的所得；

④ 个人从事其他生产、经营活动取得的所得。

对于以上个人、个体工商户和个人合伙人取得的"经营所得"如何进行个税处理？

"经营所得"的个税实施自行纳税申报而不是代扣代缴的制度。

《中华人民共和国个人所得税法》第九条第一款，个人所得税以所得人为纳税人，以支付所得的单位或者个人为扣缴义务人。《税务总局关于发布〈个人所得税扣缴申报管理办法（试行）〉的公告》（国家税务总局公告 2018 年第 61 号）第四条 实行个人所得税全员全额扣缴申报的应税所得包括：①工资、薪金所得；②劳务报酬所得；③稿酬所得；④特许权使用费所得；⑤利息、股息、红利所得；⑥财产租赁所得；⑦财产转让所得；⑧偶然所得。

个体工商户业主、个人独资企业投资者、合伙企业个人合伙人、承包承租经营者个人以及其他从事生产、经营活动的个人取得经营所得，不属于"个税代扣代缴"的范围，必须由取得"经营所得"的个人自行进行纳税申报。

2) "经营所得"的个税自行纳税申报办法

① 实施查账征收个税的"经营所得"适用的个税税率。

实时查账征收的自然人、个体工商户、个人合伙人取得的"经营所得"以每一纳税年度的收入总额减除成本、费用以及损失后的余额，为应纳税所得额，应当适用 5%～35% 的超额累进税率（表 16.1：个人所得税税率）缴纳个人所得税。

个人所得税税率（经营所得适用） 表 16.1

级数	全年应纳税所得额	税率（%）
1	不超过 30000 元的	5
2	超过 30000 元至 90000 元的部分	10
3	超过 90000 元至 300000 元的部分	20
4	超过 300000 元至 500000 元的部分	30
5	超过 500000 元的部分	35

在按月或按季预缴税时，适用的个人所得税税率如表 16.2 所示。

个人所得税税率（经营所得）   表 16.2

级数	全年应纳税所得额	税率（%）	速算扣除数
1	不超过 30000 元的	5	0
2	超过 30000 元至 90000 元的部分	10	1500
3	超过 90000 元至 300000 元的部分	20	10500
4	超过 300000 元至 500000 元的部分	30	40500
5	超过 500000 元的部分	35	65500

② 核定征收个税的"经营所得"适用的税率。

《中华人民共和国个人所得税法实施条例》（中华人民共和国国务院令第 707 号）第十五条第三款规定："从事生产、经营活动，未提供完整、准确的纳税资料，不能正确计算应纳税所得额的，由主管税务机关核定应纳税所得额或者应纳税额"。

$$应纳税所得额=收入总额×应税所得率$$

$$应纳税额=应纳税所得额×税率-速算扣除数$$

其中涉及合伙企业的，应当再按照分配比例，确定各自然人投资者应纳税所得额。

从事两个或者两个以上行业经营项目的，应当根据其主营业务确定使用的应税所得率（以实际收入额占总收入额最大比例为标准）。

3) 经营所得归班组长、包工头所有

① 班组长或包工头取得经营所得"应纳税所得额"

根据《中华人民共和国个人所得税法》第六条第（三）项的规定，经营所得，以每一纳税年度的收入总额减除成本、费用以及损失后的余额，为应纳税所得额。同时根据《中华人民共和国个人所得税法实施条例》（中华人民共和国国务院令第 707 号）第十五条第二款的规定，取得经营所得的个人，没有综合所得的，计算其每一纳税年度的应纳税所得额时，应当减除费用 6 万元、专项扣除、专项附加扣除以及依法确定的其他扣除。专项附加扣除在办理汇算清缴时减除。

$$季度应纳税所得额=收入-成本费用-弥补以前年度的亏损-5000×12-专项扣除$$
$$-依法确定的其他扣除$$

$$年度汇算清缴的年度应纳税所得额=收入-成本费用-弥补以前年度的亏损-5000×12$$
$$-专项扣除-依法确定的其他扣除-专项附加扣除$$

班组长或包工头取得经营所得的应纳个人所得税=年应纳税所得额×税率-速算扣除数

② 班组长或包工头取得经营所得办理汇算清缴的时间和纳税申报地点

根据《税务总局关于个人所得税自行纳税申报有关问题的公告》（国家税务总局公告 2018 年第 62 号）的规定，班组长或包工头（纳税人）取得的经营所得，按年计算个人所得税，由纳税人在月度或者季度终了后 15 日内向项目经营所在地主管税务机关办理预缴纳税申报，并报送《个人所得经营所得纳税申报表（A 表）》。在取得所得的次年 3 月 31 日前，向项目经营所在地主管税务机关办理个人所得税汇算清缴，并报送《个人所得税经营所得纳税申报表（B 表）》。

4) 经营所得不归班组长、包工头所有

根据《建筑安装业个人所得税征收管理暂行办法》第三条第一款承包建筑安装业各项工程作业的承包人取得的所得，应区别不同情况计征个人所得税：经营成果归承包人个人所有的所得,或按照承包合同(协议)规定,将一部分经营成果留归承包人个人的所得,按对企事业单位的承包经营、承租经营所得项目征税;以其他分配方式取得的所得,按工资、薪金所得项目征税。

此种方式下,实务操作要点:

① 由施工总承包方和专业承包方或专业分包方(发包方)按依照"累计预扣法"预扣预缴班组长(包工头)的个人所得税。

② 根据《个人所得税专项附加扣除操作办法(试行)》第四条第一款的规定,享受子女教育、继续教育、住房贷款利息或者住房租金、赡养老人、3岁以下婴幼儿照顾专项附加扣除的纳税人,自符合条件开始,可以向支付工资、薪金所得的扣缴义务人提供上述专项附加扣除有关信息,由扣缴义务人在预扣预缴税款时,按其在本单位本年可享受的累计扣除额办理扣除;也可以在次年3月1日至6月30日内,向汇缴地主管税务机关办理汇算清缴申报时扣除。

3. 建筑劳务公司税收风险及防范策略

(1)税收风险一:劳务公司虚列进城务工人员工资增加成本套取利润从而少缴纳企业所得税。

许多劳务公司的老板或班组长或包工头,为了不缴纳个人所得税,经常虚列进城务工人员工资,增加成本,套取利润,导致劳务公司少缴纳企业所得税和班组长或包工头少缴纳个人所得税。随着建筑工人实名制登记管理制度和进城务工人员工资专用账户管理制度的贯彻实施,建筑企业项目部的进城务工人员人数是真实的人数,绝对不可以通过虚列进城务工人员人数,多列进城务工人员工资增加成本,套取利润。

(2)税收风险二:虚列进城务工人员人数造进城务工人员工资表的行为将导致有人向税务机关举报从而面临被税务机关罚款的风险。

随着《中华人民共和国个人所得税法》的贯彻实施,居民个人要享受扣除专项附加扣除的税收政策待遇,必须下载个人所得税APP,填写专项附加扣除的各个项目。当个人下载个人所得税APP并填写完个人的涉税信息后,可以查询到个人的身份证号码被哪些单位用来造工资表,虚列进城务工人员工资表的信息。一旦被人查询到劳务公司用别人的身份证号,虚列进城务工人员工资表,多列成本的行为,就会向当地税务部门举报,税务部门就会到劳务公司里查账核实,劳务公司将面临一定的罚款,后果不堪设想。

(3)税收风险三:建筑企业项目部挂靠劳务公司开具发票从而构成虚开增值税发票的行为。

建筑公司挂靠劳务公司开具增值税专用发票的现有操作流程如下:第一步:建筑公司与挂靠的劳务公司签订劳务分包合同;第二步:建筑公司将劳务费用通过对公账户转入劳务公司账户,劳务公司扣除税点费用后,将剩下的劳务款从公司账户提出给建筑公司的老板本人银行卡;第三步:劳务公司向建筑公司开3%的增值税专用发票;第四步:建筑公司对项目部的民工在银行开立工资卡,建筑公司老板每月通过自己的本人银行卡将农民工工资汇入农民工工资卡;第五步:劳务公司没有对项目进行劳务管理,虚列农民工工资单作成本。

以上操作流程存在一定的税收风险:

根据《最高人民法院关于适用〈全国人民代表大会常务委员会关于惩治虚开、伪造和非法出售增值税专用发票犯罪的决定〉的若干问题的解释》(法发〔1996〕30号)的规定,有货物购销或者提供或接受了应税劳务但为他人、为自己、让他人为自己、介绍他人开具数量或者金额不实的增值税专用发票;根据《中华人民共和国发票管理办法》第二十二条(一)规定,为他人、为自己开具与实际经营业务情况不符的发票是虚开发票行为。

根据《国家税务总局关于纳税人对外开具增值税专用发票有关问题的公告》(国家税务总局公告2014年第39号)的规定,对外开具增值税专用发票同时符合以下情形的,不属于对外虚开增值税专用发票。

① 纳税人向受票方纳税人销售了货物,或者提供了增值税应税劳务、应税服务;

② 纳税人向受票方纳税人收取了所销售货物、所提供应税劳务或者应税服务的款项,或者取得了索取销售款项的凭据;

③ 纳税人按规定向受票方纳税人开具的增值税专用发票相关内容,与所销售货物、所提供应税劳务或者应税服务相符,且该增值税专用发票是纳税人合法取得、并以自己名义开具的。

基于以上税收政策的规定,挂靠的劳务公司给建筑公司开具增值税专用发票(发票流)、收到了建筑公司通过对公账户支付劳务款(资金流)、挂靠的劳务公司与建筑公司签订劳务分包合同(合同流)和挂靠的劳务公司与建筑公司结算劳务款(劳务流),虽然符合"四流合一",但是劳务公司没有参与进城务工人员管理,与进城务工人员没有签订劳动合同,其列的进城务工人员工资表中的进城务工人员不是建筑企业项目部的实际进行施工的进城务工人员本人,而是虚列的进城务工人员人数和进城务工人员名单。劳务公司没有组织进城务工人员给建筑企业提供建筑劳务服务,从而劳务公司向建筑企业开具的发票构成虚开增值税发票的行为,建筑企业收到劳务公司开具的发票不可以在企业所得税前扣除和抵扣增值税进项税额。

(4) 税收风险四:个人所得税的风险和社保费用的风险

① 核定征收项目部作业人员个人所得税的税收风险:劳务公司多缴纳个人所得税。

根据《国家税务总局关于建筑安装业跨省异地工程作业人员个人所得税征收管理问题的公告》(国家税务总局2015年公告第52号)的规定,建筑企业异地施工的项目部作业人员的个人所得符合核定征收条件的,在当地的税务部门按照开票的金额核定代征一定比例的个人所得税后,税务部门给企业开具完税凭证时,在完税凭证的税目栏中打印了"工资薪金所得"字样,建筑企业或劳务公司凭借该完税凭证和进城务工人员工资表(按照进城务工人员的实际支付工资列在工资表上,不需要虚列进城务工人员人数,在工资表上都列成每位5000元)列入建筑企业或劳务公司的成本,在企业所得税前扣除。可是不少建筑企业或劳务公司注册的地方税务机关不认可建筑企业或劳务公司在异地项目部核定代征的个税,还得要求建筑企业或劳务公司按照全员全额申报个人所得税,从而致使建筑企业或劳务公司多缴纳个人所得税。

② 没有核定征收项目部作业人员个人所得税的税收风险:劳务公司少缴纳个人所得税。

根据《国家税务总局关于建筑安装业跨省异地工程作业人员个人所得税征收管理问题的公告》(国家税务总局2015年公告第52号)的规定,建筑企业或劳务公司异地施工的项目部作业人员的个人所得,没有在当地被税务机关核定征收个人所得税的情况下,必须在项目所在地的税务机关全员全额征收个人所得税。而现有的建筑企业或劳务公司在异地项目部的税务机关没有对项目部作业人员核定征收个人所得税的情况下，只是造工资表在财务上做成本，而没有向项目部的税务机关全员全额申报个人所得税，从而致使建筑企业或劳务公司少缴纳个人所得税。

③ 社保风险：劳务公司没有给签订全日制劳动合同的进城务工人员购买社保。

根据《中华人民共和国社会保险法》和《中华人民共和国劳动合同法》的规定，劳务公司聘用的进城务工人员与劳务公司签订全日制劳动合同的情况下，劳务公司给进城务工人员购买社保，依法缴纳社保保险费用。但是由于进城务工人员的流动性频繁，劳务公司都没有给进城务工人员依法缴纳社会保险。在社保费用征收移交给税务机关征收后，全国的社保征管口径将统一，如果劳务公司没有给签订全日制劳动合同的进城务工人员依法缴纳社会保险，将会面临被税务机关稽查处罚的风险。

(5) 税收风险防范策略

策略一：在实施建筑工人实名制管理的项目部的进城务工人员，必须按照真实出勤的进城务工人员人数，造工资表，计算人工成本，绝对不允许虚列进城务工人员人数，虚造工资表套取利润和增加人工成本。

策略二：对于各省对施工企业项目部的作业人员按照工程造价或经营收入的一定比例核定征收个人所得税后，建筑企业或劳务公司对民工工资成本直接按照实际支付给民工本人的月工资金额造工资支付清单表，作为成本核算凭证。

策略三：劳务公司的班组长或包工头与劳务公司签订内部承包协议，约定班组长或包工头以劳务公司的名义对外经营，所有的民事责任由劳务公司承担，班组长或包工头向劳务公司上交一定的利润或管理费，扣除所有的成本、费用和税金后的承包经营成果归班组长或包工头所有，班组长或包工头获得的承包经营所得，按照"承包经营所得"税目，在工程施工所在地自行申报缴纳个人所得税后，劳务公司直接通过公对私的形式，将"承包经营所得"从劳务公司账上划入班组长或包工头本人的银行卡，班组长或包工头从劳务公司获得的"承包经营所得"不需要到税务机关代开发票给劳务公司做账。

策略四：劳务公司与在户口所在地的社保所已经缴纳了农村社保（农村医疗保险和农村养老保险）的进城务工人员签订全日制的劳动合同。

策略五：劳务公司与班组长签订劳务承包、劳务分包合同，班组长或包工头自行到施工项目所在地的税务局代开建筑劳务发票给劳务公司入账。

根据《中华人民共和国社会保险法》的规定，依法社保登记必须是劳动者与用人单位建立劳动关系，而班组长是个人不是公司，也不是用人单位，其管辖的每一个进城务工人员无法进行社保登记，因此，班组长所管辖的每位进城务工人员不缴纳社保，如果要缴纳社保由进城务工人员本人回其户口所在地自行缴纳社保费用。关于班组长和其管辖的进城务工人员的个税在代开发票时，根据当地税务局的规定，按照代开发票的金额（不含增值税）的一定比例代征个人所得税。

16.3.7 劳务关系管理

1. 劳务关系概述

(1) 劳务关系的基本概念

劳务关系（Service Relations），是指提供劳务的一方为需要的一方以劳动服务的形式提供劳务活动，而需要方支付约定的报酬的社会关系。劳务关系由《中华人民共和国民法通则》和《中华人民共和国合同法》进行规范和调整，建立和存在劳务关系的当事人之间是否签订书面劳务合同，由当事人双方协商确定。

劳务关系是由两个或两个以上的平等主体，通过劳务合同建立的一种民事权利义务关系。该合同可以是书面形式，也可以是口头形式和其他形式。

（2）劳务关系的基本要素

劳务关系的主体，不仅包括自然人，也包括法人、合伙、国家、外国组织以及其他特殊组织（包括非法人组织、清算组织等）。

劳务关系的内容是指双方之间的权利和义务，包括劳务工作内容及要求、劳务报酬、合同的终止与解除、违约责任、争议解决的方式以及需要约定的其他内容。

劳务关系客体既包括行为，也包括物、智力成果及与人身不可分离的非物质利益（人格和身份）。

（3）劳务关系的基本特征

双方当事人的地位平等，在人身上不具有隶属关系。

一般由提供劳务的一方独立承担法律责任，但由雇工方提供工作环境和工作条件的以及法律另有规定的除外。

基于民事或经济法律规范成立，并受民事或经济法律规范的调整和保护。

主体具有不特定性，提供劳务方和用工方都可以是自然人、法人或是其他组织。

（4）劳务关系的情形

劳务关系是指两个或两个以上的平等主体之间，依据民事法律规范，一方向另一方提供劳务，另一方依约支付劳务报酬的一种权利义务关系。广义上，它包括承揽、承包、运输、技术服务、委托、信托和居间等。

用人单位向劳务输出公司提出所需人员的条件，由劳务输出公司向用人单位派遣劳务人员，双方订立劳务派遣合同，形成较为复杂的劳务关系。

用人单位中的待岗、下岗、内退、停薪留职人员，在外从事一些临时性有酬工作而与另外的用人单位建立的劳务关系。由于这些人员与原单位劳动关系依然存在，所以与新的用人单位只能签订劳务合同，建立劳务关系（此种劳务关系属于法律范畴中的双重劳动关系，不符合法律规定）。

已经办手续的离退休人员，又被用人单位返聘，双方签订聘用合同。

2. 建筑企业劳务管理

（1）劳务分包管理

1）劳务分包的概念

劳务分包是指施工总承包企业或者专业承包企业（以下简称工程承包人）将其承包工程中的劳务作业发包给劳务分包企业（以下简称劳务分包人）完成的活动。建筑行业内，施工责任单位和负责招募工人施工的施工单位双方依法签订关于劳务分包的合同，甲方施工单位承揽工程并购买材料，乙方劳务施工单位负责承办招募工人施工，即为劳务分包。

2）劳务分包与施工分包的区别

施工分包是指施工总承包企业将其承包的某一部分工程或几部分工程再发包给其他的承包单位完成，与其签订总承包合同项下的分包合同。两者的主要区别有以下几点：

合同性质不同，施工分包合同的标的是工作成果，属于完成工作成果的合同，劳务分包合同的标的是提供一定技能的劳务，属于提供劳务的合同。

对分包人的资质要求不同，劳务分包的承包人要求有相应的劳务分包资质，施工分包的承包人需要具有工程施工方面的资质标准。

限制条件不同，劳务分包无须经发包人（总承包人）同意或在施工总合同中约定，而由劳务发包人与劳务承包人在签订的劳务合同中约定即可；施工分包合同必须经发包人（总承包人）的同意或在施工总承包合同中约定。

计价方式不同，施工分包人的工程款通常包括人工费、材料费、机械台班费、管理费、利润和税金；而劳务分包人的劳务报酬主要是有人工费、简易机械台班费、管理费、利润和税金组成。另外，前者主要采用固定价、可调价以及成本加酬金价；而后者主要是固定劳务报酬价、不同工种的计件单价或计时单价。

（2）自有劳务管理

施工总承包、专业承包企业可通过劳务分包、劳务派遣等方式完成劳务作业外，还应拥有一定数量的与其建立稳定劳动关系的骨干技术工人，即自有劳务人员，或拥有独资或控股的施工劳务企业，组织自有劳务人员完成劳务作业。

建筑施工企业对自有劳务人员承担用工主体责任。建筑施工企业应对自有劳务人员的施工现场用工管理、持证上岗作业和工资发放承担直接责任。建筑施工企业应与自有劳务人员依法签订书面劳动合同，办理养老、工伤、医疗或综合保险等社会保险，并按劳动合同约定及时将工资直接发放给劳务人员本人；应不断提高和改善劳务人员的工作条件和生活环境，保障其合法权益。

建筑企业对自有劳务人员可采用计时工资制发放工资，或采取计件工资制度，也可以按照企业内部定额实行包干工资，即：由建筑企业与自有劳务人员就工作对象、内容、期限、价款、责任义务等内容约定。

3. 劳务协议管理

劳务协议管理的内容主要是指在建筑工程施工过程中，就劳务分包、内部自有劳务实行计件承包以及使用劳务工招聘等过程中一系列协议的签订、履行和归档等。

（1）劳务分包协议

签订主体：劳务分包合同是劳务公司与工程发包单位（即工程项目部）就劳务分包的对象、内容、期限、价款、责任义务等事项，经双方协商一致而达成的协议。甲方是工程发包单位，乙方是劳务公司。协议内容填写完整，三方代表签字盖章。

劳务分包合同管理：劳务分包合同签订后，建筑企业相关管理部门应建立劳务分包合同签订情况登记台账，将各个项目部的劳务分包协议汇总，分发到签字三方归档，建立分发台账。

（2）自有劳务承包协议

签订主体：自有劳务承包协议，主要是指是建筑企业（劳务公司）与自有劳务班组或班组长，就完成一定工作任务、支付相应工资报酬而达成的协议，它是建筑企业与自有劳务施工班组进行工程量及工资结算的依据。

劳务承包协议管理：自有劳务承包协议签订后，项目部劳务员应当建立劳务承包合同登记台账，报上级管理部门备案，确保分发到有关主管部门和班组长，并建立分发台账。

（3）自有劳务工用工协议

自有劳务工用工协议是指建筑（劳务）公司与招用和管理的劳务工，就所提供的劳务服务种类、期限和双方的权利义务等事项所达成的协议。

（4）退休人员返聘协议

退休人员返聘协议是指退休人员在国家批准正式退休后，为发挥余热，在用工单位从事有报酬的工作而签订的劳务协议。退休人员返聘协议纠纷是指当事人因签订、履行、变更、终止返聘协议发生的权利义务纠纷。

退休人员返聘协议纠纷案件，按照协议纠纷案件的一般管辖原则，由被告住所地或者合同履行地人民法院管辖。需要注意的是，退休人员在退休后又被原单位返聘或者到其他工作单位工作，双方建立的不是劳动合同关系，不能签订正式的劳动合同，不受劳动法调整，双方之间的关系是劳务合同关系。

4. 劳务纠纷

（1）劳务纠纷与劳动纠纷

在日常工作我们最为常见的就是企业单位与员工个人发生纠纷，这些纠纷相信大多数建筑企业都有遇到过。我们常见的纠纷是劳务纠纷与劳动纠纷两种，但是很多人对于这两种纠纷的认识都不是很深入。下面就来谈谈两种纠纷的区别：

劳务纠纷和劳动纠纷的概念：劳务纠纷是指关于劳资关系的各种纠纷，包括工伤纠纷、社保纠纷、劳动合同纠纷、工资纠纷等。工资纠纷专指和工资有关的纠纷。劳动纠纷是劳动关系当事人之间的争议。劳动关系当事人，一方为劳动者，另一方为用人单位。

劳动纠纷和劳务纠纷的区别：

两者产生的依据不同：劳动关系是基于用人单位与劳动者之间生产要素的结合而产生的关系。劳务关系产生的依据是双方的约定。如果双方不存在协商订立契约的意思表示、没有书面协议，也不存在口头约定，而是根据章程的规定而产生的一种用人单位和劳动者之间的具有整分合一性质的权利义务关系，一般应当认为是劳动关系而不是劳务关系；适用的法律不同：劳务纠纷关系主要由民法、合同法、经济法调整，而劳动纠纷关系则由劳动法和劳动合同法规范调整；主体资格不同：劳动关系的主体只能一方是法人或组织，即用人单位，另一方则必须是劳动者个人，劳动关系的主体不能同时都是自然人，也不能同时都是法人或组织；劳务关系的主体双方当事人可以同时都是法人、组织、公民，也可以是公民与法人、组织。

解决劳务关系的途径：当发生劳务纠纷时，解决劳务纠纷的方法，一般可以通过申请劳动仲裁，流程如下：当事人去当地劳动局申请劳动仲裁，立案时需携带：仲裁申请书2份、申请人身份证复印件1份，相关证据复印件和证据清单2份，用人单位的工商登记信息。提交材料后，5个工作日仲裁委给予立案，然后给双方举证期，给对方答辩期，然后开庭审理，之后对劳资双方进行调解，调解不成仲裁委会下达裁决书，劳动纠纷仲裁60天内结案，对于裁决书不服，可以上诉到法院。

（2）劳务纠纷的类型

劳务合同纠纷即为以一方当事人提供劳务为合同标的，在履行合同过程中，因劳务关系发生的纠纷。劳务合同纠纷指雇佣合同，不同于劳动合同，是指双方当事人约定，在确定或不确定期间内，一方向他方提供劳务，他方给付报酬的合同引发的争议。

从法律适用看，劳务合同适用于合同法以及民法通则和其他民事法律；在纠纷责任的界定上，只存在民事责任；劳务合同纠纷出现后可以诉讼，也可以经双方当事人协商解决。

劳务合同纠纷是指当事人因签订、履行、变更、终止劳务合同产生的权利义务纠纷。要注意其与劳动合同纠纷的区别。劳动合同的主体一方是企业、个体经济组织等用人单位，另一方是劳动者个人。而劳务合同双方当事人都可以是法人、组织、公民，双方当事人之间没有上下等级关系，各自独立、地位平等。

就建筑企业而言，劳务合同纠纷主要包括：劳务分包合同纠纷、用工劳务合同纠纷。

在劳务分包较多的当下社会里，在签订劳务合同的过程中或者在签订过后都会由于资质，违约，范围不清等问题产生纠纷。

因资质问题而产生的纠纷，根据《建筑劳务分包合同纠纷怎样处理法》和住房和城乡建设部《建筑企业资质管理规定》等关于建筑施工企业从业资格的规定，从事建筑活动的建筑施工企业应具备相应的资质，在其资质等级许可的范围内从事建筑活动。禁止建筑施工企业超越本企业的资质等级许可的业务范围承揽工程。禁止施工企业向无资质或不具备相应资质的企业分包工程。

建筑企业项目负责人在授权对外签订劳务分包合同时，一定要严格审查：劳务分包企业的工商登记、注册资本、经营范围及企业劳务作业的资质等情况，以免签订无效的劳务分包合同，产生不必要的劳务分包纠纷。

如果建筑企业项目部没有严格审查或疏忽审查或明知劳务分包企业无相应的资质或超过其相应资质应当承担的劳务作业的工程量而签订劳务作业合同，都将被判定为无效的劳务分包合同。如果劳务分包企业完成的劳务工程量质量合格，自然不会有风险。当由于劳务分包企业的资质原因，造成完成的工程量不合格的，项目部所在的企业将独立地向工程发包人承担责任。如果在企业项目部和劳务分包企业签订劳务分包合同时，由于双方在签订劳务分包合同时，对资质问题或超资质范围问题都是明知的，因此在签订分包合同之前需仔细审定对方资质、阅览合同内容条款和规定，才能有效的预防纠纷的发生，签订合同前也可以咨询律师确认细节，避免陷入合同陷阱。

因履约范围不清而产生的纠纷，造成履约范围不清的主要原因是分包合同条款内容不规范、不具体。分包合同订立的质量完全取决于承包人和分包商的合同水平和法律意识。若承包人、分包商的合同水平和法律意识都比较低或差异大时，则订出的合同内容不全，权利义务不均衡。所有这些在以后施工过程中产生的纠纷埋下伏笔。因此，在订立分包合同时，应严格按照《分包合同示范文本》的条款进行订立。

因转包而产生的纠纷，转包是指劳务分包单位将其承包的全部劳务工程，不履行合同约定的责任和义务，将全部劳务工程肢解后以分包的名义分别转给其他单位承包的行为。从施工合同主体的相对性角度来看，分包人就构成对分包合同的实质性违约，发包人当然可以根据劳务合同的约定追究分包人的违约责任并可以依法解除与分包签订的施工合同。因分包人的非法转包行为，造成工期延误及出现工程质量问题的，发包人还可以向分包人提出赔偿要求。如果分包人是采取挂靠方式非法转包的，挂靠施工单位和被挂靠施工单位都要承担连带责任。

转包工程这种行为其本身就是不合规定的，与其等到纠纷时运用法律手段解决问题，还不如在分包工程前仔细斟酌工程的性质，避免最终陷入两难的境地。

16.3.8　建筑企业新型产业工人权益保障

新型产业工人权益得到有效保障，使工人的获得感、幸福感、安全感充分增强，有利于优化建筑业劳动力结构、加快行业改革、推动产业升级，助力我国从建筑业大国向建筑业强国转变，具体可以采取如下几方面的措施：

引导现有劳务企业转型发展。改革建筑施工劳务资质，大幅降低准入门槛。鼓励有一定组织、管理能力的劳务企业引进人才、设备等向总承包和专业承包企业转型。鼓励大中型劳务企业充分利用自身优势搭建劳务用工信息服务平台，为小微专业作业企业与施工企业提供信息交流渠道。引导小微型劳务企业向专业作业企业转型发展，进一步做专做精。

大力发展专业作业企业。鼓励和引导现有劳务班组或有一定技能和经验的建筑工人成立以作业为主的企业，自主选择1～2个专业作业工种。鼓励有条件的地区建立建筑工人服务园，依托"双创"基地、创业孵化基地，为符合条件的专业作业的企业落实创业相关扶持政策，提供创业服务。政府投资开发的孵化基地等创业载体应安排一定比例场地，免费向创业成立专业作业企业的进城务工人员提供。鼓励建筑企业优先选择当地专业作业企业，促进建筑工人就地、就近就业。

鼓励建设建筑工人培育基地。引导和支持大型建筑企业与建筑工人输出地区建立合作关系，建设新时代建筑工人培育基地，建立以建筑工人培育基地为依托的相对稳定的建筑工人队伍。创新培育基地服务模式，为专业作业企业提供配套服务，为建筑工人谋划职业发展路径。

加快自有建筑工人队伍建设。引导建筑企业加强对装配式建筑、机器人建造等新型建造方式和建造科技的探索和应用，提升智能建造水平，通过技术升级推动建筑工人从传统建造方式向新型建造方式转变。鼓励建筑企业通过培育自有建筑工人、吸纳高技能技术工人和职业院校（含技工院校，下同）毕业生等方式，建立相对稳定的核心技术工人队伍。鼓励有条件的企业建立首席技师制度、劳模和工匠人才（职工）创新工作室、技能大师工作室和高技能人才库，切实加强技能人才队伍建设。项目发包时，鼓励发包人在同等条件下优先选择自有建筑工人占比大的企业；评优评先时，同等条件下优先考虑自有建筑工人占比大的项目。

完善职业技能培训体系。完善建筑工人技能培训组织实施体系，制定建筑工人职业技能标准和评价规范，完善职业（工种）类别。强化企业技能培训主体作用，发挥设计、生产、施工等资源优势，大力推行现代学徒制和企业新型学徒制。鼓励企业采取建立培训基地、校企合作、购买社会培训服务等多种形式，解决建筑工人理论与实操脱节的问题，实现技能培训、实操训练、考核评价与现场施工有机结合。推行终身职业技能培训制度，加强建筑工人岗前培训和技能提升培训。鼓励各地加大实训基地建设资金支持力度，在技能劳动者供需缺口较大、产业集中度较高的地区建设公共实训基地，支持企业和院校共建产教融合实训基地。探索开展智能建造相关培训，加大对装配式建筑、建筑信息模型（BIM）等新兴职业（工种）建筑工人培养，增加高技能人才供给。

建立技能导向的激励机制。各地要根据项目施工特点制定施工现场技能工人基本配备标准，明确施工现场各职业（工种）技能工人技能等级的配备比例要求，逐步提高基本配备标准。引导企业不断提高建筑工人技能水平,对使用高技能等级工人多的项目,可适当降低配备比例要求。加强对施工现场作业人员技能水平和配备标准的监督检查,将施工现场技能工人基本配备标准达标情况纳入相关诚信评价体系。建立完善建筑职业(工种)人工价格市场化信息发布机制,为建筑企业合理确定建筑工人薪酬提供信息指引。引导建筑企业将薪酬与建筑工人技能等级挂钩,完善激励措施,实现技高者多得、多劳者多得。

加快推动信息化管理。完善全国建筑工人管理服务信息平台,充分运用物联网、计算机视觉、区块链等现代信息技术,实现建筑工人实名制管理、劳动合同管理、培训记录与考核评价信息管理、数字工地、作业绩效与评价等信息化管理。制定统一数据标准,加强各系统平台间的数据对接互认,实现全国数据互联共享。加强数据分析运用,将建筑工人管理数据与日常监管相结合,建立预警机制,加强信息安全保障工作。

健全保障薪酬支付的长效机制。贯彻落实《保障农民工工资支付条例》,工程建设领域施工总承包单位对进城务工人员工资支付工作负总责,落实工程建设领域进城务工人员工资专用账户管理、实名制管理、工资保证金等制度,推行分包单位进城务工人员工资委托施工总承包单位代发制度。依法依规对列入拖欠进城务工人员工资"黑名单"的失信违法主体实施联合惩戒。加强法律知识普及,加大法律援助力度,引导建筑工人通过合法途径维护自身权益。

规范建筑行业劳动用工制度。用人单位应与招用的建筑工人依法签订劳动合同,严禁用劳务合同代替劳动合同,依法规范劳务派遣用工。施工总承包单位或者分包单位不得安排未订立劳动合同并实名登记的建筑工人进入项目现场施工。制定推广适合建筑业用工特点的简易劳动合同示范文本,加大劳动监察执法力度,全面落实劳动合同制度。

完善社会保险缴费机制。用人单位应依法为建筑工人缴纳社会保险。对不能按用人单位参加工伤保险的建筑工人,由施工总承包企业负责按项目参加工伤保险,确保工伤保险覆盖施工现场所有建筑工人。大力开展工伤保险宣教培训,促进安全生产,依法保障建筑工人职业安全和健康权益。鼓励用人单位为建筑工人建立企业年金。

持续改善建筑工人生产生活环境。各地要依法依规及时为符合条件的建筑工人办理居住证,用人单位应及时协助提供相关证明材料,保障建筑工人享有城市基本公共服务。全面推行文明施工,保证施工现场整洁、规范、有序,逐步提高环境标准,引导建筑企业开展建筑垃圾分类管理。不断改善劳动安全卫生标准和条件,配备符合行业标准的安全帽、安全带等具有防护功能的工装和劳动保护用品,制定统一的着装规范。施工现场按规定设置避难场所,定期开展安全应急演练。鼓励有条件的企业按照国家规定进行岗前、岗中和离岗时的职业健康检查,并将职工劳动安全防护、劳动条件改善和职业危害防护等纳入平等协商内容。大力改善建筑工人生活区居住环境,根据有关要求及工程实际配置空调、淋浴等设备,保障水电供应、网络通信畅通,达到一定规模的集中生活区要配套食堂、超市、医疗、法律咨询、职工书屋、文体活动室等必要的机构设施,鼓励开展物业化管理。将符合当地住房保障条件的建筑工人纳入住房保障范围。探索适应建筑业特点的公积金缴存方式,推进建筑工人缴存住房公积金。加大政策落实力度,着力解决符合条件的建筑工人子女城市入托入学等问题。

加强建筑工人的安全教育,保障其合法权益,可以采取以下措施:

开展安全生产教育培训。建筑企业应定期对工人开展安全生产教育与培训,传授安全操作规程和防护知识，增强工人的安全意识。同时，工人也应主动学习与掌握各类安全防护知识。

做好防护用品发放与管理。建筑企业应提供安全头盔、防尘口罩、防护服等工人必要的防护用品，并督促工人按规定佩戴和使用，减少工伤事故发生。

加强安全生产管理。建筑企业应建立健全安全生产管理制度，在施工现场配备专职安全管理人员，监督施工现场的安全措施落实情况。一旦发现安全隐患，应及时予以整改和处置。

建立事故应急机制。建筑企业应制定工伤事故应急预案，在施工现场备有事故应急设施与药品，发生工伤事故后及时提供急救与送医服务。

落实劳动合同与社会保险。建筑企业应与工人签订劳动合同，按时足额发放工资报酬；同时按规定为工人办理养老保险、工伤保险、医疗保险等社会保险，维护工人的劳动权益。

加大执法监察力度。相关部门应加强对建筑企业安全生产和劳动用工的执法监察，发现问题应及时处罚，促使建筑企业严格遵守法律法规，切实履行对工人的责任与义务。

通过上述方式，各利益相关方共同努力，可以最大限度地避免和减少建筑施工中的工伤事故，保障工人的劳动权益，促进建筑行业的健康发展。

任务 17 "一带一路"国家岗位实习

17.1 任务描述

越来越多的地区国家同中国合作推进高质量共建"一带一路",支持并参与全球发展倡议和全球安全倡议,同中方携手构建人类命运共同体。国际劳务越来越多,学习了解相关内容,了解合同文本含义,就业前景更广。

17.2 任务目标

了解国际劳务的基本概念和相关内容,熟悉国际劳务的基本组织形式及相关法律法规,熟悉建筑企业国际劳务及注意事项,熟悉 FIDIC 等国际合同条款,掌握相应合同文本。

17.3 知识储备与任务指导

17.3.1 建筑企业国际劳务

1. 国际劳务概述

(1) 国际劳务的概念

广义的国际劳务是指一国的自然人或法人,以提供包括从事工程设计、测量、施工、安装、工业生产、农业劳动、文化教育、艺术体育、医疗卫生、交通运输、邮电通信、法律、咨询、银行、保险、会计、检验、数据处理、电子计算机程序编制及行政管理等活动的劳动来满足他国自然人或法人的需要的一种国际社会活动。本书所述的国际劳务仅涉及建筑行业的相关问题。

(2) 国际劳务相关内容

1) 国际工程

国际工程通常是指工程参与主体来自不同国家,并且按照国际惯例进行管理的工程项目,即面向国际进行招标的工程。包括对工程项目前期的投资机会研究、预可行性研究、可行性研究、项目评估、勘察、设计、招标文件编制、监理、管理、工程项目投标、项目施工、设备采购及安装调试、分包、提供劳务等。国际工程是一种综合性的国际经济合作方式,既是一种国际技术贸易方式,也是一种国际劳务合作方式。

2) 国际劳务合作

国际劳务合作是指一国的自然人或法人通过某种形式向另一国的自然人、法人或政府机构提供劳务以获取经济利益的一种国际经济合作方式。在国际劳务合作中提供劳务的一方称为劳务输出方,也叫受聘方;接受劳务的一方称为劳务输入方,也叫聘请方。其方式主要有两类：一类是单纯派出劳务人员为聘请方服务。这种形式输出方除提供劳务外，不投入任何费用，不承担任何风险。另一类是通过承包对方工程项目的形式向聘请方提供劳务，输出方要对工程的部分费用和工程负责，承担风险。国际劳务合作对合作双方都有益处。提供劳务的一方能解决人员就业、带动产品出口、增加外汇收入。接受国际劳务的一方能解决劳动力短缺问题，获得某些技术、设备和管理经验。

3）国际劳务输出

国际劳务输出，是指劳动者从一国向另一国或国境外的某一地区转移并就业，同时获得劳动收入。目前，我国劳务输出的主要途径和方式有：

① 通过承包海外工程输出劳务。这是承包公司普遍采用的一种输出劳务的方式。近年来，我国海外工程承包劳务项目占我国对外劳务合作项目的80%，其中有单独承包的，也有通过国际招标或投标从外国承包公司总包的工程项目中分包一部分的。承包工程劳务项目在勘察、设计、施工、安装、调试等环节均需我国承包公司从国内选派相应的各类劳动和服务人员。

② 通过与雇主签约输出劳务，即由我国有关国际劳务公司及其代理公司同雇用劳务的雇主协商签订有关劳动合同，按规定为雇主提供劳动和服务并收取劳动报酬，其形式有公派和民间派遣两种，关键是签订好劳务合同的各项条款。目前这种方式越来越受雇主和驻在国政府的欢迎。我国已通过这种方式向不少国家和地区输送了大量的工程技术人员、医护人员和熟练操作工等。

③ 通过在国外兴办合资经营企业向海外派遣劳务人员。由于中方参与合营企业的管理，故合营企业的劳务合作比较稳定，劳务人员的工作条件和生活待遇也较好。随着我国对海内外投资的发展，这类劳务人员将随之增加。

④ 劳务人员通过其他方式到国外自谋职业。如通过在海外的亲戚、朋友、同事等个人关系到国外谋职；或通过成套设备和技术出口输出劳务等。

(3) 建筑企业国际劳务的主要组织形式

1）企业自有劳务

企业自有劳务是建筑施工企业有组织、有计划培养的能够长期稳定为公司服务的技术工人及施工班组，是施工企业核心竞争力的重要组成部分。

2）劳务派遣

劳务派遣业务是我国人才市场根据市场需求而开发的一种新的用人方式，可跨地区、跨行业进行。用人单位可以根据自身工作和发展需要，通过正规人力资源派遣服务机构，派遣所需要的各类人员。国际工程可通过劳务派遣公司组织各类施工人员进行跨国施工。

3）专业工程分包

专业工程分包是指建筑工程总承包单位根据总承包合同的约定或者经建设单位的允许，将承包工程中的专业性较强的专业工程发包给具有相应资质的其他建筑企业完成的活动。

专业工程分包人持有的是专业承包企业的资质，其不同资质条件有61种，专业工程分包合同指向的标的是分部分项的工程，计取的是工程款，其表现形式主要体现在包工包料。专业工程分包条件下，总分包双方要对分包工程及其质量向发包人负责，总承包方履行的职责主要是专业分包项目（分部分项）施工过程、施工资料、进场材料设备质量状况的监督检查，即符合性管理。

4) 雇工本土化

在国际工程施工中，为了降低工程成本，增加企业效益，合理利用工程所在国的人力资源，对技术含量低、复杂程度不高的工作岗位，雇佣工程所在国本土人员进行施工活动。

(4) 国际劳务相关法律

由于国际劳务关系涉及不同国家和地区的民商事法律制度，而不同国家和地区的法律规定以及不同的国际劳务条约和惯例之间在国际劳务合同的效力、国际劳务人员的待遇、国际劳务贸易参与方的权利与义务等方面的规定各不相同，依据不同的法律规定就会导致司法机构作出不同的裁决。国际劳务关系的法律冲突由此而生。各国有关国际劳务关系的法律不可能完全统一成一部能够被世界上所有国家和地区遵守、用来解决所有国际劳务关系法律冲突的统一实体法，因此，通过选择法律的方法确定相互冲突的若干法律之中的某一个法律作为准据法，是解决国际劳务关系法律冲突的必然方法，且会一直作为主要的方法规范国际劳务关系。由于国际劳务关系往往涉及多方当事人，其包括的不仅仅是国际劳动关系，还包括一般民事关系。分析这些复杂的国际劳务关系的法律适用，需要首先辨别其中的不同法律关系，然后针对各个法律关系确定其法律适用规则。同时，由于同一国际劳务关系中的多个法律关系之间存在一定的关联，这些法律关系的法律适用规则之间也会相互影响，需要综合考虑。当事人意思自治原则作为国际私法的首要原则，在国际劳务关系准据法的确定中发挥着重要的作用。

工程承包劳务主要涉及三方当事人，即劳务人员、承包人、发包人。通常由承包人在境外承包工程，为履行与发包人签订的承包合同，而组织劳务人员到境外工程所在地提供劳务。其中，承包人与发包人是国际承包关系，属于商业关系。承包人与劳务人员是劳动关系，劳务人员在承包人的管理下从事劳动。劳务人员与发包人没有直接的合同关系，但劳务人员也应该遵守发包人工程所在地的施工规章制度，遵守工程所在地的法律，同时发包人也应为劳务人员提供安全的工作环境和必要的协助。

1) 承包人与发包人的法律关系

承包商与发包商或称"业主"，是工程承包关系，通过签订工程承包合同建立。根据工程承包合同约定，承包商应在规定的时间内完成承包的工程，交付发包商验收。发包商的义务主要是支付工程承包的服务费用和提供协助。根据全球通行的国际工程承包合同范本合同，业主与承包商之间是互相合作的双方主体平等的合同法律关系。

2) 劳务人员与承包人的法律关系

与外派合作型劳务关系不同，工程承包劳务关系中的劳务人员与境外发包商之间并没有劳动合同，而是与承包商签订劳动合同，形成劳动关系。因此，劳务人员与承包商之间的法律关系应受劳动法律法规支配。在该法律关系中，劳务人员加入到雇主承包商的生产和工作中去，成为该单位的一名职工，对内享受本单位职工的权利，承担本单位职工的义务。因此，劳务人员对承包商具有从属性，必须让渡自己对作息时间支配的自由，服从承包商的时间安排。如果劳务人员不遵守，承包商有权作出合法的处罚决定。

3) 劳务人员与发包人的法律关系

劳务人员作为与承包商形成劳动关系的员工，根据劳动合同的要求，接受其雇主承包商的指令，派到工程所在地为发包商的工程提供劳动。劳务人员的行为既构成其自身履行与承包商之间的劳动合同的行为，又构成承包商履行与发包商之间的承包合同的行为。但是，劳务人员与发包商并没有直接的合同关系，既没有劳动关系，也没有承包关系。劳务人员与发包商之间的关系是通过承包商这个桥梁搭建起来的一种间接关系。这种间接关系可以认为是一种默示的合同关系，在劳务人员与发包人之间可以理解为存在默示合同条款。

2. 国际劳务管理

伴随着国家"一带一路"倡议的推进，截至 2023 年 6 月底，我国已与 150 多个国家、30 多个国际组织签署 200 余份共建"一带一路"合作文件，据麦肯锡公司测算，到 2030 年，为适应全球经济发展的步伐，各国需要在道路、桥梁、港口、发电厂、供水及其他基础设施领域投入 57 万亿美元。因此，新兴经济体和发展中国家基础设施建设的需求将持续扩大。中国建筑企业走出国门，学习先进的管理经验，从劳动密集型向管理密集型转变，不断开拓国际市场，是大势所趋，是历史发展的必然。但是现在大部分中国建筑企业的劳务管理模式比较单一，有的单纯采用分包，有的全部自带劳务，劳务管理不合理，走了很多弯路，吃了很多亏。因此，只有合理先进的劳务管理，才能使建筑企业在国际工程市场中取得长足的、稳定的发展。

（1）国际劳务人员组织

按进入国际劳务市场的国际惯例，任何类型的劳务输出都必须经过应召、签订劳务合同、落实劳务人员、办理入境手续、申请工作许可证和居留许可证等几个必要的步骤。

1）国际劳务人员甄选

人员的甄别，不仅要从技术水平上，更要从道德品质等各方面进行人员的甄别。工人技能可以在短时间内进行鉴定，但是其工作态度、思想品德等方面则需要从长期来衡量。国外施工重在团结一心，某些有过"前科"的人员再出国要进行严格筛选，或者拒绝其出国务工，在选聘人员时建议尽可能地使用企业自有劳务人员，这类人员在国外工作时，比较利于项目部的稳定团结，尤其是在工程项目资金困难出现工资发放不及时的情况时，能够顾全大局，不会出现罢工等影响公司形象的情形，而且他们对公司有一定的忠诚度，利于提高施工项目的凝聚力。

2）出国前的各类手续办理

出国各类手续主要包括办理护照、签证、检疫证书、邀请函、面签等。

护照办理具体程序：①携带本人身份证到户口所在地出入境管理部门领取《中国公民因私出国（境）申请审批表》（以下简称"申请表"）；②填写申请表；③提交申请。提交申请时必须携带下列材料：a. 本人身份证，b. 填写完整的申请表原件，c. 符合要求的彩色照片一张；④领取护照。出入境管理处受理申请后，审批、制作和签发护照的时间是 14 个工作日。领取护照时，须携带本人身份证或者户口簿、领取护照回执。

签证办理程序：①办理有效的护照；②到户籍所在派出所办理无犯罪记录证明、出生证明；③确定要办理签证类型，企业统一安排专职人员办理后续手续。

检疫证书办理：一般在出国体检中心办理出国体检，要本人身份证、出国护照。体检后给三个体检证：大黄本（内附检查项目：血检、肝功、血型、身高、皮肤、心率等），小黄本（内附检查项目：霍乱、黄疸型肝炎、肺结核等）和艾滋病检验报告。

邀请函办理：建筑企业劳务人员出国施工邀请函由企业统一组织办理。

面签：出国面签指申请签证者本人到拟赴国家驻华使领馆，同签证官员当面办理签证手续的一种申办方式，适用于持普通护照的出国人员。面签要点之一是打消对方怀疑你的移民倾向。需要注意的是签证提交的材料不能伪造，因为一旦被签证官发现，那必将会遭到拒签，对于自身也是有影响的。

3) 人员培训

出国人员素质培训包括出入境安全、手续相关培训，派出劳务人员需了解劳务输入、当地的风土人情、社会习俗、有关法律知识、学习当地语言，对劳务人员进行品德及心理素质的训练等。

(2) 国际劳务人员管理

1) 自有劳务队伍及人员管理

自有劳务队伍内劳务人员的协议签订、进（离）场手续办理等，要按照所在企业相关规定执行。出国劳务队伍人员应在出国前到所在单位劳务管理部门办理入场备案登记。劳务人员出具身份证原件（企业留存复印件）、各资格证书复印件、上岗证复印件交劳务管理部门分类登记造册；有病史或不适于高空作业、重体力活作业、特殊工种作业的劳务人员必须说明，不得谎报或隐瞒个人情况。劳务人员档案按项目、工种、班组编号存档，由项目部劳务管理员分类管理，同时建立电子花名册数据库。

加强过程控制管理。考勤是发放工资的依据之一，自有队伍各班组应指定一名考勤员，逐日如实记录当日考勤；考勤员须接受项目劳务员的监督和管理。考勤表由考勤员、班组长、施工员签字，经劳资员核对考勤机原始记录后确认，报项目经理审批后，作为内部班组计发工资（劳务费）或违纪处理的依据。劳务人员必须严格遵守公司劳动纪律，工作时间不迟到、早退，不得无故缺勤，施工过程中公司劳务管理员要不定时抽查考勤。

自有劳务队伍班组劳务费用按月、按时结算。

① 每月月初各班组向本项目劳资部门提供施工班组上月纸质考勤表，由项目劳资部门根据考勤机记录进行核对，建立出勤台账。以考勤表、班组承包协议、承包结算单和班组分配单为依据编制发放单。

② 施工班组根据班组承包结算金额及考勤表编制班组劳务费分配单，分配单必须经本人签字，项目劳务员、施工员进行审核确认分配单与考勤表姓名和出勤天数。

③ 项目劳务员根据分配单编制劳务费发放单经制表人、项目经理审核签字后报企业主管部门审核后递交财务部门进行发放。

④ 严格实行劳务费发放实名制，发放单上姓名必须与用工协议及身份证一致。财务部门建立劳务费支付清单台账，记录当月应发、预发、实发数额，确保工资和劳务费发放直接支付给本人。

2) 劳务派遣人员管理

① 劳务派遣人员是指与企业签订劳动合同被派往用工单位工作的劳动者。用工单位应当严格控制劳务派遣用工数量，不得超过其用工总量的一定比例。

② 用人单位要确保劳务派遣人员应如实向公司提供身份证明、学历证明、工作经历证明、婚姻证明、子女证明、近期体检报告以及亲笔填写准确的个人资料，个人资料如有变更，应及时通知公司。公司应安排劳务派遣人员在上岗前学习、了解用人单位依法制定

的各项规章制度，使得派遣人员能够遵守公司的劳动纪律与相关规定，服从用人单位的管理，积极完成分配的各项任务。

③ 用人单位根据各岗位的需要，对派遣员工进行有针对性的相关业务培训，并制定相关考核标准及考核办法。对其进行专业技术培训的，可与派遣员工订立协议，约定服务期，有关权利与义务及违约责任按法律法规和协议约定执行。对到国外项目施工的派遣员工签订保密协议，有关竞业限制内容、赔偿、违约责任按有关法律法规及协议约定条款执行。

④ 劳务派遣人员应严格执行用工单位的考勤制度，按时到岗完成相关工作任务。劳务派遣人员的考勤工作由企业和用工单位实施。对劳务派遣人员的考勤内容包括：出勤、病事假、迟到、早退、旷工等项目。劳务派遣人员违反用工单位考勤制度的，用工单位将参照用工单位规章制度予以处理。

3）专业分包管理

专业分包是国际上使用得最多的一种劳务管理模式，充分合理地利用了当地优秀资源，主要适用于专业性强、工程量小、设备投入大、工人素质要求高、施工经验要求丰富的单项工程或分部分项工程。

① 专业分包单位与总包单位的配合：

a. 总承包单位作为总包单位应参与协调管理专业分包单位，工程部对总承包单位的协调管理行为进行有效监督。

b. 专业分包单位进场前应就生产、临时设施、用水、用电、材料管理、进度与质量管理、交叉作业（含场地土方、施工垃圾处理）、成品保护、安全文明施工管理及治安管理等方面与总承包单位进行协商。其中专业分包单位的用水、用电必须按表计量，有偿使用。

c. 专业分包单位应接受总承包单位的管理，应按要求参加总承包单位组织的有关生产、安全、进度、质量等方面管理的会议。总承包单位对施工场区范围内的专业分包工程的安全、进度、质量、文明施工负有管理职责。

d. 总承包单位与专业分包单位发生纠纷，由工程部负责协调处理，但工程部不可代替总承包单位对专业分包单位的管理，防止工程出现质量安全问题或工期延误。

e. 总承包单位不协调或者无能力协调专业分包单位，工程部应采取有效措施，协助总承包单位予以解决。

② 对专业分包单位的现场管理：

a. 专业分包单位应按合同约定的质量标准提供设备、材料及资料，并对其提供资料的真实性和技术符合性负责。

b. 专业分包单位所有设备、材料进场后应通知甲方验收，甲方在48小时内组织相关部门验收，验收合格的设备、材料方可进行施工。

c. 专业分包单位依据本合同约定的技术资料需土建配合的工程，委派技术员到甲方现场指导土建配合工作，并及时向甲方提供布置图及建筑、结构专业所需的完整技术条件。

d. 专业分包单位应遵守政府相关部门对施工场地交通、施工噪声以及环境保护和安全生产的管理规定，且应在设备安装前编制专项安全措施（方案）报甲方和监理单位审批后严格按安全标准组织施工。

e. 专业分包单位应注意保护甲方的已完成品、半成品。设备到场安装前，应编制专项成品保护、现场转运等技术措施报甲方认可后执行。由于专业分包单位原因造成甲方已完成品、半成品的损坏或污染，应在合同工期内恢复，其恢复费用由专业分包单位自行承担。由于专业分包单位原因不能及时恢复而通过甲方另行组织恢复的费用，由甲方从专业分包单位工程余款中加倍扣除。

f. 专业分包单位应在交工前清理现场，将实施本工程产生的所有垃圾清运出本项目之外，堆放至合法地点，并承担相应费用；如由甲方清理，其产生的相关费用由甲方从专业分包单位工程余款中加倍扣除。

③ 采用专业分包的优点。

a. 专业分包可以减少专业设备的投入，减少总承包单位的资金压力。

b. 专业分包可以降低总承包单位的成本。

c. 经验丰富的专业分包单位有利于保证工期和控制工程质量。

d. 专业分包可以提升总承包单位的管理水平。

4）本土雇员管理

在与业主签订总承包合同时，根据工程所在国法律的要求，为了提高本土的就业率，拉动本土的经济，合同通常要求总承包商雇佣一定数量的本土雇员，这一般都是强制性要求。雇佣本土雇员主要适用于需要熟悉工程所在国的法律法规的岗位，以及一些工作相对简单的岗位，前者如公关经理、法律顾问、律师、人力资源干事、会计、安全环保工程师，后者如专职司机、清洁工、文员等。

雇佣本土员工首先是为了满足合同和工程所在国的法律强制性要求的需要，其次是出于充分利用本土社会资源，降低工程成本的考量。一些关键岗位上的当地雇员可以利用他们的社会资源和人脉关系为项目服务，另外可以弥补总承包单位不熟悉当地法律法规的不足，一些简单的工作雇佣当地员工，还能降低人工费用成本，雇佣本土员工是施工企业必不可少的劳务管理模式。

国际劳务管理是国际工程项目管理重要的组成部分，科学的劳务管理是搞好项目管理的基础。自有劳务可以控制项目的主要关键工程，有利于控制项目的质量、安全、工期，选用优秀的专业分包商可以充分利用专业分包商的先进施工经验，雇佣本土雇员可以有效利用本土社会资源。总之，在充分研究合同条款，调查国际国内劳务市场的基础上，完善劳务承包模式和劳务人员选择可以降低劳务成本，减少劳务风险，提升项目管理水平，提高建筑企业国际竞争力。

3. 国际劳务风险管理

对于众多走出国门参与国际工程承包的国内建筑企业，通过劳务派遣或分包方式使用国内劳务仍然是其在国际工程项目中的主要用工模式，即由国内工程承包企业与国内的劳务派遣公司签订劳务派遣合同，或与承包商直接签订劳务分包合同，将中国劳务安排在国际工程现场施工。但是，该种传统用工模式经常受到项目所在国对外来劳务的准入限制，同时在实践中也产生了不少问题。

（1）各国对外来劳务准入的限制

现阶段国内建筑企业参与的国际工程承包项目主要集中于亚洲、非洲和拉丁美洲地区，笔者发现，多数国家一般通过以下几种方式对外来劳务实行准入限制：①设置雇佣本国劳务的最低比例；②设置外来劳务配额管理或劳动许可制度；③设置居住签证的续签期限等。

对于国内建筑企业参与承包国际工程的多数地区或国家，由于其失业率常年处于较高水平，创造更多的就业机会、降低失业率一直是当地政府致力发展的目标之一。因此，多数国家对外籍劳工的限制较多，准入条件也较为严苛。

（2）国内劳务输出的实践问题

在国内建筑企业向工程所在国输出国内劳务的过程中，由于地域、文化和环境等的差异，实践中也产生了不少问题，比如：

1）承包单位根据当地的相关法规要求需要为国内劳工办理各种签证、纳税、保险等，所产生的费用实际提高了承包单位实际的用工成本，而部分承包单位为降低成本，存在未给所有劳务人员办理相应证照及缴费的情况，实际上存在违法用工的情形。

2）由于工程所在国多为失业率较高的发展中国家，大量使用国内劳务不仅未为当地创造就业机会、反而带走了大量利润，对于当地居民及政府而言，带来的除了高耸的建筑，没有任何切实的技术技能，也没有任何生活水平的提升，可能会导致当地居民对国内施工企业的抵触情绪。

3）国内劳工无法完全遵守当地的风俗习惯或者当地劳工因存在宗教信仰导致与工作存在一定的冲突。

4）同时在雇佣当地劳工时，当地劳工一般不愿超出工作时间进行加班，对于工期紧张的项目势必带来不便。这些都为国内建筑企业对外承包工程埋下了隐患，不利于项目的有效开展。

5）国内企业在组织劳务人员办理出国手续时，存在由于各类原因未能办理工程所在国劳务签的现象，组织劳务人员以旅游签或商务签等形式进入国外进行施工，最后滞留国外无法办理正常回国手续。

（3）"一带一路"背景下的劳务风险管控

1）东道国劳务制度风险

"一带一路"国家多属于劳务输出型。因此，为保障本地人就业，政府对于当地企业聘用外籍员工都有严格的限制。并且，各国务工政策都处于不断调整变化的过程中，工作签证和工作许可证的申请条件都有日渐严苛的趋势。但需要说明的是，对于外籍高管或高级技术人员，东道国的准入政策相对于低技术劳务人员较松；尤其是对于任职在全外资子公司、职位较高的管理人员，政策又相对更为灵活。下文将结合"一带一路"国家的具体实例，以高级管理、技术人员为侧重点，简单介绍两种东道国常用的外来务工人员管制制度和各自存在的风险要点。

① 工作许可证制度及风险

许可证制度是东道国为限制外来务工总数，保障当地劳动力就业水平而采取的常见措施。大部分"一带一路"国家规定，申请主体必须是国籍为本地的企业；并且在申请过程中，雇主单位可能需要为被许可人提供不菲的金额担保（如卡塔尔、科威特等国）。在"一带一路"沿线，部分国家取消或不采取许可证制度，外来务工人员仅凭有效工作或商务签证就可入境（如巴基斯坦国等），也有许多国家（如菲律宾、印度尼西亚、柬埔寨、伊朗、沙特阿拉伯、乌兹别克斯坦、俄罗斯、埃塞俄比亚），许可证是申请工作签证的必要条件。为了申领东道国申请许可，外派人员必须与东道国企业签订雇佣合同，并以此凭合同申请许可证。因此，外派单位应就东道国劳务制度的具体要求，促使东道国的用人单位尽快满足政府颁发许可证的各项要求。只有在许可证被批准的情况下，才能进一步安排管理人员直接与境外用人单位签署雇佣合同，进而办理工作签证。

② 工作签证制度及风险

外国劳工在当地就业基本都需要移民局或是内务局颁发的工作签证；签证是入境及在东道国逗留的必要条件。除了劳务人员自身的专业素质和个人条件之外，每年颁发的签证数量可能受东道国劳动部门、商务投资部门的配额限制（如柬埔寨、马来西亚等）。如果有高管行业资格认证的需要，外派企业应了解当地所采用的认证机制，配合当地用工企业，及时将材料报送至相关部门，完成所需的行政审批。一般而言，外籍高管或高级技术人员所能获得的签证时长比普通劳工更长（一般在 3～5 年左右），续签过程也相对简单。某些国家针对公司管理人员也开办了不同类型的签证。如：在菲律宾，《移民法案》第九章下的"预定雇员签证"是签发给在菲从事技术、管理工作的外国人的标准签证。此签证的时效受雇佣合同和工作许可证影响，且必须报送劳务部门审批；第四十七章下规定的"特别非移民"签证则可由在菲律宾经济区署和投资注册署注册企业雇佣的外国人申请，虽也需送报，但其他申请条件则相对较松；菲律宾行政令 226 号下规定的"特别非移民签证"针对在投资署注册或是在菲律宾跨国公司总部工作的外国人，此类签证不再受工作许可和劳务部门的限制，持签证人享有多次出入境的权利；而另一种特殊签证，"苏比克签证"，则只能签发给地处苏比克自由港内企业雇佣的高级管理、技术人员。

2）合同风险

合同是记载雇佣方与受雇方权利义务的重要载体，合同条款约定不明或者条款缺失，可能会导致双方权利义务无法明确而带来不确定性的风险，并且发生争议时会给高管个人和企业都带来负面的证据影响。其中常见的包括薪资支付标准和方式、约定工时、岗位变更或终止的前提条件、赔偿等。合同条款的法律效力、合同条款约定不明的解释方法以及合同条款缺失时的处理方案也会因为不同国家而存在不同的结果。因此，在合同起草时，必须结合国内以及派遣地的劳动制度环境，全面写明双方权利义务，明确有效的纠纷解决方法，并严格审核条款在纠纷管辖地的法律效力。

3）管辖风险

确定管辖权是法律问题解决的前提条件，是实现法律实质正义的第一道防线，因此发生诉讼纠纷首当其冲的就是解决管辖权问题。"一带一路"建设推进过程中管理人员与企业（国内、东道国）间的劳动、劳务关系比较复杂，不仅包括中国籍高管派出至中国企业投资的海外企业（包括全资及合资公司）时，单独或者分别与国内公司或海外的合资公司签订劳动合同的情况，也包括外籍公司管理人员，单独或者分别与中国企业及境外雇主签订劳动合同的情况。同时，共建国家对涉外劳动纠纷的管辖原则和管辖依据的规定也不尽相同，甚至完全相反。因此，对同一个案件可能会发生几个国家的法院均有管辖权或者都不行使管辖权的现象，而且案件在不同国家的法院审理，其结果可能是大相径庭。例如：中国法律规定在中国境内发生的涉外劳动纠纷为专属管辖，不适用协议管辖，主要规定在《中华人民共和国涉外民事关系法律适用法》第四十三条及相关解释、《中华人民共和国劳动法》第二条、《最高人民法院关于审理劳动争议案件适用法律若干问题的解释（一）》（法释〔2020〕26号）第八条、《中华人民共和国劳动争议调解仲裁法》第二十一条。而新加坡作为海洋法系的典型代表，管辖规定与英国类似：如送达指控时被告地处新加坡，则新加坡法院有一般管辖权；如被告在海外（如中国），法院则会衡量事实，通过比较的方式认定哪个国家与案件有更"真实紧密"的联系。

4）法律冲突和适用风险

法律冲突是对同一民事关系所涉各国民事法律规定不同而发生的法律适用上的冲突，也包括不同法律同时调整一个法律关系时，在这些法律之间存在矛盾的法律问题。现有的法律适用原则包括：当事人意思自治原则、国际条约效力优先原则、强制性规定直接适用原则、最密切联系原则，各个国家之间采用的法律适用原则也皆不相同。随着"一带一路"建设的不断推进，必将导致共建国家之间的劳务交流日益频繁，由此引发的劳务纠纷案件将不断增加，法律冲突问题也将不断凸显。

4. 国际劳务属地化管理

随着国内建筑企业与工程承包所在国市场融合的不断深入，属地化管理已经成为许多国际工程项目承包商提升项目管理水平、降低管理成本的常见做法，同时也是国内建筑企业应对海外市场竞争和优化资源配置的重要举措。

（1）何谓劳务用工的属地化管理

所谓劳务用工的属地化管理，即综合利用工程所在国的人力资源，运用科学的管理手段，达到降低工程成本，增加企业效益的过程。在本质上，劳务用工的属地化管理包含两个阶段：

第一阶段，合理利用属地化劳务资源。由于近年来国内人力资源的逐渐短缺势必造成劳动价格的提升，原本国内在劳务用工上的成本优势也被进一步削弱。同时随着国外劳务市场的逐渐成熟，对于技术含量低、复杂程度不高的工作岗位，完全可以由当地雇员担任。另外，当地雇员具有先天的语言和文化优势，能够与监理、居民和政府形成有效的沟通互动。

第二阶段，有效管理属地化劳务资源。为充分利用当地人力资源，发挥其自身优势，国内承包商必须对属地化劳务资源形成高效的管理体系。通过对当地雇员文化习俗的充分尊重，提供全面劳动保护、技术培训和福利待遇等手段，一方面可以做到精细化和人性化的劳务管理；另一方面也可以为当地建筑市场的整体拓展储备资源。

（2）属地化管理的必要性

劳务用工的属地化管理作为国际工程行业的一大发展趋势，在实践中已被广泛接受，其原因包括：

第一，如前所述，由于各国对外来劳务用工都存在较为严格的准入限制，国内承包企业在输出国内劳务的实际过程中也产生了与当地文化环境不相适应的问题。

第二，随着国内人口的减少和国外劳务市场的逐渐成熟，国内原本在劳务成本上的优势已被大幅削弱。同时，由于多数发展中国家对职业教育的重视，国外市场并不缺乏具备专业技能的相关人才。

第三，现阶段随着"走出去"和"一带一路"政策的实施推进，国际工程行业快速发展，国际市场不断扩大，国内建筑企业面对从单纯承接个别项目开始转向在各国际主要语言区拓展建筑市场的境遇，而承包商如要完成市场的培育和拓展，并发展维系好下游材料及劳务的供应，纯粹依靠国内资源显然已无法满足当前的战略需要。

第四，实行属地化管理有利于克服工程所在国当地的市场壁垒、文化壁垒和信任障碍，构建合理的劳务用工体系。同时可以通过开放的平台，学习业内的先进管理模式，快速提高国内建筑企业的项目管理水平，实现企业的转型升级。

（3）劳务用工属地化管理的重点及措施建议

国内承包企业在逐步实现劳务用工属地化管理的过程中，建议从以下几个方面进行把握：

1）规范劳工聘用程序，建立合理用工体系

目前国内众多承包企业虽然已逐步采用劳务用工属地化的管理模式，但是属地化水平较低，且劳务用工体系不合理。即便是针对有人员聘用比例的项目，国内承包企业在选择当地人员时也多倾向于中低层劳务人员，包括较低水平的施工人员、纯劳动性质的行政及辅助人员、保洁人员等，几乎仅仅是为达到政府或当地主管部门设定的准入限制，对于管理层和关键岗位，很少会聘用当地人员。从企业管理角度而言，将重点职位掌握在国内人员的手中确实无可厚非，这也与国内的外资企业的管理人员构架较为相像；不过从培育市场及储备资源的角度，这样的模式并不能完全满足企业发展的需要。

同样是从事海外工程的企业，日本或德国的建筑公司在承接项目时，大部分的建筑工人甚至技术性工人均会从当地聘用。由于整体水平落后，当地的劳务人员最初可能无法达到工程施工的技术要求，为确保施工质量，日本、德国建筑公司一般会在当地建设技术培训学校，对聘用的劳务人员进行技术培训。而一般的工程项目，工期短则两三年，长则五年以上，在长期的工程实践中，劳务人员的技术水平及施工能力都在逐步上升，后期基本可以达到担任培训老师的水准。这样高水平的劳务人员就可以继续培训新聘用的施工人员，形成良性循环。而在建筑公司在当地承接新项目时，就可以直接使用这部分已经成熟的劳务人员，人工成本及时间成本均能够大大降低。

对于属地化劳务资源的选择应针对工程所在国国家采取符合该国国情、政策以及项目需要的方式灵活处理。如果希望在当地建立市场，且当地的政治经济形势都较为稳定的，不妨在承接第一个项目时即着手培养施工层面的当地劳务资源；在具备一定项目管理水平的前提下，可以适当提高在管理层和关键部门属地化人才的比例，发挥其先天在语言、文化和谈判等方面的优势。同时需要注意，对劳务资源的渠道选择和聘用程序也应遵守当地的相关法律法规和项目的相应管理制度。

2）转变传统管理思想，推进属地化的深入

在当前属地化管理的发展趋势下，仍然用旧眼光看待劳务资源管理，用旧思维指导劳务资源及其他项目管理，必然导致企业在国际工程行业中行为被动、思想局限，与国内企业"走出去"的国家政策目标不相匹配，也会阻碍企业的持续发展。

国内承包企业要打开并建设国际市场，除了加强属地化劳务资源的配备外，也要转变并强化管理人员的属地化管理意识，逐步组建具备先进管理理念的项目团队，并拓展当地下游的材料商及分包商的储备，最终实现项目属地化管理的战略规划。

承包企业在多年的工程实践中，一般都会逐步建立起下游供应商的资源列表，哪些材料商的资信、技术实力、产品质量更佳，哪些分包商的管理能力、道德品质较差，根据多次的合作或者在建筑圈内的调查，国内承包企业必然了然于心。而海外工程项目出于成本、海关、运输等考虑，也不可能所有设备及材料都和劳务人员一样从国内输入，大部分的材料均需在当地购买，诸如土方等分包项目也需与当地的分包商进行合作。而要拓展当地的建筑市场，国内承包商也需要在当地能有一套可以选择的优质材料商的清单，对于分包工程而言，一方面可以考察当地的分包单位是否合格；另一方面，国内承包商也可考虑与当地政府或企业进行合作经营，自行设立发展分包，形成自有的下游供应链。

3）尊重当地文化习俗，构建良好工作氛围

国内某承包商在中东地区承接项目时，聘用了部分当地居民，由于当地多数居民信仰伊斯兰教，因此施工过程中，居民向承包商提出，希望承包商能够提供临时建筑供其进行礼拜。因为建设礼拜场地的成本较低，且施工人员确实存在需求，承包商即为其建设了一间临时场所。项目施工到一半的时候，当地发生了武装冲突，承包商不得不停工撤离。然而由于事发突然，大量的设备材料等无法全部妥善安置，承包商主要人员撤出后，项目上的当地居民将重要的设备、物资等进行了撤离及隐匿，冲突平息后，大部分设备及材料均完好无损。

由于文化差异，尤其是宗教习俗的不同，国内承包企业"走出去"不可避免地会与当地雇员产生摩擦甚至冲突。如果缺乏对当地风俗习惯、宗教礼仪、传统文化的基本认识和尊重，必然会引起当地雇员或民众的反对情绪，不利于项目正常的经营活动。而赠人玫瑰，手有余香，若尊重并维护当地的宗教文化习俗，承包商在国际项目中可能会如上述案例一样，得到当地居民的尊重与帮助。

深入了解并自觉尊重当地雇员的文化习俗和宗教信仰，实现文化上的相互包容是每一个国内承包企业"走出去"的一门必修课程。只有充分了解当地雇员的工作和生活所需，并在着装规定、饮食提供和场所配备上充分考虑当地习俗，才能营造良好的工作氛围，便于更好地推动各项工作开展。

4）遵守当地法律法规，增强法律保护意识

力图"走出去"的国内建筑企业必须了解到，在对当地雇员的招聘解聘、薪酬福利以及税收等问题上等都要受到项目所在国相关法律法规的限制，如果仍延续国内工程项目的管理思维模式，会导致用工和企业的管理制度和当地的法律法规有所抵触，甚至为企业带来许多劳资纠纷的法律风险。

国际项目所在国在劳动保障等有些方面较国内有着更为严格的法律标准，例如员工加班时间以及加班所涉及的工资问题。另外，不同国家在劳动保障方面的执行力度上也都有较大区别。笔者建议，企业在承接项目前，可借助专业资源，深入比较法律制度上的差别，分析项目管理制度上可能存在的法律风险，趋利避害，必将对劳务用工属地化管理的实施有所裨益。

案例分析：沙特阿拉伯劳务人员属地化的研究（见二维码）。

17.1

17.3.2 国际工程常用合同文本简介

1. FIDIC 合同条款介绍

（1）FIDIC 合同文本简介

1）FIDIC 组织

FIDIC 是国际咨询工程师联合会（Fédération Internationale Des Ingénieurs Conseils）的法文字头的缩写，简称"菲迪克"。FIDIC 是最具权威的国际咨询工程师组织，在总结以往国际工程施工管理的成功经验和失败教训的基础上，发布了大量的项目管理有关文件和标准化的合同文本，推动了全球高质量的工程咨询服务业的发展。

2）FIDIC 发布的标准合同文本

目前得到广泛应用的 FIDIC 标准合同文本有：

①《施工合同条件》（1999 年版），适用于各类大型或较复杂的工程项目，承包商按照雇主提供的设计进行施工或施工总承包的合同。

②《生产设备和设计——施工合同条件》（1999 年版），适用于由承包商按照雇主要求进行设计、生产设备制造和安装的电力、机械、房屋建筑等工程的合同。

③《设计采购施工（EPC）/交钥匙工程合同条件》（1999 年版），适用于承包商以交钥匙方式进行设计、采购和施工，完成一个配备完善的工程，雇主"转动钥匙"时即可运行的总承包项目建设合同。

④《简明合同格式》（1999 年版），适用于投资金额相对较小、工期短、不需进行专业分包，相对简单或重复性的工程项目施工。

⑤《土木工程施工分包合同条件》（1994 年版），适用于承包商与专业工程施工分包商订立的施工合同。

⑥《客户/咨询工程师（单位）服务协议书》（1998 年版），适用于雇主委托工程咨询单位进行项目的前期投资研究、可行性研究、工程设计、招标评标、合同管理和投产准备等的咨询服务合同。

3）FIDIC 的《施工合同条件》

《施工合同条件》是 FIDIC 编制其他合同文本的基础，《生产设备和设计——施工合同条件》（1999 年版）和《设计采购施工（EPC）/交钥匙工程合同条件》不仅文本格式与《施工合同条件》相同，而且内容要求相同的条款完全照搬施工合同中的相应条款。《简明合同格式》是《施工合同条件》的简化版，对雇主与承包商履行合同过程中的权利、义务规定相同。

《施工合同条件》不仅在国际承包工程中得到广泛的应用，而且各国编制的标准施工合同范本也大量参考了该文本的合同格式和条款的约定，包括我国九部委颁发的中华人民共和国标准施工招标文件中的施工合同。

由国际复兴开发银行、亚洲开发银行、非洲开发银行、黑海贸易与开发银行、加勒比开发银行、欧洲复兴与开发银行、泛美开发银行、伊斯兰开发银行、北欧发展基金与 FIDIC 共同对《施工合同条件》通用条件的部分条款进行了细化和调整，形成《施工合同条件》多边开发银行协调版。由于 FIDIC 编制的合同文本力求在雇主与承包商之间体现风险合理分担的原则，而国际投资金融机构的贷款对象是雇主，调整的条款更偏重雇主对施工过程中的控制。

(2) FIDIC 施工合同条件部分条款

九部委颁发的标准施工合同文本大量借鉴了 FIDIC《施工合同条件》的条款编制原则，但鉴于我国法律的规定和建筑市场的特点，有些条款部分采用，有些条款没有采纳。以下就此类的部分条款与标准施工合同的差异作一个简单介绍。

1) 工程师

① 工程师的地位

工程师属于雇主人员，但不同于雇主雇佣的一般人员，在施工合同履行期间独立工作。处理施工过程中有关问题时应保持公平（Fair）的态度，而非 FIDIC 上一版本《土木工程施工合同条件》要求的公正（Imparially）处理原则。

② 工程师的权力

工程师可以行使施工合同中规定的或必然隐含的权力，雇主只是授予工程师独立作出决定的权限。通用条款明确规定，除非得到承包商同意，雇主承诺不对工程师的权力作进一步的限制。

③ 助手的指示

助手相当于我国项目监理机构中的专业监理工程师，工程师可以向助手指派任务和付托部分权力。助手在授权范围内向承包人发出的指示，具有与工程师指示同样的效力。如果承包商对助手的指示有疑义时，不需再请助手澄清，可直接提交工程师请其对该指示予以确认、取消或改变。

④ 口头指示

工程师或助手通常采用书面形式向承包商作出指示，但某些特殊情况可以在施工现场发出口头指示，承包商也应遵照执行，并在事后及时补发书面指示。如果工程师未能及时补发书面指示，又在收到承包人将口头指示的书面记录要求工程师确认的函件 2 个工作日内未作出确认或拒绝答复，则承包商的书面函件应视为对口头指示的书面确认。

2) 不可预见的物质条件

"不可预见的物质条件"是针对签订合同时雇主和承包商都无法合理预见的不利于施工的外界条件影响，使承包商增加了施工成本和工期延误，应给承包商的损失相应补偿的条款。我国九部委发布的标准施工合同中，取用了该条款应给补偿的部分。FIDIC《施工合同条件》进一步规定，工程师在确定最终费用补偿额时，还应当审查承包商在过去类似部分的施工过程中，是否遇到过比招标文件给出的更为有利的施工条件而节约施工成本的情况。如果有的话，应在给予承包人的补偿中扣除该部分施工节约的成本作为此事件的最终补偿额。

该条款的完整内容，体现了工程师公平处理合同履行过程中有关事项的原则。不可预见的物质条件给承包商造成的损失应给予补偿，承包商以往类似情况节约的成本也应作适当的抵消。应用此条款扣减施工节约成本有四个关键点需要注意：一是承包商未依据此条款提出索赔，工程师不得对以往承包人在有利条件下施工节约的成本主动扣减；二是扣减以往节约成本部分是与本次索赔在施工性质、施工组织和方法相类似部分，如果不类似的施工部位节约的成本不涉及扣除；三是有利部分只涉及以往，以后可能节约的部分不能作为扣除的内容；四是以往类似部分施工节约成本的扣除金额，最多不能大于本次索赔对承包商损失应补偿的金额。

3）指定分包商

为了防止发包人错误理解指定分包商而干扰建筑市场的正常秩序，我国的标准施工合同中没有选用此条款。在国际各标准施工合同内均有"指定分包商"的条款，说明使用指定分包商有必然的合理性。指定分包商是指由雇主或工程师选定与承包商签订合同的分包商，完成招标文件中规定承包商承包范围以外工程施工或工作的分包人。指定分包商的施工任务通常是承包商无力完成的特殊专业工程施工，需要使用专门技术、特殊设备和专业施工经验的某项专业性强的工程。由于施工过程中承包商与指定分包商的交叉干扰多，工程师无法合理协调才采用的施工组织方式。

指定分包商条款的合理性，以不得损害承包商的合法利益为前提。具体表现为：一是招标文件中已说明了指定分包商的工作内容；二是承包商有合法理由时，可以拒绝与雇主选定的具体分包单位签订指定分包合同；三是给指定分包商支付的工程款，从承包商投标报价中未摊入应回收的间接费、税金、风险费的暂定金额内支出；四是承包商对指定分包商的施工协调收取相应的管理费；五是承包商对指定分包商的违约不承担责任。

4）竣工试验

① 未能通过竣工试验

我国标准施工合同针对竣工试验结果只做出"通过"或"拒收"两种规定，FIDIC《施工合同条件》增加了雇主可以折价接收工程的情况。如果竣工试验表明虽然承包商完成的部分工程未达到合同约定的质量标准，但该部分工程位于非主体或关键工程部位，对工程运行的功能影响不大，在雇主同意接收的前提下工程师可以颁发工程接收证书。

雇主从工程缺陷不会严重影响项目的运行使用，为了提前或按时发挥工程效益角度考虑，可能同意接收存在缺陷的部分工程。由于该部分工程合同的价格是按质量达到要求前提下确定的，因此同意接收有缺陷的部分工程应当扣减相应的金额。雇主与承包商协商后确定减少的金额，应当足以弥补工程缺陷给雇主带来的价值损失。

② 对竣工试验的干扰

承包商提交竣工验收申请报告后，由于雇主应负责的外界条件不具备而不能正常进行竣工试验达到 14 天以上，为了合理确定承包商的竣工时间和该部分工程移交雇主及时发挥效益，规定工程师应颁发接收证书。缺陷责任期内竣工试验条件具备时，进行该部分工程的竣工试验。由于竣工后的补检试验是承包人投标时无法合理预见的情况，因此补检试验比正常竣工试验多出的费用应补偿给承包商。

5）工程量变化后的单价调整

FIDIC《施工合同条件》规定 6 类情况属于变更的范畴，在我国标准施工合同"变更"条款下规定了 5 种属于变更的情况，相差的一项为"合同中包括的任何工作内容数量的改变"。我国标准施工合同将此情况纳入计量与支付的条款内，但未规定实际完成工程量与工程量清单中预计工程量增减变化较大时，可以调整合同价格的规定。

FIDIC《施工合同条件》对工程量增减变化较大需要调整合同约定单价的原则是，必须同时满足以下 4 个条件：

① 该部分工程在合同内约定属于按单价计量支付的部分；

② 该部分工作通过计量超过工程量清单中估计工程量的数量变化超过 10%；

③ 计量的工作数量与工程量清单中该项单价的乘积，超过中标合同金额（我国标准

合同中的"签约合同价")的 0.01%;

④ 数量的变化导致该项工作的施工单位成本超过 1%。

6) 预付款的扣还

FIDIC《施工合同条件》对工程预付款回扣的起扣点和扣款金额给出明确的量化规定。

① 预付款的起扣点

当已支付的工程进度款累计金额,扣除后续支付的预付款和已扣留的保留金(我国标准施工合同中的"质量保证金")两项款额后,达到中标合同价减去暂列金额后的 10% 时,开始从后续的工程进度款支付中回扣工程预付款。

② 每次工程进度款支付时扣还的预付款额度

在预付款起扣点后的工程进度款支付时,按本期承包商应得的金额中减去后续支付的预付款和应扣保留金后款额的 25%,作为本期应扣还的预付款。

7) 保留金的返还

我国标准施工合同中规定质量保证金在缺陷责任期满后返还给承包人。FIDIC《施工合同条件》规定保留金在工程师颁发工程接收证书和颁发履约证书后分两次返还。

颁发工程接收证书后,将保留金的 50% 返还承包商。若为其颁发的是按合同约定的分部移交工程接收证书,则返还按分部工程价值比例计算保留金的 40%。

颁发履约证书后将全部保留金返还承包商。由于分部移交工程的缺陷责任期的到期时间早于整个工程的缺陷责任期的到期时间,对分部移交工程的二次返还,约为该部分剩余保留金的 40%。

8) 不可抗力事件后果的责任

FIDIC《施工合同条件》和我国标准施工合同对不可抗力事件后果的责任规定不同。我国标准施工合同依据《中华人民共和国合同法》的规定,以不可抗力发生的时点来划分不可抗力的后果责任,即以施工现场人员和财产的归属,发包人和承包人各自承担本方的损失,延误的工期相应顺延。FIDIC《施工合同条件》是以承包商投标时能否合理预见来划分风险责任的归属,即由于承包商的中标合同价内未包括不可抗力损害的风险费用,因此对不可抗力的损害后果不承担责任。由于雇主与承包商在订立合同时均不可能预见此类自然灾害和社会性突发事件的发生,且在工程施工过程中既不能避免其发生也不能克服,因此雇主承担风险责任,延误的工期相应顺延,承包商受到损害的费用由雇主给予支付。

(3) 英国 NEC 合同文本

1) NEC 合同文本简介

英国土木工程师学会编制的标准合同文本(NEC 合同),不仅在英国和英联邦国家得到广泛应用,而且对国际上众多的标准化文本的起草起到参考和借鉴作用,在全球的影响力很大。NEC 的合同系列包括工程施工合同、专业服务合同、工程设计与施工简要合同、评判人合同、定期合同和框架合同。工程施工合同(ECC)的管理理念和合同原则是 NEC 系列其他合同编制的基础,以下就工程施工合同文本作一简单介绍。

2) 工程施工合同文本的履行管理模式

工程施工合同文本的条款规定,是基于当事人双方信誉良好、履行合同诚信基础上设定的条款内容,施工过程中发生的有关事项由雇主聘任的项目经理与承包商通过协商确定的二元管理模式。合同争议首先提交给当事人共同选定的"评判人",独立、公正地做出处理决定。虽然合同涉及的相关方中也有工程师，但他的职责仅限于工程实施的质量管理，不参与合同履行的全面管理，比我国监理工程师的职责简单。

3）工程施工合同文本的结构

工程施工合同文本具有条款用词简洁、使用灵活的特点，为广泛适用于各类的土木工程施工管理，标准文本的结构采用在核心条款，使用者根据实施工程的承包特点，采用积木块组合形式，选择本工程适用的主要选项条款和次要条款，形成具体的工程施工合同。

① 核心条款

核心条款是施工合同的基础和框架，规定的工作程序和责任适用于施工承包、设计施工总承包和交钥匙工程承包的各类施工合同。工程施工合同中的核心条款设有九条：总则；承包商的主要责任；工期；测试和缺陷；付款；补偿事件；所有权；风险和保险；争端和合同终止，共有155款。

② 主要选项条款

由于核心条款是对施工合同主要共性条款的规定，因此还要根据具体工程的合同策略，在主要选项条款的6个不同合同计价模式中确定一个适用模式，将其纳入到合同条款之中（只能选择一项）。主要选项条款是对核心条款的补充和细化，每一主要选项条款均有许多针对核心条款的补充规定，只要将对应序号的补充条款纳入核心条款即可。主要选项条款包括：

选项A：带有分项工程表的标价合同；

选项B：带有工程量清单的标价合同；

选项C：带有分项工程表的目标合同；

选项D：带有工程量清单的目标合同；

选项E：成本补偿合同；

选项F：管理合同。

标价合同适用于签订合同时价格已经确定的合同，选项A适用于固定价格承包，选项B适用于采用综合单价计量承包；目标合同（选项C、选项B）适用于拟建工程范围在订立合同时还没有完全界定或预测风险较大的情况，承包商的投标价作为合同的目标成本，当工程费用超支或节省时，雇主与承包商按合同约定的方式分摊；成本补偿合同（选项E）适用于工程范围的界定尚不明确，甚至以目标合同为基础也不够充分，而且又要求尽早动工的情况，工程成本部分实报实销，按合同约定的工程成本一定百分比作为承包商的收入；管理合同（选项F）适用于施工管理承包，管理承包商与雇主签订管理承包合同，他不直接承担施工任务，以管理费用和估算的分包合同总价报价。管理承包商与若干施工分包商订立分包合同，确定的分包合同履行费用由雇主支付。若承包商直接参与施工，将部分承包任务分包，则不属于管理合同。

③ 次要选项条款

工程施工合同文本中提供了18项可供选择的次要选项条款，包括：通货膨胀引起的价格调整；法律的变化；多种货币；母公司担保；区段竣工；提前竣工奖金；误期损害赔偿费；"伙伴关系"协议；履约保证；支付承包商预付款；承包商对其设计所承担的责任只限于运用合理的技术和精心设计；保留金；功能欠佳赔偿费；有限责任；关键业绩指标；1996年房屋补助金、建设和重建法案（适用于英国本土实施的工程）；1999年合同法案（适用于英国本土实施的工程）；其他合同条件。

雇主在制定具体工程的施工合同时，根据工程项目的具体情况和自身要求选择本工程合同适用的选项条款。对于采用的选项，需要对应做出进一步明确的内容约定。

对于具体工程项目建设使用的施工合同，核心条款加上选定的主要选项条款和次要选项条款，就构成了一个内容约定完备的合同文件。

4）合作伙伴管理理念

核心条款明确规定，雇主、承包商、项目经理和工程师应在工作中相互信任、相互合作和风险合理分担。工程施工合同规定合同履行过程中的合作伙伴管理，改变了传统的雇主与承包商以合同价格为核心，中标靠报价、盈利靠索赔的合同对立关系，建立以工程按质、按量、按期完成并实现项目的预期功能，作为参与项目建设有关各方的共同目标，进行合作管理的新理念［Partnering（合伙）管理模式］。次要选项条款中规定的伙伴关系协议，要求雇主与参建各方在相互信任、资源共享的基础上，通过签订合作伙伴协议。组建工作团队，在兼顾各方利益的条件下，明确团队的共同目标和各自责任，建立完善的协调和沟通机制，实现风险合理分担的项目团队管理实施模式。

①"伙伴关系"协议

鉴于参与工程项目的有关方较多，影响施工正常进行的影响因素来源于各个方面，因此建立伙伴关系的有关各方不仅指施工合同的双方当事人和参与实施管理的有关各方，还可能包括合同定义的"其他方"。其他方指不直接参与本合同的人员和机构，包括雇主、项目经理、工程师、裁决人、承包商以及承包商的雇员、分包商或供应商以外的人员或机构。

伙伴关系协议明确各方工作应达到的关键考核指标，以及完成考核指标后应获得的奖励。雇主负责支付咨询顾问费用，承包商负责支付专业分包商的费用。如果因伙伴关系中某一方的过失造成了损失，各方也应通过双边合同的约定来解决。对于违约方的最终惩罚是将来不再给他达成伙伴关系的机会，即表明其诚信和能力存在污点，对以后项目的承接或参与均会产生影响。

由参与团队的主要有关方组成的核心项目组负责协调伙伴关系成员之间的关系，监控现场内外的工程实施。团队成员有义务向雇主或其他成员提示施工过程中的错误、遗漏或不一致之处，尽早防患于未然。

② 早期警告

工程施工合同文本提出的早期警告条款，是在双方诚信合作基础上实现项目预期目标的很好措施，建立了风险预警机制。当项目经理或承包人任一方发现有可能影响合同价款、推迟竣工或削弱工程的使用功能的情况时，应立即向对方发出早期警告，而非事件发生后进行索赔。这些事件可能涉及发现意外地质条件；主要材料或设备的供货可能延误；因公用设施工程或其他承包商工程可能造成的延误；恶劣气候条件的影响；分包商未履约以及设计问题等情况。

项目经理和承包商都可以提出召开早期警告会议，并在对方同意后邀请其他方出席，其他方可能包括分包商、供应商、公用事业部门、地方行政机关代表或雇主。与会各方在合作的前提下，提出并研究建议措施以避免或减小早期警告通知的问题影响；寻求对受影响的所有各方均有利的解决办法；决定各方应采取的行动。项目经理应在早期警告会议上对所研究的建议和做出的决定记录在案，会后发给承包商。在核心条款"补偿事件"标题下规定，项目经理发出的指令或变更导致合同价款的补偿时，如果项目经理认为承包商未就此事件发出过一个有经验的承包商应发出的早期警告，可适当减少承包商应得的补偿。

(4) 美国 AIA 合同文本

AIA 合同文本简介

美国建筑师学会（AIA）编制了众多的系列标准合同文本，适用于不同的项目管理类型和管理模式，包括传统模式、CM 模式、设计-建造模式和集成化管理模式。

A 系列：雇主与施工承包商、CM 承包商、供应商之间的合同，以及总承包商与分包商之间合同的文本；

B 系列：雇主与建筑师之间合同的文本；

C 系列：建筑师与专业咨询机构之间合同的文本；

D 系列：建筑师行业的有关文件；

E 系列：合同和办公管理中使用的文件。

每一系列均包括很多相关的文件，供使用者选择，《施工合同通用条件》（A201）是施工期间所涉及各类合同文件的基础。

(5) CM 合同

① CM 合同类型

CM 合同属于管理承包合同，有别于施工总承包商承包后对分包合同的管理。与雇主签订合同的 CM 承包商，属于承担施工的承包商公司，而非建筑师或专业咨询机构。依据雇主委托项目实施阶段管理的范围和管理责任不同，分为代理型 CM 合同和风险型 CM 合同两类。代理型 CM 合同，CM 承包商只为雇主对设计和施工阶段的有关问题提供咨询服务，不承担项目的实施风险。风险型 CM 合同，要求在设计阶段为雇主提供咨询服务但不参与合同履行的管理，施工阶段相当于总承包商，与分包商、供货商签订分包合同，承担各分包合同的协调管理职责，在保证工程按设定的最大费用前提下完成工程施工任务。

② 风险型 CM 的工作

风险型 CM 承包商应非常熟悉施工工艺和方法；了解施工成本的组成；有很高的施工管理和组织协调能力，工作内容包括施工前阶段的咨询服务和施工阶段的组织、管理工作。

工程设计阶段 CM 承包商就介入，为设计者提供建议。建议的内容可能包括：将预先考虑的施工影响因素供设计者参考，尽可能使设计具有可施工性；运用价值工程提出改进设计的建议，以节省工程总投资等。

部分设计完成后 CM 承包商即可选择分包商施工，而不一定等工程的设计全部完成后才开始施工，以缩短项目的建设周期（采用快速路径法）。CM 承包商对雇主委托范围的工作，可以自己承担部分施工任务，也可以全部由分包商实施。自己施工部分属于施工承包，不在 CM 工作范围。CM 工作则是负责对自己选择的施工分包商和供货商，以及雇主签订合同交由 CM 负责管理的承包商（视雇主委托合同的约定）和指定分包商的实施工程进行组织、协调、管理，保证承包管理的工程部分能够按合同要求顺利完成。

③ 风险型 CM 的合同计价方式

风险型 CM 合同采用成本加酬金的计价方式，成本部分由雇主承担，CM 承包商获取约定的酬金。CM 承包商签订的每一个分包合同均对雇主公开，雇主按分包合同约定的价格支付，CM 承包商不赚取总包、分包合同的差价，这是与总承包后再分包的主要差异之一。CM 承包商的酬金约定通常可采用以下三种方式中的一种：按分包合同价的百分比取费；按分包合同实际发生工程费用的百分比取费；固定酬金。

④ 保证工程最大费用

随着设计的进展和深化，CM 承包商要陆续编制工程各部分的工程预算。施工图设计完成后，CM 承包商按照最终的工程预算提出保证工程的最大费用值（GMP，Guaranteed Maximum Prile）。CM 承包商与雇主协商达成一致后，按 GMP 的限制进行计划和组织施工，对施工阶段的工作承担经济责任。当工程实际总费用超过 GMP 时，超过部分由 CM 承包商承担，即管理性承包的含义。但并不意味 CM 是按 GMP 费用为合同承包总价，对于工程节约的费用归雇主，CM 承包商可以按合同约定的一定百分比获得相应的奖励。约定保证工程最大费用（GMP）后，由于实施过程中发生 CM 承包商确定 GMP 时不一致使得工程费用增加的情况发生后，可以与雇主协商调整 GMP。可能的情况包括：发生设计变更或补充图纸；雇主要求变更材料、设备的标准、系统、种类、数量和质量；雇主签约交由 CM 承包商管理的施工承包商或雇主指定分包商与 CM 承包商签约的合同价大于 GMP 中的相应金额等情况。

任务 18　建筑施工安全管理

18.1　任务描述

安全生产是关系人民群众生命财产安全的大事，是经济社会协调健康发展的一个重要标志，是党和政府对人民利益高度负责的充分体现。"生命重于泰山，人民的生命安全高于一切"，这也是习近平总书记对安全生产的要求。坚决遏制重特大事故频发势头，有效遏制重特大事故发生就是我们的头等大事，也是学习安全管理的任务所在。

18.2　任务目标

熟悉施工安全生产许可制度，施工安全生产责任和安全生产教育培训制度，施工现场安全防护制度，生产安全事故报告与调查处理制度。建设单位和相关单位的建设工程安全责任制度和建设工程安全生产的监督管理。让学生依法办事，引导学生树立正确的世界观、人生观、价值观。

18.3　知识储备与任务指导

针对安全生产事故主要特点和突出问题，层层压实责任，狠抓整改落实，强化风险防控，从根本上消除事故隐患，有效遏制重特大事故发生。要加强安全生产监管，分区分类加强安全监管执法，强化企业主体责任落实，牢牢守住安全生产底线，切实维护人民群众生命财产安全。

新时代人民群众对美好生活的向往、对安全感的期待日益增长，如果安全工作都做不好，人民生命安全得不到保障，就谈不上让人民生活得更美好。

建筑安全生产管理是指建设行政主管部门、建筑安全监督管理机构、建筑施工企业及有关单位对建筑生产过程中的安全工作，进行计划、组织、指挥、控制、监督等一系列的管理活动。其目的在于保证建筑工程安全和建筑职工的人身安全。

建筑安全生产管理包括纵向、横向和施工现场三个方面的管理。纵向方面的管理主要是指建设行政主管部门及其授权的建筑安全监督管理机构对建筑安全生产的行业监督管理。横向方面的管理主要是指建筑生产有关各方如建设单位、设计单位、监理单位和建筑施工企业等的安全责任和义务。施工现场管理主要是指控制人的不安全行为和物的不安全状态，是建筑安全生产管理的关键和集中体现。

建筑生产的特点是产品固定、人员流动，而且多为露天高空作业，不安全因素较多，有些工作危险性较大，是事故多发性行业。

为了加强建筑安全生产管理，预防和减少建筑业事故的发生，保障建筑职工及他人的人身安全和财产安全，国家相关部门制定了一系列的工程建设安全生产法律法规和规范性文件，主要有：
1)《中华人民共和国建筑法》（简称为《建筑法》）
2)《中华人民共和国安全生产法》（简称为《安全生产法》）
3)《建设工程安全生产管理条例》（国务院令第393号）
4)《安全生产许可证条例》（国务院令第397号颁布，国务院令第653号修正）
5)《生产安全事故报告和调查处理条例》（国务院令第493号）

上述"两法三条例"的发布与施行，对于加强建筑安全生产监督管理，保障人民群众生命和财产安全具有十分重要的意义。

18.3.1 建筑安全生产认证制度

为了严格规范安全生产条件，进一步加强安全生产监督管理，防止和减少生产安全事故，国家和相关部门制定了一系列的安全生产认证制度。下面介绍安全生产许可证制度。

1. 安全生产许可证的适用范围

《安全生产许可证条例》第二条规定，国家对矿山企业、建筑施工企业和危险化学品、烟花爆竹、民用爆炸物品生产企业（以下统称企业）实行安全生产许可制度。企业未取得安全生产许可证的，不得从事生产活动。

建筑施工企业，是指从事土木工程、建筑工程、线路管道和设备安装工程及装修工程的新建、扩建、改建和拆除等有关活动的企业。

2. 建筑施工企业安全生产许可证的颁发和管理

《安全生产许可证条例》第四条规定，省、自治区、直辖市人民政府建设主管部门负责建筑施工企业安全生产许可证的颁发和管理，并接受国务院建设主管部门的指导和监督。

3. 取得安全生产许可证的条件

《建筑施工企业安全生产许可证管理规定》（建设部令第128号）规定，建筑施工企业取得安全生产许可证，应当具备下列安全生产条件：①建立、健全安全生产责任制，制定完备的安全生产规章制度和操作规程；②保证本单位安全生产条件所需资金的投入；③设置安全生产管理机构，按照国家有关规定配备专职安全生产管理人员；④主要负责人、项目负责人、专职安全生产管理人员经住房和城乡建设主管部门或者其他有关部门考核合格；⑤特种作业人员经有关业务主管部门考核合格，取得特种作业操作资格证书；⑥管理人员和作业人员每年至少进行一次安全生产教育培训并考核合格；⑦依法参加工伤保险，依法为施工现场从事危险作业的人员办理意外伤害保险，为从业人员交纳保险费；⑧施工现场的办公、生活区及作业场所和安全防护用具、机械设备、施工机具及配件符合有关安全生产法律、法规、标准和规程的要求；⑨有职业危害防治措施，并为作业人员配备符合国家标准或者行业标准的安全防护用具和安全防护服装；⑩有对危险性较大的分部分项工程及施工现场易发生重大事故的部位、环节的预防、监控措施和应急预案；⑪有生产安全事故应急救援预案、应急救援组织或者应急救援人员，配备必要的应急救援器材、设备；⑫法律、法规规定的其他条件。

4. 取得安全生产许可证的程序

根据《建筑施工企业安全生产许可证管理规定》（建设部令第128号）的规定，建筑施工企业从事建筑施工活动前，应当依法向注册所在地省、自治区、直辖市人民政府住房和城乡建设主管部门申请领取安全生产许可证，并向住房和城乡建设主管部门提供下列材料：①建筑施工企业安全生产许可证申请表；②企业法人营业执照；③申请安全生产许可证应当具备条件相关文件、材料。住房和城乡建设主管部门应当自收到申请之日起45日内审查完毕，经审查符合本条例规定的安全生产条件的，颁发安全生产许可证；不符合本条例规定的安全生产条件的，不予颁发安全生产许可证，书面通知企业并说明理由。企业自接到通知之日起应当进行整改，整改合格后方可再次提出申请。

5. 安全生产许可证的有效期限

《安全生产许可证条例》第九条规定，安全生产许可证的有效期为3年。安全生产许可证有效期满需要延期的，企业应当于期满前3个月向原安全生产许可证颁发管理机关办理延期手续。

企业在安全生产许可证有效期内，严格遵守有关安全生产的法律法规，未发生死亡事故的，安全生产许可证有效期届满时，经原安全生产许可证颁发管理机关同意，不再审查，安全生产许可证有效期延期3年。

6. 安全生产许可证的变更、注销与补办

根据《建筑施工企业安全生产许可证管理规定》（建设部令第128号）第九条规定，建筑施工企业变更名称、地址、法定代表人等，应当在变更后10日内，到原安全生产许可证颁发管理机关办理安全生产许可证变更手续。

第十条规定，建筑施工企业破产、倒闭、撤销的，应当将安全生产许可证交回原安全生产许可证颁发管理机关予以注销。

第十一条规定，建筑施工企业遗失安全生产许可证，应当立即向原安全生产许可证颁发管理机关报告，并在公众媒体上声明作废后，方可申请补办。

7. 安全生产许可证的监管

根据《建筑施工企业安全生产许可证管理规定》（建设部令第128号）第十三条规定，县级以上人民政府建设主管部门应当加强对建筑施工企业安全生产许可证的监督管理。建设主管部门在审核发放施工许可证时，应当对已经确定的建筑施工企业是否有安全生产许可证进行审查，对没有取得安全生产许可证的，不得颁发施工许可证。

第十五条规定，建筑施工企业取得安全生产许可证后，不得降低安全生产条件，并应当加强日常安全生产管理，接受建设主管部门的监督检查。安全生产许可证颁发管理机关发现企业不再具备安全生产条件的，应当暂扣或者吊销安全生产许可证。第十八条规定，建筑施工企业不得转让、冒用安全生产许可证或者使用伪造的安全生产许可证。

第十六条规定，安全生产许可证颁发管理机关或者其上级行政机关发现有下列情形之一的，可以撤销已经颁发的安全生产许可证：①安全生产许可证颁发管理机关工作人员滥用职权、玩忽职守颁发安全生产许可证的；②超越法定职权颁发安全生产许可证的；③违反法定程序颁发安全生产许可证的；④对不具备安全生产条件的建筑施工企业颁发安全生产许可证的；⑤依法可以撤销已经颁发的安全生产许可证的其他情形。

依照前款规定撤销安全生产许可证，建筑施工企业的合法权益受到损害的，建设主管部门应当依法给予赔偿。

8. 对违法行为应当承担的法律责任

《建筑施工企业安全生产许可证管理规定》(建设部令第 128 号)第二十二条规定,取得安全生产许可证的建筑施工企业,发生重大安全事故的,暂扣安全生产许可证并限期整改。

第二十三条规定,建筑施工企业不再具备安全生产条件的,暂扣安全生产许可证并限期整改;情节严重的,吊销安全生产许可证。

第二十四条规定,违反本规定,建筑施工企业未取得安全生产许可证擅自从事建筑施工活动的,责令其在建项目停止施工,没收违法所得,并处 10 万元以上 50 万元以下的罚款;造成重大安全事故或者其他严重后果,构成犯罪的,依法追究刑事责任。

第二十五条规定,违反本规定,安全生产许可证有效期满未办理延期手续,继续从事建筑施工活动的,责令其在建项目停止施工,限期补办延期手续,没收违法所得,并处 5 万元以上 10 万元以下的罚款;逾期仍不办理延期手续,继续从事建筑施工活动的,依照本规定第二十四条的规定处罚。

第二十六条规定,违反本规定,建筑施工企业转让安全生产许可证的,没收违法所得,处 10 万元以上 50 万元以下的罚款,并吊销安全生产许可证;构成犯罪的,依法追究刑事责任;接受转让的,依照本规定第二十四条的规定处罚。冒用安全生产许可证或者使用伪造的安全生产许可证的,依照本规定第二十四条的规定处罚。

第二十七条规定,违反本规定,建筑施工企业隐瞒有关情况或者提供虚假材料申请安全生产许可证的,不予受理或者不予颁发安全生产许可证,并给予警告,1 年内不得申请安全生产许可证。建筑施工企业以欺骗、贿赂等不正当手段取得安全生产许可证的,撤销安全生产许可证,3 年内不得再次申请安全生产许可证;构成犯罪的,依法追究刑事责任。

18.3.2 施工安全生产责任和安全生产教育培训制度

1. 施工单位的安全生产责任

(1) 安全生产管理的方针

《安全生产法》第三条规定,安全生产工作坚持中国共产党的领导。

安全生产工作应当以人为本,坚持人民至上、生命至上,把保护人民生命安全摆在首位,树牢安全发展理念,坚持安全第一、预防为主、综合治理的方针,从源头上防范化解重大安全风险。

安全生产工作实行管行业必须管安全、管业务必须管安全、管生产经营必须管安全,强化和落实生产经营单位主体责任与政府监管责任,建立生产经营单位负责、职工参与、政府监管、行业自律和社会监督的机制。

(2) 安全生产责任制度

安全生产责任制度是建筑生产中最基本的安全生产管理制度,是所有安全生产规章制度的核心。

1) 施工单位主要负责人的安全生产责任

《安全生产法》第二十一条规定,生产经营单位的主要负责人对本单位安全生产工作负有下列职责:①建立健全并落实本单位全员安全生产责任制,加强安全生产标准化建设；②组织制定并实施本单位安全生产规章制度和操作规程；③组织制定并实施本单位安全生产教育和培训计划；④保证本单位安全生产投入的有效实施；⑤组织建立并落实安全风险分级管控和隐患排查治理双重预防工作机制，督促、检查本单位的安全生产工作，及时消除生产安全事故隐患；⑥组织制定并实施本单位的生产安全事故应急救援预案；⑦及时、如实报告生产安全事故。

《建设工程安全生产条例》第二十一条第一款规定，施工单位主要负责人依法对本单位的安全生产工作全面负责。施工单位应当建立健全安全生产责任制度和安全生产教育培训制度，制定安全生产规章制度和操作规程，保证本单位安全生产条件所需资金的投入，对所承担的建设工程进行定期和专项安全检查，并做好安全检查记录。

根据《建筑施工企业主要负责人、项目负责人和专职安全生产管理人员安全生产管理规定》（住房和城乡建设部令第 17 号）及其《建筑施工企业主要负责人、项目负责人和专职安全生产管理人员安全生产管理规定实施意见》的规定，企业主要负责人，是指对本企业生产经营活动和安全生产工作具有决策权的领导人员。企业主要负责人包括法定代表人、总经理（总裁）、分管安全生产的副总经理（副总裁）、分管生产经营的副总经理（副总裁）、技术负责人、安全总监等。

2）施工单位项目负责人的安全生产责任

根据《建筑施工企业主要负责人、项目负责人和专职安全生产管理人员安全生产管理规定》（住房和城乡建设部令第 17 号）的规定，项目负责人，是指取得相应注册执业资格，由企业法定代表人授权，负责具体工程项目管理的人员。

《建设工程安全生产管理条例》第二十一条第二款规定，施工单位的项目负责人应当由取得相应执业资格的人员担任，对建设工程项目的安全施工负责，落实安全生产责任制度、安全生产规章制度和操作规程，确保安全生产费用的有效使用，并根据工程的特点组织制定安全施工措施，消除安全事故隐患，及时、如实报告生产安全事故。

《建筑施工企业主要负责人、项目负责人和专职安全生产管理人员安全生产管理规定》（住房和城乡建设部令第 17 号）规定，项目负责人对本项目安全生产管理全面负责，应当建立项目安全生产管理体系，明确项目管理人员安全职责，落实安全生产管理制度，确保项目安全生产费用有效使用。项目负责人应当按规定实施项目安全生产管理，监控危险性较大分部分项工程，及时排查处理施工现场安全事故隐患，隐患排查处理情况应当记入项目安全管理档案，发生事故时，应当按规定及时报告并开展现场救援。工程项目实行总承包的，总承包企业项目负责人应当定期考核分包企业安全生产管理情况。

3）安全生产管理机构和专职安全生产管理人员的安全生产责任

《建设工程安全生产管理条例》第二十三条规定，施工单位应当设立安全生产管理机构，配备专职安全生产管理人员。专职安全生产管理人员负责对安全生产进行现场监督检查。发现安全事故隐患，应当及时向项目负责人和安全生产管理机构报告；对违章指挥、违章操作的，应当立即制止。

《建筑施工企业安全生产管理机构设置及专职安全生产管理人员配备办法》（建质〔2008〕91 号）第七条规定，建筑施工企业安全生产管理机构专职安全生产管理人员在施工现场检查过程中具有以下职责：①查阅在建项目安全生产有关资料、核实有关情况；②检查危险性较大工程安全专项施工方案落实情况；③监督项目专职安全生产管理人员履责情况；④监督作业人员安全防护用品的配备及使用情况；⑤对发现的安全生产违章违规行为或安全隐患，有权当场予以纠正或作出处理决定；⑥对不符合安全生产条件的设施、设备、器材，有权当场作出查封的处理决定；⑦对施工现场存在的重大安全隐患有权越级报告或直接向建设主管部门报告；⑧企业明确的其他安全生产管理职责。

《建筑施工企业安全生产管理机构设置及专职安全生产管理人员配备办法》（建质〔2008〕91号）第八条规定，建筑施工企业安全生产管理机构专职安全生产管理人员的配备应满足下列要求，并应根据企业经营规模、设备管理和生产需要予以增加：①建筑施工总承包资质序列企业：特级资质不少于6人；一级资质不少于4人；二级和二级以下资质企业不少于3人。②建筑施工专业承包资质序列企业：一级资质不少于3人；二级和二级以下资质企业不少于2人。③建筑施工劳务分包资质序列企业：不少于2人。④建筑施工企业的分公司、区域公司等较大的分支机构（以下简称分支机构）应依据实际生产情况配备不少于2人的专职安全生产管理人员。

第十三条规定，总承包单位配备项目专职安全生产管理人员应当满足下列要求：①建筑工程、装修工程按照建筑面积配备：A. 1万平方米以下的工程不少于1人；B. 1万～5万平方米的工程不少于2人；C. 5万平方米及以上的工程不少于3人，且按专业配备专职安全生产管理人员。②土木工程、线路管道、设备安装工程按照工程合同价配备：A. 5000万元以下的工程不少于1人。B. 5000万～1亿元的工程不少于2人。C. 1亿元及以上的工程不少于3人，且按专业配备专职安全生产管理人员。

第十四条规定，分包单位配备项目专职安全生产管理人员应当满足下列要求：①专业承包单位应当配置至少1人，并根据所承担的分部分项工程的工程量和施工危险程度增加。②劳务分包单位施工人员在50人以下的，应当配备1名专职安全生产管理人员；50人～200人的，应当配备2名专职安全生产管理人员；200人及以上的，应当配备3名及以上专职安全生产管理人员，并根据所承担的分部分项工程施工危险实际情况增加，不得少于工程施工人员总人数的5‰。

第十五条规定，采用新技术、新工艺、新材料或致害因素多、施工作业难度大的工程项目，项目专职安全生产管理人员的数量应当根据施工实际情况，在上述规定的配备标准上增加。

（3）施工现场带班制度

《建筑施工企业负责人及项目负责人施工现场带班暂行办法》（建质〔2011〕111号）规定，建筑施工企业应当建立企业负责人及项目负责人施工现场带班制度，并严格考核。施工现场带班包括企业负责人带班检查和项目负责人带班生产。企业负责人带班检查是指由建筑施工企业负责人带队实施对工程项目质量安全生产状况及项目负责人带班生产情况的检查。项目负责人带班生产是指项目负责人在施工现场组织协调工程项目的质量安全生产活动。

建筑施工企业负责人要定期带班检查，每月检查时间不少于其工作日的25%。建筑施工企业负责人带班检查时，应认真做好检查记录，并分别在企业和工程项目存档备查。工程项目进行超过一定规模的危险性较大的分部分项工程施工时，建筑施工企业负责人应到施工现场进行带班检查。对于有分公司（非独立法人）的企业集团，集团负责人因故不能到现场的，可书面委托工程所在地的分公司负责人对施工现场进行带班检查。工程项目出现险情或发现重大隐患时，建筑施工企业负责人应到施工现场带班检查，督促工程项目进行整改，及时消除险情和隐患。

项目负责人是工程项目质量安全管理的第一责任人，应对工程项目落实带班制度负责。项目负责人在同一时期只能承担一个工程项目的管理工作。项目负责人带班生产时，要全面掌握工程项目质量安全生产状况，加强对重点部位、关键环节的控制，及时消除隐患。要认真做好带班生产记录并签字存档备查。项目负责人每月带班生产时间不得少于本月施工时间的80%。因其他事务需离开施工现场时，应向工程项目的建设单位请假，经批准后方可离开。离开期间应委托项目相关负责人负责其外出时的日常工作。

（4）群防群治制度

群防群治制度是《建筑法》规定的、职工群众进行预防和治理安全的一种制度。这一制度要求职工群众在施工过程中，应当遵守有关的法律、法规及规章，不得违章作业；对于危及生命安全和身体健康的行为有权提出批评、检举和控告。

（5）重大事故隐患治理督办制度

《房屋市政工程生产安全重大隐患排查治理挂牌督办暂行办法》规定，建筑施工企业是房屋市政工程生产安全重大隐患排查治理的责任主体，应当建立健全重大隐患排查治理工作制度，并落实到每一个工程项目。企业及工程项目的主要负责人对重大隐患排查治理工作全面负责。建筑施工企业应当定期组织安全生产管理人员、工程技术人员和其他相关人员排查每一个工程项目的重大隐患，特别是对深基坑、高支模、地铁隧道等技术难度大、风险大的重要工程应重点定期排查。对排查出的重大隐患，应及时实施治理消除，并将相关情况进行登记存档。

房屋市政工程生产安全重大隐患治理挂牌督办按照属地管理原则，由工程所在地和主管部门组织实施。省级住房和城乡建设主管部门进行指导和监督。住房和城乡建设主管部门接到工程项目重大隐患举报，应立即组织核实，属实的由工程所在地住房和城乡建设主管部门及时向承建工程的建筑施工企业下达《房屋市政工程生产安全重大隐患治理挂牌督办通知书》，并公开有关信息，接受社会监督。

重大隐患是指在房屋建筑和市政工程施工过程中，存在的危害程度较大、可能导致群死群伤或造成重大经济损失的生产安全隐患。

2. 施工总承包单位和分包单位的安全生产责任

《安全生产法》第四十八条规定，两个以上生产经营单位在同一作业区域内进行生产经营活动，可能危及对方生产安全的，应当签订安全生产管理协议，明确各自的安全生产管理职责和应当采取的安全措施，并指定专职安全生产管理人员进行安全检查与协调。

《建筑法》第四十五条规定，施工现场安全由建筑施工企业负责。实行施工总承包的，由总承包单位负责。分包单位向总承包单位负责，服从总承包单位对施工现场的安全生产管理。

《建设工程安全生产管理条例》（国务院令第393号）第二十四条规定，建设工程实行施工总承包的，由总承包单位对施工现场的安全生产负总责。总承包单位应当自行完成建设工程主体结构的施工。承包单位依法将建设工程分包给其他单位的，分包合同中应当明确各自的安全生产方面的权利、义务。总承包单位和分包单位对分包工程的安全生产承担连带责任。分包单位应当服从总承包单位的安全生产管理，分包单位不服从管理导致生产安全事故的，由分包单位承担主要责任。

3. 施工作业人员的安全生产权利和义务

（1）施工作业人员的安全生产权利

根据《安全生产法》《建筑法》及其他有关法律、法规的规定，施工作业人员主要享有以下权利：

1）依法签约权

《安全生产法》第五十二条规定，生产经营单位与从业人员订立的劳动合同，应当载明有关保障从业人员劳动安全、防止职业危害的事项，以及依法为从业人员办理工伤保险的事项。生产经营单位不得以任何形式与从业人员订立协议，免除或者减轻其对从业人员因生产安全事故伤亡依法应承担的责任。

2）获得劳动防护用品权

《安全生产法》第四十五条规定，生产经营单位必须为从业人员提供符合国家标准或者行业标准的劳动防护用品，并监督、教育从业人员按照使用规则佩戴、使用。

3）知情建议权

《安全生产法》第五十三条规定，生产经营单位的从业人员有权了解其作业场所和工作岗位存在的危险因素、防范措施及事故应急措施，有权对本单位的安全生产工作提出建议。

4）监督拒绝权

《安全生产法》第五十四条规定，从业人员有权对本单位安全生产工作中存在的问题提出批评、检举、控告；有权拒绝违章指挥和强令冒险作业。生产经营单位不得因从业人员对本单位安全生产工作提出批评、检举、控告或者拒绝违章指挥、强令冒险作业而降低其工资、福利等待遇或者解除与其订立的劳动合同。

5）紧急避险权

《安全生产法》第五十五条规定，从业人员发现直接危及人身安全的紧急情况时，有权停止作业或者在采取可能的应急措施后撤离作业场所。生产经营单位不得因从业人员在前款紧急情况下停止作业或者采取紧急撤离措施而降低其工资、福利等待遇或者解除与其订立的劳动合同。

6）获得赔偿权

《建筑法》第四十八条规定，建筑施工企业应当依法为职工参加工伤保险缴纳工伤保险费。鼓励企业为从事危险作业的职工办理意外伤害保险，支付保险费。

《安全生产法》第五十六条规定，生产经营单位发生生产安全事故后，应当及时采取措施救治有关人员。因生产安全事故受到损害的从业人员，除依法享有工伤保险外，依照有关民事法律尚有获得赔偿的权利的，有权向本单位提出赔偿要求。

7）工会保护权

《安全生产法》第六十条规定，工会有权对建设项目的安全设施与主体工程同时设计、同时施工、同时投入生产和使用进行监督，提出意见。工会对生产经营单位违反安全生产法律、法规，侵犯从业人员合法权益的行为，有权要求纠正，发现生产经营单位违章指挥、强令冒险作业或者发现事故隐患时，有权提出解决的建议，生产经营单位应当及时研究答复；发现危及从业人员生命安全的情况时，有权向生产经营单位建议组织从业人员撤离危险场所，生产经营单位必须立即作出处理。工会有权依法参加事故调查，向有关部门提出处理意见，并要求追究有关人员的责任。

（2）施工作业人员的义务

根据《安全生产法》《建筑法》及其他有关法律、法规的规定，施工作业人员主要应当履行以下义务：

1）遵规守法，服从管理，正确佩戴和使用劳动防护用品的义务。

《安全生产法》第五十七条规定，从业人员在作业过程中，应当严格落实岗位安全责任，遵守本单位的安全生产规章制度和操作规程，服从管理，正确佩戴和使用劳动防护用品。

《建设工程安全生产管理条例》（国务院令第393号）第三十三条规定，作业人员应当遵守安全施工的强制性标准、规章制度和操作规程，正确使用安全防护用具、机械设备等。

2）接受安全生产教育培训的义务。

《安全生产法》第五十八条规定，从业人员应当接受安全生产教育和培训，掌握本职工作所需的安全生产知识，提高安全生产技能，增强事故预防和应急处理能力。

《建设工程安全生产管理条例》第三十六条第二款规定，施工单位应当对管理人员和作业人员每年至少进行一次安全生产教育培训，其教育培训情况记入个人工作档案。安全生产教育培训考核不合格的人员，不得上岗。

3）事故隐患的报告义务。

《安全生产法》第五十九条规定，从业人员发现事故隐患或者其他不安全因素，应当立即向现场安全生产管理人员或者本单位负责人报告；接到报告的人员应当及时予以处理。

4. 施工单位安全生产教育培训制度

（1）安管人员的培训考核制度

《建设工程安全生产管理条例》（国务院令第393号）第三十六条第一款规定，施工单位的主要负责人、项目负责人、专职安全生产管理人员应当经建设行政主管部门或者其他有关部门考核合格后方可任职。

根据《建筑施工企业主要负责人、项目负责人和专职安全生产管理人员安全生产管理规定》（住房和城乡建设部令第17号）的规定，建筑施工企业主要负责人、项目负责人和专职安全生产管理人员合称为安管人员。

"安管人员"应当通过其受聘企业，向企业工商注册地的省、自治区、直辖市人民政府住房和城乡建设主管部门申请安全生产考核，并取得安全生产考核合格证书。安全生产考核不得收费。安全生产考核合格证书有效期为3年，证书在全国范围内有效。

根据《建筑施工企业主要负责人、项目负责人和专职安全生产管理人员安全生产管理规定实施意见》的规定，专职安全生产管理人员分为机械、土建、综合三类。机械类专职安全生产管理人员可以从事起重机械、土石方机械、桩工机械等安全生产管理工作。土建类专职安全生产管理人员可以从事除起重机械、土石方机械、桩工机械等安全生产管理工作以外的安全生产管理工作。综合类专职安全生产管理人员可以从事全部安全生产管理工作。

新申请专职安全生产管理人员安全生产考核只可以在机械、土建、综合三类中选择一类。机械类专职安全生产管理人员在参加土建类安全生产管理专业考试合格后,可以申请取得综合类专职安全生产管理人员安全生产考核合格证书。土建类专职安全生产管理人员在参加机械类安全生产管理专业考试合格后,可以申请取得综合类专职安全生产管理人员安全生产考核合格证书。

(2) 特种作业人员的培训考核制度

《建设工程安全生产管理条例》(国务院令第 393 号)第二十五条规定,垂直运输机械作业人员、安装拆卸工、爆破作业人员、起重信号工、登高架设作业人员等特种作业人员,必须按照国家有关规定经过专门的安全作业培训,并取得特种作业操作资格证书后,方可上岗作业。

《建筑施工特种作业人员管理规定》规定,建筑施工特种作业人员是指在房屋建筑和市政工程施工活动中,从事可能对本人、他人及周围设备设施的安全造成重大危害作业的人员。建筑施工特种作业人员必须经建设主管部门考核合格,取得建筑施工特种作业人员操作资格证书,方可上岗从事相应作业。

建筑施工特种作业包括:①建筑电工;②建筑架子工;③建筑起重信号司索工;④建筑起重机械司机;⑤建筑起重机械安装拆卸工;⑥高处作业吊篮安装拆卸工;⑦经省级以上人民政府建设主管部门认定的其他特种作业。

(3) 企业全员的安全生产教育培训制度

《建筑法》第四十六条规定,建筑施工企业应当建立健全劳动安全生产教育培训制度,加强对职工安全生产的教育培训;未经安全生产教育培训的人员,不得上岗作业。

(4) 作业人员进入新的岗位或者新的施工现场前的安全生产教育培训制度

《建设工程安全生产管理条例》(国务院令第 393 号)第三十七条第一款规定,作业人员进入新的岗位或者新的施工现场前,应当接受安全生产教育培训。未经教育培训或者教育培训考核不合格的人员,不得上岗作业。

(5) 采用新技术、新工艺、新设备、新材料时的安全生产教育培训制度

《安全生产法》第二十九条规定,生产经营单位采用新工艺、新技术、新材料或者使用新设备,必须了解、掌握其安全技术特性,采取有效的安全防护措施,并对从业人员进行专门的安全生产教育和培训。

《建设工程安全生产管理条例》(国务院令第 393 号)第三十七条第二款规定,施工单位在采用新技术、新工艺、新设备、新材料时,应当对作业人员进行相应的安全生产教育培训。

5. 违法行为应当承担的法律责任

(1) 施工单位应当承担的法律责任

《安全生产法》第九十七条规定,生产经营单位有下列行为之一的,责令限期改正,处 10 万元以下的罚款;逾期未改正的,责令停产停业整顿,并处 10 万元以上 20 万元以下的罚款,对其直接负责的主管人员和其他直接责任人员处 2 万元以上 5 万元以下的罚款:①未按照规定设置安全生产管理机构或者配备安全生产管理人员、注册安全工程师的;②危险物品的生产、经营、储存、装卸单位以及矿山、金属冶炼、建筑施工、道路运输单位的主要负责人和安全生产管理人员未按照规定经考核合格的;③未按照规定对从业人员、被派遣劳动者、实习学生进行安全生产教育和培训,或者未按照规定如实告知有关

的安全生产事项的；④未如实记录安全生产教育和培训情况的；⑤未将事故隐患排查治理情况如实记录或者未向从业人员通报的；⑥未按照规定制定生产安全事故应急救援预案或者未定期组织演练的；⑦特种作业人员未按照规定经专门的安全作业培训并取得相应资格，上岗作业的。

《建设工程安全生产管理条例》（国务院令第 393 号）第六十二条规定，违反本条例的规定，施工单位有下列行为之一的，责令限期改正；逾期未改正的，责令停业整顿，依照《中华人民共和国安全生产法》的有关规定处以罚款；造成重大安全事故，构成犯罪的，对直接责任人员，依照刑法有关规定追究刑事责任：①未设立安全生产管理机构、配备专职安全生产管理人员或者分部分项工程施工时无专职安全生产管理人员现场监督的；②施工单位的主要负责人、项目负责人、专职安全生产管理人员、作业人员或者特种作业人员，未经安全教育培训或者经考核不合格即从事相关工作的；③未在施工现场的危险部位设置明显的安全警示标志，或者未按照国家有关规定在施工现场设置消防通道、消防水源、配备消防设施和灭火器材的；④未向作业人员提供安全防护用具和安全防护服装的；⑤未按照规定在施工起重机械和整体提升脚手架、模板等自升式架设设施验收合格后登记的；⑥使用国家明令淘汰、禁止使用的危及施工安全的工艺、设备、材料的。

《中华人民共和国刑法》第一百三十七条规定，[工程重大安全事故罪]建设单位、设计单位、施工单位、工程监理单位违反国家规定，降低工程质量标准，造成重大安全事故的，对直接责任人员，处 5 年以下有期徒刑或者拘役，并处罚金；后果特别严重的，处 5 年以上 10 年以下有期徒刑，并处罚金。

（2）安管人员应当承担的法律责任

《安全生产法》第九十四条规定，生产经营单位的主要负责人未履行本法规定的安全生产管理职责的，责令限期改正，处 2 万元以上 5 万元以下的罚款；逾期未改正的，处 5 万元以上 10 万元以下的罚款，责令生产经营单位停产停业整顿。生产经营单位的主要负责人有前款违法行为，导致发生生产安全事故的，给予撤职处分；构成犯罪的，依照刑法有关规定追究刑事责任。生产经营单位的主要负责人依照前款规定受刑事处罚或者撤职处分的，自刑罚执行完毕或者受处分之日起，5 年内不得担任任何生产经营单位的主要负责人；对重大、特别重大生产安全事故负有责任的，终身不得担任本行业生产经营单位的主要负责人。

《安全生产法》第九十五条规定，生产经营单位的主要负责人未履行本法规定的安全生产管理职责，导致发生生产安全事故的，由应急管理部门依照下列规定处以罚款：①发生一般事故的，处上一年年收入 40% 的罚款；②发生较大事故的，处上一年年收入 60% 的罚款；③发生重大事故的，处上一年年收入 80% 的罚款；④发生特别重大事故的，处上一年年收入 100% 的罚款。

《建设工程安全生产管理条例》第 58 条规定，注册执业人员未执行法律、法规和工程建设强制性标准的，责令停止执业 3 个月以上 1 年以下；情节严重的，吊销执业资格证书，5 年内不予注册；造成重大安全事故的，终身不予注册；构成犯罪的，依照刑法有关规定追究刑事责任。

《建设工程安全生产管理条例》（国务院令第 393 号）第六十六条规定，违反本条例的规定，施工单位的主要负责人、项目负责人未履行安全生产管理职责的，责令限期改正；

逾期未改正的，责令施工单位停业整顿；造成重大安全事故、重大伤亡事故或者其他严重后果，构成犯罪的，依照刑法有关规定追究刑事责任。作业人员不服管理、违反规章制度和操作规程冒险作业造成重大伤亡事故或者其他严重后果，构成犯罪的，依照刑法有关规定追究刑事责任。施工单位的主要负责人、项目负责人有前款违法行为，尚不够刑事处罚的，处 2 万元以上 20 万元以下的罚款或者按照管理权限给予撤职处分；自刑罚执行完毕或者受处分之日起，5 年内不得担任任何施工单位的主要负责人、项目负责人。

《中华人民共和国刑法》第一百三十四条规定，强令他人违章冒险作业，或者明知存在重大事故隐患而不排除，仍冒险组织作业，因而发生重大伤亡事故或者造成其他严重后果的，处 5 年以下有期徒刑或者拘役；情节特别恶劣的，处 5 年以上有期徒刑。

《中华人民共和国刑法》第一百三十五条规定，安全生产设施或者安全生产条件不符合国家规定，因而发生重大伤亡事故或者造成其他严重后果的，对直接负责的主管人员和其他直接责任人员，处 3 年以下有期徒刑或者拘役；情节特别恶劣的，处 3 年以上 7 年以下有期徒刑。

（3）作业人员应当承担的法律责任

《安全生产法》第一百零七条规定，生产经营单位的从业人员不落实岗位安全责任，不服从管理，违反安全生产规章制度或者操作规程的，由生产经营单位给予批评教育，依照有关规章制度给予处分；构成犯罪的，依照刑法有关规定追究刑事责任。

《中华人民共和国刑法》第一百三十四条规定，［重大责任事故罪］在生产、作业中违反有关安全管理的规定，因而发生重大伤亡事故或者造成其他严重后果的，处 3 年以下有期徒刑或者拘役；情节特别恶劣的，处 3 年以上 7 年以下有期徒刑。

经典案例见二维码。

18.3.3　施工现场安全防护制度

1. 编制安全技术措施、临时用电方案和专项施工方案制度

《建筑法》第三十八条规定，建筑施工企业在编制施工组织设计时，应当根据建筑工程的特点制定相应的安全技术措施；对专业性较强的工程项目，应当编制专项安全施工组织设计，并采取安全技术措施。

《建设工程安全生产管理条例》（国务院令第 393 号）第二十六条规定，施工单位应当在施工组织设计中编制安全技术措施和施工现场临时用电方案，对下列达到一定规模的危险性较大的分部分项工程编制专项施工方案，并附具安全验算结果，经施工单位技术负责人、总监理工程师签字后实施，由专职安全生产管理人员进行现场监督：①基坑支护与降水工程；②土方开挖工程；③模板工程；④起重吊装工程；⑤脚手架工程；⑥拆除、爆破工程；⑦国务院建设行政主管部门或者其他有关部门规定的其他危险性较大的工程。对前款所列工程中涉及深基坑、地下暗挖工程、高大模板工程的专项施工方案，施工单位还应当组织专家进行论证、审查。

《危险性较大的分部分项工程安全管理规定》（住房和城乡建设部令第 37 号）规定，本规定所称危险性较大的分部分项工程（简称"危险性较大分部分项工程"），是指房屋建筑和市政基础设施工程在施工过程中，容易导致人员群死、群伤或者造成重大经济损失的分部分项工程。

施工单位应当在危险性较大分部分项工程施工前组织工程技术人员编制专项施工方案。实行施工总承包的，专项施工方案应当由施工总承包单位组织编制。危险性较大分部分项工程实行分包的，专项施工方案可以由相关专业分包单位组织编制。

专项施工方案应当由施工单位技术负责人审核签字、加盖单位公章，并由总监理工程师审查签字、加盖执业印章后方可实施。危险性较大分部分项工程实行分包并由分包单位编制专项施工方案的，专项施工方案应当由总承包单位技术负责人及分包单位技术负责人共同审核签字并加盖单位公章。

对于超过一定规模的危险性较大分部分项工程，施工单位应当组织召开专家论证会对专项施工方案进行论证。实行施工总承包的，由施工总承包单位组织召开专家论证会。专家论证前专项施工方案应当通过施工单位审核和总监理工程师审查。专家应当从地方人民政府住房和城乡建设主管部门建立的专家库中选取，符合专业要求且人数不得少于5名。与本工程有利害关系的人员不得以专家身份参加专家论证会。

超过一定规模的危险性较大分部分项工程专项施工方案专家论证会的参会人员应当包括：

(1) 专家；

(2) 建设单位项目负责人；

(3) 有关勘察、设计单位项目技术负责人及相关人员；

(4) 总承包单位和分包单位技术负责人或授权委派的专业技术人员、项目负责人、项目技术负责人、专项施工方案编制人员、项目专职安全生产管理人员及相关人员；

(5) 监理单位项目总监理工程师及专业监理工程师。

2. 安全技术交底制度

《建设工程安全生产管理条例》（国务院令第393号）第二十七条规定，建设工程施工前，施工单位负责项目管理的技术人员应当对有关安全施工的技术要求向施工作业班组、作业人员作出详细说明，并由双方签字确认。

《危险性较大的分部分项工程安全管理规定》（住房和城乡建设部令第37号）规定，专项施工方案实施前，编制人员或者项目技术负责人应当向施工现场管理人员进行方案交底。施工现场管理人员应当向作业人员进行安全技术交底，并由双方和项目专职安全生产管理人员共同签字确认。

3. 施工现场安全防护制度

(1) 安全警示标志设置制度

《建设工程安全生产管理条例》（国务院令第393号）第二十八条第一款规定，施工单位应当在施工现场入口处、施工起重机械、临时用电设施、脚手架、出入通道口、楼梯口、电梯井口、孔洞口、桥梁口、隧道口、基坑边沿、爆破物及有害危险气体和液体存放处等危险部位，设置明显的安全警示标志。安全警示标志必须符合国家标准。

(2) 施工现场安全防护措施制度

《建设工程安全生产管理条例》（国务院令第393号）第二十八条第二款规定，施工单位应当根据不同施工阶段和周围环境及季节、气候的变化，在施工现场采取相应的安全施工措施。施工现场暂时停止施工的，施工单位应当做好现场防护，所需费用由责任方承担，或者按照合同约定执行。

（3）施工现场临时设施安全卫生制度

《建设工程安全生产管理条例》（国务院令第393号）第二十九条规定，施工单位应当将施工现场的办公、生活区与作业区分开设置，并保持安全距离；办公、生活区的选址应当符合安全性要求。职工的膳食、饮水、休息场所等应当符合卫生标准。施工单位不得在尚未竣工的建筑物内设置员工集体宿舍。施工现场临时搭建的建筑物应当符合安全使用要求。施工现场使用的装配式活动房屋应当具有产品合格证。

（4）对施工周边环境的安全防护措施制度

《建设工程安全生产管理条例》（国务院令第393号）第三十条规定，施工单位对因建设工程施工可能造成损害的毗邻建筑物、构筑物和地下管线等，应当采取专项防护措施。施工单位应当遵守有关环境保护法律、法规的规定，在施工现场采取措施，防止或者减少粉尘、废气、废水、固体废物、噪声、振动和施工照明对人和环境的危害和污染。在城市市区内的建设工程，施工单位应当对施工现场实行封闭围挡。

（5）安全防护用具、机械设备等安全管理制度

《建设工程安全生产管理条例》（国务院令第393号）第三十四条规定，施工单位采购、租赁的安全防护用具、机械设备、施工机具及配件，应当具有生产（制造）许可证、产品合格证，并在进入施工现场前进行查验。施工现场的安全防护用具、机械设备、施工机具及配件必须由专人管理，定期进行检查、维修和保养，建立相应的资料档案，并按照国家有关规定及时报废。

《建设工程安全生产管理条例》（国务院令第393号）第三十五条规定，施工单位在使用施工起重机械和整体提升脚手架、模板等自升式架设设施前，应当组织有关单位进行验收，也可以委托具有相应资质的检验检测机构进行验收；使用承租的机械设备和施工机具及配件的，由施工总承包单位、分包单位、出租单位和安装单位共同进行验收。验收合格的方可使用。

《特种设备安全监察条例》规定的施工起重机械，在验收前应当经有相应资质的检验检测机构监督检验合格。施工单位应当自施工起重机械和整体提升脚手架、模板等自升式架设设施验收合格之日起30日内，向建设行政主管部门或者其他有关部门登记。登记标志应当置于或者附着于该设备的显著位置。

4. 安全费用管理制度

（1）安全费用管理制度概述

《安全生产法》第二十三条规定，生产经营单位应当具备的安全生产条件所必需的资金投入，由生产经营单位的决策机构、主要负责人或者个人经营的投资人予以保证，并对由于安全生产所必需的资金投入不足导致的后果承担责任。有关生产经营单位应当按照规定提取和使用安全生产费用，专门用于改善安全生产条件。安全生产费用在成本中据实列支。安全生产费用提取、使用和监督管理的具体办法由国务院财政部门会同国务院应急管理部门征求国务院有关部门意见后制定。

《建设工程安全生产管理条例》（国务院令第393号）第八条规定，建设单位在编制工程概算时，应当确定建设工程安全作业环境及安全施工措施所需费用。第二十二条规定，施工单位对列入建设工程概算的安全作业环境及安全施工措施所需费用，应当用于施工安全防护用具及设施的采购和更新、安全施工措施的落实、安全生产条件的改善，不得挪作他用。

《企业安全生产费用提取和使用管理办法》规定，本办法所称安全生产费用（以下简称安全费用）是指企业按照规定标准提取在成本中列支，专门用于完善和改进企业或者项目安全生产条件的资金。安全费用按照"企业提取、政府监管、确保需要、规范使用"的原则进行管理。

（2）施工单位安全费用的提取制度

《企业安全生产费用提取和使用管理办法》第七条规定，建设工程施工企业以建筑安装工程造价为计提依据。各建设工程类别安全费用提取标准如下：①矿山工程为2.5%；②房屋建筑工程、水利水电工程、电力工程、铁路工程、城市轨道交通工程为2.0%；③市政公用工程、冶炼工程、机电安装工程、化工石油工程、港口与航道工程、公路工程、通信工程为1.5%。建设工程施工企业提取的安全费用列入工程造价，在竞标时，不得删减，列入标外管理。国家对基本建设投资概算另有规定的，从其规定。总包单位应当将安全费用按比例直接支付分包单位并监督使用，分包单位不再重复提取。

《企业安全生产费用提取和使用管理办法》第十五条规定，企业在上述标准的基础上，根据安全生产实际需要，可适当提高安全费用提取标准。本办法公布前，各省级政府已制定下发企业安全费用提取使用办法的，其提取标准如果低于本办法规定的标准，应当按照本办法进行调整；如果高于本办法规定的标准，按照原标准执行。

《建筑工程安全防护、文明施工措施费用及使用管理规定》第四条规定，建筑工程安全防护、文明施工措施费用是由《建筑安装工程费用项目组成》中措施费所含的文明施工费、环境保护费、临时设施费、安全施工费组成。

《建筑工程安全防护、文明施工措施费用及使用管理规定》第六条规定，依法进行工程招标投标的项目，招标方或具有资质的中介机构编制招标文件时，应当按照有关规定并结合工程实际单独列出安全防护、文明施工措施项目清单。投标方应当根据现行标准规范，结合工程特点、工期进度和作业环境要求，在施工组织设计文件中制定相应的安全防护、文明施工措施，并按照招标文件要求结合自身的施工技术水平、管理水平对工程安全防护、文明施工措施项目单独报价。投标方安全防护、文明施工措施的报价，不得低于依据工程所在地工程造价管理机构测定费率计算所需费用总额的90%。

《建筑工程安全防护、文明施工措施费用及使用管理规定》第七条规定，建设单位与施工单位应当在施工合同中明确安全防护、文明施工措施项目总费用，以及费用预付、支付计划，使用要求、调整方式等条款。建设单位与施工单位在施工合同中对安全防护、文明施工措施费用预付、支付计划未作约定或约定不明的，合同工期在1年以内的，建设单位预付安全防护、文明施工措施项目费用不得低于该费用总额的50%；合同工期在一年以上的（含一年），预付安全防护、文明施工措施费用不得低于该费用总额的30%，其余费用应当按照施工进度支付。实行工程总承包的，总承包单位依法将建筑工程分包给其他单位的，总承包单位与分包单位应当在分包合同中明确安全防护、文明施工措施费用由总承包单位统一管理。安全防护、文明施工措施由分包单位实施的，由分包单位提出专项安全防护措施及施工方案，经总承包单位批准后及时支付所需费用。

《建筑工程安全防护、文明施工措施费用及使用管理规定》第八条规定，建设单位申请领取建筑工程施工许可证时，应当将施工合同中约定的安全防护、文明施工措施费用支付计划作为保证工程安全的具体措施提交建设行政主管部门。未提交的，建设行政主管部门不予核发施工许可证。

(3) 施工单位安全费用的使用制度

《企业安全生产费用提取和使用管理办法》第十九条规定，建设工程施工企业安全费用应当按照以下范围使用：(1) 完善、改造和维护安全防护设施设备支出（不含"三同时"要求初期投入的安全设施），包括施工现场临时用电系统、洞口、临边、机械设备、高处作业防护、交叉作业防护、防火、防爆、防尘、防毒、防雷、防台风、防地质灾害、地下工程有害气体监测、通风、临时安全防护等设施设备支出；(2) 配备、维护、保养应急救援器材、设备支出和应急演练支出；(3) 开展重大危险源和事故隐患评估、监控和整改支出；(4) 安全生产检查、评价（不包括新建、改建、扩建项目安全评价）、咨询和标准化建设支出；(5) 配备和更新现场作业人员安全防护用品支出；(6) 安全生产宣传、教育、培训支出；(7) 安全生产适用的新技术、新标准、新工艺、新装备的推广应用支出；(8) 安全设施及特种设备检测检验支出；(9) 其他与安全生产直接相关的支出。

《企业安全生产费用提取和使用管理办法》第二十六条规定，在本办法规定的使用范围内，企业应当将安全费用优先用于满足安全生产监督管理部门、煤矿安全监察机构以及行业主管部门对企业安全生产提出的整改措施或达到安全生产标准所需的支出。第二十七条规定，企业提取的安全费用应当专户核算，按规定范围安排使用，不得挤占、挪用。年度结余资金结转下年度使用，当年计提安全费用不足的，超出部分按正常成本费用渠道列支。主要承担安全管理责任的集团公司经过履行内部决策程序，可以对所属企业提取的安全费用按照一定比例集中管理，统筹使用。

《企业安全生产费用提取和使用管理办法》还规定，企业应当建立健全内部安全费用管理制度，明确安全费用提取和使用的程序、职责及权限，按规定提取和使用安全费用。企业应当加强安全费用管理，编制年度安全费用提取和使用计划，纳入企业财务预算。企业年度安全费用使用计划和上一年安全费用的提取、使用情况按照管理权限报同级财政部门、安全生产监督管理部门、煤矿安全监察机构和行业主管部门备案。企业安全费用的会计处理，应当符合国家统一的会计制度的规定。企业提取的安全费用属于企业自提自用资金，其他单位和部门不得采取收取、代管等形式对其进行集中管理和使用，国家法律、法规另有规定的除外。各级财政部门、安全生产监督管理部门、煤矿安全监察机构和有关行业主管部门依法对企业安全费用提取、使用和管理进行监督检查。企业未按本办法提取和使用安全费用的，安全生产监督管理部门、煤矿安全监察机构和行业主管部门会同财政部门责令其限期改正，并依照相关法律法规进行处理、处罚。建设工程施工总承包单位未向分包单位支付必要的安全费用以及承包单位挪用安全费用的，由建设、交通运输、铁路、水利、安全生产监督管理、煤矿安全监察等主管部门依照相关法规、规章进行处理、处罚。

《建筑工程安全防护、文明施工措施费用及使用管理规定》第九条规定，建设单位应当按照本规定及合同约定及时向施工单位支付安全防护、文明施工措施费，并督促施工企业落实安全防护、文明施工措施。第十条规定，工程监理单位应当对施工单位落实安全防护、文明施工措施情况进行现场监理。对施工单位已经落实的安全防护、文明施工措施，总监理工程师或者造价工程师应当及时审查并签认所发生的费用。监理单位发现施工单位未落实施工组织设计及专项施工方案中安全防护和文明施工措施的，有权责令其立即整改；对施工单位拒不整改或未按期限要求完成整改的，工程监理单位应当及时向建设单位和建设行政主管部门报告，必要时责令其暂停施工。第十一条规定，施工单位应当确保安全防护、文明施工措施费专款专用，在财务管理中单独列出安全防护、文明施工措施项目费用清单备查。施工单位安全生产管理机构和专职安全生产管理人员负责对建筑工程安全防护、文明施工措施的组织实施进行现场监督检查，并有权向建设主管部门反映情况。工程总承包单位对建筑工程安全防护、文明施工措施费用的使用负总责。总承包单位应当按照本规定及合同约定及时向分包单位支付安全防护、文明施工措施费用。总承包单位不按本规定和合同约定支付费用，造成分包单位不能及时落实安全防护措施导致发生事故的，由总承包单位负主要责任。第十二条规定，建设行政主管部门应当按照现行标准规范对施工现场安全防护、文明施工措施落实情况进行监督检查，并对建设单位支付及施工单位使用安全防护、文明施工措施费用情况进行监督。

5. 工伤保险和意外伤害保险制度

（1）工伤保险制度

1）工伤保险制度概述

《建筑法》第四十八条规定，建筑施工企业应当依法为职工参加工伤保险缴纳工伤保险费。鼓励企业为从事危险作业的职工办理意外伤害保险，支付保险费。

《社会保险法》第三十三条规定，职工应当参加工伤保险，由用人单位缴纳工伤保险费，职工不缴纳工伤保险费。

《工伤保险条例》第二条第一款规定，中华人民共和国境内的企业、事业单位、社会团体、民办非企业单位、基金会、律师事务所、会计师事务所等组织和有雇工的个体工商户（以下称用人单位）应当依照本条例规定参加工伤保险，为本单位全部职工或者雇工（以下称职工）缴纳工伤保险费。

2）工伤保险基金

《工伤保险条例》第七条规定，工伤保险基金由用人单位缴纳的工伤保险费、工伤保险基金的利息和依法纳入工伤保险基金的其他资金构成。第八条规定，工伤保险费根据以支定收、收支平衡的原则，确定费率。

《社会保险法》第八条第二款规定，国家根据不同行业的工伤风险程度确定行业的差别费率，并根据使用工伤保险基金、工伤发生率等情况在每个行业内确定费率档次。行业差别费率和行业内费率档次由国务院社会保险行政部门制定，报国务院批准后公布施行。

《工伤保险条例》第十二条第一款规定，工伤保险基金存入社会保障基金财政专户，用于本条例规定的工伤保险待遇，劳动能力鉴定，工伤预防的宣传、培训等费用，以及法律、法规规定的用于工伤保险的其他费用的支付。第三款规定，任何单位或者个人不得将工伤保险基金用于投资运营、兴建或者改建办公场所、发放奖金，或者挪作其他用途。

3）工伤认定

《工伤保险条例》第十四条规定，职工有下列情形之一的，应当认定为工伤：（1）在工作时间和工作场所内，因工作原因受到事故伤害的；（2）工作时间前后在工作场所内，从事与工作有关的预备性或者收尾性工作受到事故伤害的；（3）在工作时间和工作场所内，因履行工作职责受到暴力等意外伤害的；（4）患职业病的；（5）因工外出期间，由于工作原因受到伤害或者发生事故下落不明的；（6）在上下班途中，受到非本人主要责任的交通事故或者城市轨道交通、客运轮渡、火车事故伤害的；(7) 法律、行政法规规定应当认定为工伤的其他情形。

《工伤保险条例》第十五条规定，职工有下列情形之一的，视同工伤：(1) 在工作时间和工作岗位，突发疾病死亡或者在 48 小时之内经抢救无效死亡的；(2) 在抢险救灾等维护国家利益、公共利益活动中受到伤害的；(3) 职工原在军队服役，因战、因公负伤致残，已取得革命伤残军人证，到用人单位后旧伤复发的。职工有前款第 (1) 项、第 (2) 项情形的，按照本条例的有关规定享受工伤保险待遇；职工有前款第 (3) 项情形的，按照本条例的有关规定享受除一次性伤残补助金以外的工伤保险待遇。

《工伤保险条例》第十六条规定，职工符合本条例第十四条、第十五条的规定，但是有下列情形之一的，不得认定为工伤或者视同工伤：(1) 故意犯罪的；(2) 醉酒或者吸毒的；(3) 自残或者自杀的。

《工伤保险条例》第十七条规定，职工发生事故伤害或者按照职业病防治法规定被诊断、鉴定为职业病，所在单位应当自事故伤害发生之日或者被诊断、鉴定为职业病之日起 30 日内，向统筹地区社会保险行政部门提出工伤认定申请。遇有特殊情况，经报社会保险行政部门同意，申请时限可以适当延长。用人单位未按前款规定提出工伤认定申请的，工伤职工或者其近亲属、工会组织在事故伤害发生之日或者被诊断、鉴定为职业病之日起 1 年内，可以直接向用人单位所在地统筹地区社会保险行政部门提出工伤认定申请。按照本条第一款规定应当由省级社会保险行政部门进行工伤认定的事项，根据属地原则由用人单位所在地的设区的市级社会保险行政部门办理。用人单位未在本条第一款规定的时限内提交工伤认定申请，在此期间发生符合本条例规定的工伤待遇等有关费用由该用人单位负担。

《工伤保险条例》第十八条规定，提出工伤认定申请应当提交下列材料：(1) 工伤认定申请表；(2) 与用人单位存在劳动关系（包括事实劳动关系）的证明材料；(3) 医疗诊断证明或者职业病诊断证明书（或者职业病诊断鉴定书）。工伤认定申请表应当包括事故发生的时间、地点、原因以及职工伤害程度等基本情况。工伤认定申请人提供材料不完整的，社会保险行政部门应当一次性书面告知工伤认定申请人需要补正的全部材料。申请人按照书面告知要求补正材料后，社会保险行政部门应当受理。

《工伤保险条例》第十九条规定，社会保险行政部门受理工伤认定申请后，根据审核需要可以对事故伤害进行调查核实，用人单位、职工、工会组织、医疗机构以及有关部门应当予以协助。职业病诊断和诊断争议的鉴定，依照职业病防治法的有关规定执行。对依法取得职业病诊断证明书或者职业病诊断鉴定书的，社会保险行政部门不再进行调查核实。职工或者其近亲属认为是工伤，用人单位不认为是工伤的，由用人单位承担举证责任。

《工伤保险条例》第二十条规定，社会保险行政部门应当自受理工伤认定申请之日起 60 日内作出工伤认定的决定，并书面通知申请工伤认定的职工或者其近亲属和该职工所在单位。社会保险行政部门对受理的事实清楚、权利义务明确的工伤认定申请，应当在 15 日内作出工伤认定的决定。作出工伤认定决定需要以司法机关或者有关行政主管部门的结论为依据的，在司法机关或者有关行政主管部门尚未作出结论期间，作出工伤认定决定的时限中止。社会保险行政部门工作人员与工伤认定申请人有利害关系的，应当回避。

4）劳动能力鉴定

《工伤保险条例》第二十一条规定，职工发生工伤，经治疗伤情相对稳定后存在残疾、影响劳动能力的，应当进行劳动能力鉴定。

《工伤保险条例》第二十二条规定，劳动能力鉴定是指劳动功能障碍程度和生活自理障碍程度的等级鉴定。劳动功能障碍分为十个伤残等级，最重的为一级，最轻的为十级。生活自理障碍分为三个等级：生活完全不能自理、生活大部分不能自理和生活部分不能自理。劳动能力鉴定标准由国务院社会保险行政部门会同国务院卫生行政部门等部门制定。

《工伤保险条例》第二十三条规定，劳动能力鉴定由用人单位、工伤职工或者其近亲属向设区的市级劳动能力鉴定委员会提出申请，并提供工伤认定决定和职工工伤医疗的有关资料。

《工伤保险条例》第二十四条第一款规定，省、自治区、直辖市劳动能力鉴定委员会和设区的市级劳动能力鉴定委员会分别由省、自治区、直辖市和设区的市级社会保险行政部门、卫生行政部门、工会组织、经办机构代表以及用人单位代表组成。

《工伤保险条例》第二十五条规定，设区的市级劳动能力鉴定委员会收到劳动能力鉴定申请后，应当从其建立的医疗卫生专家库中随机抽取3名或者5名相关专家组成专家组，由专家组提出鉴定意见。设区的市级劳动能力鉴定委员会根据专家组的鉴定意见作出工伤职工劳动能力鉴定结论；必要时，可以委托具备资格的医疗机构协助进行有关的诊断。设区的市级劳动能力鉴定委员会应当自收到劳动能力鉴定申请之日起60日内作出劳动能力鉴定结论，必要时，作出劳动能力鉴定结论的期限可以延长30日。劳动能力鉴定结论应当及时送达申请鉴定的单位和个人。

《工伤保险条例》第二十六条规定，申请鉴定的单位或者个人对设区的市级劳动能力鉴定委员会作出的鉴定结论不服的，可以在收到该鉴定结论之日起15日内向省、自治区、直辖市劳动能力鉴定委员会提出再次鉴定申请。省、自治区、直辖市劳动能力鉴定委员会作出的劳动能力鉴定结论为最终结论。

《工伤保险条例》第二十八条规定，自劳动能力鉴定结论作出之日起1年后，工伤职工或者其近亲属、所在单位或者经办机构认为伤残情况发生变化的，可以申请劳动能力复查鉴定。

《工伤保险条例》第二十九条规定，劳动能力鉴定委员会依照本条例第二十六条和第二十八条的规定进行再次鉴定和复查鉴定的期限，依照本条例第二十五条第二款的规定执行。

5）工伤保险待遇

① 工伤医疗的待遇

《工伤保险条例》第三十条规定，职工因工作遭受事故伤害或者患职业病进行治疗，享受工伤医疗待遇。职工治疗工伤应当在签订服务协议的医疗机构就医，情况紧急时可以先到就近的医疗机构急救。治疗工伤所需费用符合工伤保险诊疗项目目录、工伤保险药品目录、工伤保险住院服务标准的，从工伤保险基金支付。工伤保险诊疗项目目录、工伤保险药品目录、工伤保险住院服务标准，由国务院社会保险行政部门会同国务院卫生行政部门、食品药品监督管理部门等部门规定。职工住院治疗工伤的伙食补助费，以及经医疗机构出具证明，报经办机构同意，工伤职工到统筹地区以外就医所需的交通、食宿费用从工伤保险基金支付，基金支付的具体标准由统筹地区人民政府规定。工伤职工治疗非工伤引发的疾病，不享受工伤医疗待遇，按照基本医疗保险办法处理。工伤职工到签订服务协议的医疗机构进行工伤康复的费用，符合规定的，从工伤保险基金支付。

《工伤保险条例》第三十一条规定，社会保险行政部门作出认定为工伤的决定后发生行政复议、行政诉讼的，行政复议和行政诉讼期间不停止支付工伤职工治疗工伤的医疗费用。

《工伤保险条例》第三十二条规定，工伤职工因日常生活或者就业需要，经劳动能力鉴定委员会确认，可以安装假肢、矫形器、假眼、假牙和配置轮椅等辅助器具，所需费用按照国家规定的标准从工伤保险基金支付。

《工伤保险条例》第三十三条规定，职工因工作遭受事故伤害或者患职业病需要暂停工作接受工伤医疗的，在停工留薪期内，原工资福利待遇不变，由所在单位按月支付。停工留薪期一般不超过12个月。伤情严重或者情况特殊，经设区的市级劳动能力鉴定委员会确认，可以适当延长，但延长不得超过12个月。工伤职工评定伤残等级后，停发原待遇，按照本章的有关规定享受伤残待遇。工伤职工在停工留薪期满后仍需治疗的，继续享受工伤医疗待遇。生活不能自理的工伤职工在停工留薪期需要护理的，由所在单位负责。

② 工伤致残的待遇

《工伤保险条例》第三十四条规定，工伤职工已经评定伤残等级并经劳动能力鉴定委员会确认需要生活护理的，从工伤保险基金按月支付生活护理费。生活护理费按照生活完全不能自理、生活大部分不能自理或者生活部分不能自理3个不同等级支付，其标准分别为统筹地区上年度职工月平均工资的50%、40%或者30%。

《工伤保险条例》第三十五条规定，职工因工致残被鉴定为1级至4级伤残的，保留劳动关系，退出工作岗位，享受以下待遇：①从工伤保险基金按伤残等级支付一次性伤残补助金，标准为：1级伤残为27个月的本人工资，2级伤残为25个月的本人工资，3级伤残为23个月的本人工资，4级伤残为21个月的本人工资；②从工伤保险基金按月支付伤残津贴，标准为：1级伤残为本人工资的90%，2级伤残为本人工资的85%，3级伤残为本人工资的80%，4级伤残为本人工资的75%。伤残津贴实际金额低于当地最低工资标准的，由工伤保险基金补足差额；③工伤职工达到退休年龄并办理退休手续后，停发伤残津贴，按照国家有关规定享受基本养老保险待遇。基本养老保险待遇低于伤残津贴的，由工伤保险基金补足差额。职工因工致残被鉴定为一级至四级伤残的，由用人单位和职工个人以伤残津贴为基数，缴纳基本医疗保险费。

《工伤保险条例》第三十六条规定，职工因工致残被鉴定为五级、六级伤残的，享受以下待遇：①从工伤保险基金按伤残等级支付一次性伤残补助金，标准为：五级伤残为18个月的本人工资，六级伤残为16个月的本人工资；②保留与用人单位的劳动关系，由用人单位安排适当工作。难以安排工作的，由用人单位按月发给伤残津贴，标准为：五级伤残为本人工资的70%，六级伤残为本人工资的60%，并由用人单位按照规定为其缴纳应缴纳的各项社会保险费。伤残津贴实际金额低于当地最低工资标准的，由用人单位补足差额。经工伤职工本人提出，该职工可以与用人单位解除或者终止劳动关系，由工伤保险基金支付一次性工伤医疗补助金，由用人单位支付一次性伤残就业补助金。一次性工伤医疗补助金和一次性伤残就业补助金的具体标准由省、自治区、直辖市人民政府规定。

《工伤保险条例》第三十七条规定，职工因工致残被鉴定为七级至十级伤残的，享受以下待遇：①从工伤保险基金按伤残等级支付一次性伤残补助金，标准为：七级伤残为13个月的本人工资，八级伤残为11个月的本人工资，九级伤残为9个月的本人工资，十级伤残为7个月的本人工资；②劳动、聘用合同期满终止，或者职工本人提出解除劳动、聘用合同的，由工伤保险基金支付一次性工伤医疗补助金，由用人单位支付一次性伤残就业补助金。一次性工伤医疗补助金和一次性伤残就业补助金的具体标准由省、自治区、直辖市人民政府规定。

③ 因工死亡的待遇

《工伤保险条例》第三十九条规定，职工因工死亡，其近亲属按照下列规定从工伤保险基金领取丧葬补助金、供养亲属抚恤金和一次性工亡补助金：①丧葬补助金为6个月的统筹地区上年度职工月平均工资；②供养亲属抚恤金按照职工本人工资的一定比例发给由因工死亡职工生前提供主要生活来源、无劳动能力的亲属。标准为：配偶每月40%，其他亲属每人每月30%，孤寡老人或者孤儿每人每月在上述标准的基础上增加10%。核定的各供养亲属的抚恤金之和不应高于因工死亡职工生前的工资。供养亲属的具体范围由国务院社会保险行政部门规定；③一次性工亡补助金标准为上一年度全国城镇居民人均可支配收入的20倍。伤残职工在停工留薪期内因工伤导致死亡的，其近亲属享受本条第一款规定的待遇。一级至四级伤残职工在停工留薪期满后死亡的，其近亲属可以享受本条第一款第①项、第②项规定的待遇。

④ 其他有关的规定

《工伤保险条例》第四十一条规定，职工因工外出期间发生事故或者在抢险救灾中下落不明的，从事故发生当月起3个月内照发工资，从第4个月起停发工资，由工伤保险基金向其供养亲属按月支付供养亲属抚恤金。生活有困难的，可以预支一次性工亡补助金的50%。职工被人民法院宣告死亡的，按照本条例第三十九条职工因工死亡的规定处理。

《工伤保险条例》第四十二条规定，工伤职工有下列情形之一的，停止享受工伤保险待遇：①丧失享受待遇条件的；②拒不接受劳动能力鉴定的；③拒绝治疗的。

《工伤保险条例》第四十三条规定，用人单位分立、合并、转让的，承继单位应当承担原用人单位的工伤保险责任；原用人单位已经参加工伤保险的，承继单位应当到当地经办机构办理工伤保险变更登记。用人单位实行承包经营的，工伤保险责任由职工劳动关系所在单位承担。职工被借调期间受到工伤事故伤害的，由原用人单位承担工伤保险责任，但原用人单位与借调单位可以约定补偿办法。企业破产的，在破产清算时依法拨付应当由单位支付的工伤保险待遇费用。

《工伤保险条例》第四十四条规定，职工被派遣出境工作，依据前往国家或者地区的法律应当参加当地工伤保险的，参加当地工伤保险，其国内工伤保险关系中止；不能参加当地工伤保险的，其国内工伤保险关系不中止。

《工伤保险条例》第四十五条规定，职工再次发生工伤，根据规定应当享受伤残津贴的，按照新认定的伤残等级享受伤残津贴待遇。

《最高人民法院关于审理工伤保险行政案件若干问题的规定》（法释〔2014〕9号）第三条规定，社会保险行政部门认定下列单位为承担工伤保险责任单位的，人民法院应予支持：①职工与两个或两个以上单位建立劳动关系，工伤事故发生时，职工为之工作的单位为承担工伤保险责任的单位；②劳务派遣单位派遣的职工在用工单位工作期间因工伤亡的，派遣单位为承担工伤保险责任的单位；③单位指派到其他单位工作的职工因工伤亡的，指派单位为承担工伤保险责任的单位；④用工单位违反法律、法规规定将承包业务转包给不具备用工主体资格的组织或者自然人，该组织或者自然人聘用的职工从事承包业务时因工伤亡的，用工单位为承担工伤保险责任的单位；⑤个人挂靠其他单位对外经营，其聘用的人员因工伤亡的，被挂靠单位为承担工伤保险责任的单位。前款第④、⑤项明确的承担工伤保险责任的单位承担赔偿责任或者社会保险经办机构从工伤保险基金支付工伤保险待遇后，有权向相关组织、单位和个人追偿。

6) 建筑业工伤保险政策

《关于进一步做好建筑业工伤保险工作的意见》要求，建筑施工企业应依法参加工伤保险。针对建筑行业的特点，建筑施工企业对相对固定的职工，应按用人单位参加工伤保险；对不能按用人单位参保、建筑项目使用的建筑业职工特别是进城务工人员，按项目参加工伤保险。

未参加工伤保险的建设项目，职工发生工伤事故，依法由职工所在用人单位支付工伤保险待遇，施工总承包单位、建设单位承担连带责任；用人单位和承担连带责任的施工总承包单位、建设单位不支付的，由工伤保险基金先行支付，用人单位和承担连带责任的施工总承包单位、建设单位应当偿还；不偿还的，由社会保险经办机构依法追偿。

建设单位、施工总承包单位或具有用工主体资格的分包单位将工程（业务）发包给不具备用工主体资格的组织或个人，该组织或个人招用的劳动者发生工伤的，发包单位与不具备用工主体资格的组织或个人承担连带赔偿责任。

(2) 意外伤害保险制度

《建筑法》第四十八条规定，建筑施工企业应当依法为职工参加工伤保险缴纳工伤保险费。鼓励企业为从事危险作业的职工办理意外伤害保险，支付保险费。

《建设工程安全生产管理条例》（国务院令第393号）第三十八条规定，施工单位应当为施工现场从事危险作业的人员办理意外伤害保险。意外伤害保险费由施工单位支付。实行施工总承包的，由总承包单位支付意外伤害保险费。意外伤害保险期限自建设工程开工之日起至竣工验收合格止。

《关于加强建筑意外伤害保险工作的指导意见》要求，建筑施工企业应当为施工现场从事施工作业和管理的人员，为施工活动过程中发生的人身意外伤亡事故提供保障，办理建筑意外伤害保险、支付保险费。范围应当覆盖工程项目。已在企业所在地参加工伤保险的人员，从事现场施工时仍可参加建筑意外伤害保险。保险期限应涵盖工程项目开工之日到工程竣工验收合格日。提前竣工的，保险责任自行终止。因延长工期的，应当办理保险顺延手续。保险费应当列入建筑安装工程费用。保险费由施工企业支付，施工企业不得向职工摊派。施工企业应在工程项目开工前，办理完投保手续。鉴于工程建设项目施工工艺流程中各工种调动频繁、用工流动性大，投保应实行不记名和不计人数的方式。工程项目中有分包单位的由总承包施工企业统一办理，分包单位合理承担投保费用。业主直接发包的工程项目由承包企业直接办理。

6. 违法行为应当承担的法律责任

(1) 施工现场安全防护违法行为的法律责任

《安全生产法》第九十九条规定，生产经营单位有下列行为之一的，责令限期改正，处 5 万元以下的罚款；逾期未改正的，处 5 万元以上 20 万元以下的罚款，对其直接负责的主管人员和其他直接责任人员处 1 万元以上 2 万元以下的罚款；情节严重的，责令停产停业整顿；构成犯罪的，依照刑法有关规定追究刑事责任：(1) 未在有较大危险因素的生产经营场所和有关设施、设备上设置明显的安全警示标志的；(2) 安全设备的安装、使用、检测、改造和报废不符合国家标准或者行业标准的；(3) 未对安全设备进行经常性维护、保养和定期检测的；(4) 关闭、破坏直接关系生产安全的监控、报警、防护、救生设备、设施，或者篡改、隐瞒、销毁其相关数据、信息的；(5) 未为从业人员提供符合国家标准或者行业标准的劳动防护用品的；(6) 危险物品的容器、运输工具，以及涉及人身安全、危险性较大的海洋石油开采特种设备和矿山井下特种设备未经具有专业资质的机构检测、检验合格，取得安全使用证或者安全标志，投入使用的；(7) 使用应当淘汰的危及生产安全的工艺、设备的；(8) 餐饮等行业的生产经营单位使用燃气未安装可燃气体报警装置的。

《建筑法》第七十一条第一款规定，建筑施工企业违反本法规定，对建筑安全事故隐患不采取措施予以消除的，责令改正，可以处以罚款；情节严重的，责令停业整顿，降低资质等级或者吊销资质证书；构成犯罪的，依法追究刑事责任。

《建设工程安全生产管理条例》(国务院令第 393 号) 第六十四条规定，违反本条例的规定，施工单位有下列行为之一的，责令限期改正；逾期未改正的，责令停业整顿，并处 5 万元以上 10 万元以下的罚款；造成重大安全事故，构成犯罪的，对直接责任人员，依照刑法有关规定追究刑事责任：(1) 施工前未对有关安全施工的技术要求作出详细说明的；(2) 未根据不同施工阶段和周围环境及季节、气候的变化，在施工现场采取相应的安全施工措施，或者在城市市区内的建设工程的施工现场未实行封闭围挡的；(3) 在尚未竣工的建筑物内设置员工集体宿舍的；(4) 施工现场临时搭建的建筑物不符合安全使用要求的；(5) 未对因建设工程施工可能造成损害的毗邻建筑物、构筑物和地下管线等采取专项防护措施的。施工单位有前款规定第 (4) 项、第 (5) 项行为，造成损失的，依法承担赔偿责任。

《建设工程安全生产管理条例》第六十五条规定，违反本条例的规定，施工单位有下列行为之一的，责令限期改正；逾期未改正的，责令停业整顿，并处 10 万元以上 30 万元以下的罚款；情节严重的，降低资质等级，直至吊销资质证书；造成重大安全事故，构成犯罪的，对直接责任人员，依照刑法有关规定追究刑事责任；造成损失的，依法承担赔偿责任：①安全防护用具、机械设备、施工机具及配件在进入施工现场前未经查验或者查验不合格即投入使用的；②使用未经验收或者验收不合格的施工起重机械和整体提升脚手架、模板等自升式架设设施的；③委托不具有相应资质的单位承担施工现场安装、拆卸施工起重机械和整体提升脚手架、模板等自升式架设设施的；④在施工组织设计中未编制安全技术措施、施工现场临时用电方案或者专项施工方案的。

(2) 施工单位安全费用违法行为的法律责任

《安全生产法》第九十三条规定，生产经营单位的决策机构、主要负责人或者个人经营的投资人不依照本法规定保证安全生产所必需的资金投入，致使生产经营单位不具备安全生产条件的，责令限期改正，提供必需的资金；逾期未改正的，责令生产经营单位停产停业整顿。有前款违法行为，导致发生生产安全事故的，对生产经营单位的主要负责人给予撤职处分，对个人经营的投资人处 2 万元以上 20 万元以下的罚款；构成犯罪的，依照刑法有关规定追究刑事责任。

《建设工程安全生产管理条例》第六十三条规定，违反本条例的规定，施工单位挪用列入建设工程概算的安全生产作业环境及安全施工措施所需费用的，责令限期改正，处挪用费用 20% 以上 50% 以下的罚款；造成损失的，依法承担赔偿责任。

（3）工伤保险违法行为的法律责任

《工伤保险条例》第六十条规定，用人单位、工伤职工或者其近亲属骗取工伤保险待遇，医疗机构、辅助器具配置机构骗取工伤保险基金支出的，由社会保险行政部门责令退还，处骗取金额 2 倍以上 5 倍以下的罚款；情节严重，构成犯罪的，依法追究刑事责任。

《工伤保险条例》第六十二条规定，用人单位依照本条例规定应当参加工伤保险而未参加的，由社会保险行政部门责令限期参加，补缴应当缴纳的工伤保险费，并自欠缴之日起，按日加收万分之五的滞纳金；逾期仍不缴纳的，处欠缴数额 1 倍以上 3 倍以下的罚款。依照本条例规定应当参加工伤保险而未参加工伤保险的用人单位职工发生工伤的，由该用人单位按照本条例规定的工伤保险待遇项目和标准支付费用。用人单位参加工伤保险并补缴应当缴纳的工伤保险费、滞纳金后，由工伤保险基金和用人单位依照本条例的规定支付新发生的费用。

《工伤保险条例》第十九条第一款规定，社会保险行政部门受理工伤认定申请后，根据审核需要可以对事故伤害进行调查核实，用人单位、职工、工会组织、医疗机构以及有关部门应当予以协助。职业病诊断和诊断争议的鉴定，依照职业病防治法的有关规定执行。对依法取得职业病诊断证明书或职业病诊断鉴定书的，社会保险行政部门不再进行调查核实。第六十三条规定，用人单位违反本条例第十九条的规定，拒不协助社会保险行政部门对事故进行调查核实的，由社会保险行政部门责令改正，处 2000 元以上 2 万元以下的罚款。

经典案例见二维码。

18.2

18.3.4 生产安全事故报告与调查处理制度
1. 生产安全事故的等级划分
（1）生产安全事故等级划分标准和类别

《生产安全事故报告和调查处理条例》（国务院令第 493 号）第三条规定，根据生产安全事故（以下简称事故）造成的人员伤亡或者直接经济损失，事故一般分为以下等级：①特别重大事故，是指造成 30 人以上死亡，或者 100 人以上重伤（包括急性工业中毒，下同），或者 1 亿元以上直接经济损失的事故；②重大事故，是指造成 10 人以上 30 人以下死亡，或者 50 人以上 100 人以下重伤，或者 5000 万元以上 1 亿元以下直接经济损失的事故；③较大事故，是指造成 3 人以上 10 人以下死亡，或者 10 人以上 50 人以下重伤，或者 1000 万元以上 5000 万元以下直接经济损失的事故；④一般事故，是指造成 3 人以下死亡，或者 10 人以下重伤，或者 1000 万元以下直接经济损失的事故。国务院安全生产监督管理部门可以会同国务院有关部门，制定事故等级划分的补充性规定。本条所称的"以上"包括本数，所称的"以下"不包括本数。

(2) 事故等级划分的要素

事故等级的划分要素有三个，即人身要素、经济要素和社会要素。

人身要素是指事故造成的伤亡人数。伤亡人数是划分事故等级的第一要素。经济要素是指事故造成的直接经济损失。直接经济损失的多少是划分事故等级的重要因素。社会要素是指事故在社会上的影响。《生产安全事故报告和调查处理条例》第 44 条规定，没有造成人员伤亡，但是社会影响恶劣的事故，国务院或者有关地方人民政府认为需要调查处理的，依照本条例的有关规定执行。

2. 事故报告及采取的措施制度

(1) 事故报告的主体

《建设工程安全生产管理条例》(国务院令第 393 号) 第五十条规定，施工单位发生生产安全事故，应当按照国家有关伤亡事故报告和调查处理的规定，及时、如实地向负责安全生产监督管理的部门、建设行政主管部门或者其他有关部门报告；特种设备发生事故的，还应当同时向特种设备安全监督管理部门报告。接到报告的部门应当按照国家有关规定，如实上报。实行施工总承包的建设工程，由总承包单位负责上报事故。

《生产安全事故报告和调查处理条例》(国务院令第 493 号) 第十条规定，安全生产监督管理部门和负有安全生产监督管理职责的有关部门接到事故报告后，应当依照下列规定上报事故情况，并通知公安机关、劳动保障行政部门、工会和人民检察院：①特别重大事故、重大事故逐级上报至国务院安全生产监督管理部门和负有安全生产监督管理职责的有关部门；②较大事故逐级上报至省、自治区、直辖市人民政府安全生产监督管理部门和负有安全生产监督管理职责的有关部门；③一般事故上报至设区的市级人民政府安全生产监督管理部门和负有安全生产监督管理职责的有关部门。安全生产监督管理部门和负有安全生产监督管理职责的有关部门依照前款规定上报事故情况，应当同时报告本级人民政府。国务院安全生产监督管理部门和负有安全生产监督管理职责的有关部门以及省级人民政府接到发生特别重大事故、重大事故的报告后，应当立即报告国务院。必要时，安全生产监督管理部门和负有安全生产监督管理职责的有关部门可以越级上报事故情况。

(2) 事故报告的时间

《生产安全事故报告和调查处理条例》(国务院令第 493 号) 第四条第一款规定，事故报告应当及时、准确、完整，任何单位和个人对事故不得迟报、漏报、谎报或者瞒报。

《生产安全事故报告和调查处理条例》(国务院令第 493 号) 第九条规定，事故发生后，事故现场有关人员应当立即向本单位负责人报告；单位负责人接到报告后，应当于 1 小时内向事故发生地县级以上人民政府安全生产监督管理部门和负有安全生产监督管理职责的有关部门报告。情况紧急时，事故现场有关人员可以直接向事故发生地县级以上人民政府安全生产监督管理部门和负有安全生产监督管理职责的有关部门报告。

《生产安全事故报告和调查处理条例》(国务院令第 493 号) 第十一条规定，安全生产监督管理部门和负有安全生产监督管理职责的有关部门逐级上报事故情况，每级上报的时间不得超过 2 小时。

(3) 事故报告的内容

《生产安全事故报告和调查处理条例》(国务院令第 493 号) 第十二条规定，报告事故应当包括下列内容：①事故发生单位概况；②事故发生的时间、地点以及事故现场情况；

③事故的简要经过；④事故已经造成或者可能造成的伤亡人数（包括下落不明的人数）和初步估计的直接经济损失；⑤已经采取的措施；⑥其他应当报告的情况。

（4）事故的补报

《生产安全事故报告和调查处理条例》（国务院令第493号）第十三条规定，事故报告后出现新情况的，应当及时补报。自事故发生之日起30日内，事故造成的伤亡人数发生变化的，应当及时补报。道路交通事故、火灾事故自发生之日起7日内，事故造成的伤亡人数发生变化的，应当及时补报。

（5）事故发生后的保护措施

《安全生产法》第八十三条规定，生产经营单位发生生产安全事故后，事故现场有关人员应当立即报告本单位负责人。单位负责人接到事故报告后，应当迅速采取有效措施，组织抢救，防止事故扩大，减少人员伤亡和财产损失，并按照国家有关规定立即如实报告当地负有安全生产监督管理职责的部门，不得隐瞒不报、谎报或者迟报，不得故意破坏事故现场、毁灭有关证据。

《建设工程安全生产管理条例》（国务院令第393号）第五十一条规定，发生生产安全事故后，施工单位应当采取措施防止事故扩大，保护事故现场。需要移动现场物品时，应当做出标记和书面记录，妥善保管有关证物。

《生产安全事故报告和调查处理条例》（国务院令第493号）第十六条规定，事故发生后，有关单位和人员应当妥善保护事故现场以及相关证据，任何单位和个人不得破坏事故现场、毁灭相关证据。因抢救人员、防止事故扩大以及疏通交通等原因，需要移动事故现场物件的，应当做出标志，绘制现场简图并做出书面记录，妥善保存现场重要痕迹、物证。

3. 事故调查

（1）事故的调查管辖

《生产安全事故报告和调查处理条例》（国务院令第493号）第十九条规定，特别重大事故由国务院或者国务院授权有关部门组织事故调查组进行调查。重大事故、较大事故、一般事故分别由事故发生地省级人民政府、设区的市级人民政府、县级人民政府负责调查。省级人民政府、设区的市级人民政府、县级人民政府可以直接组织事故调查组进行调查，也可以授权或者委托有关部门组织事故调查组进行调查。未造成人员伤亡的一般事故，县级人民政府也可以委托事故发生单位组织事故调查组进行调查。

《生产安全事故报告和调查处理条例》（国务院令第493号）第二十条规定，上级人民政府认为必要时，可以调查由下级人民政府负责调查的事故。自事故发生之日起30日内（道路交通事故、火灾事故自发生之日起7日内），因事故伤亡人数变化导致事故等级发生变化，依照本条例规定应当由上级人民政府负责调查的，上级人民政府可以另行组织事故调查组进行调查。

《生产安全事故报告和调查处理条例》（国务院令第493号）第二十一条规定，特别重大事故以下等级事故，事故发生地与事故发生单位不在同一个县级以上行政区域的，由事故发生地人民政府负责调查，事故发生单位所在地人民政府应当派人参加。

（2）事故调查组的组成

《生产安全事故报告和调查处理条例》（国务院令第493号）第二十二条规定，事故调查组的组成应当遵循精简、效能的原则。根据事故的具体情况，事故调查组由有关人民政府、安全生产监督管理部门、负有安全生产监督管理职责的有关部门、监察机关、公安机关以及工会派人组成，并应当邀请人民检察院派人参加。事故调查组可以聘请有关专家参与调查。

《生产安全事故报告和调查处理条例》（国务院令第493号）第二十三条规定，事故调查组成员应当具有事故调查所需要的知识和专长，并与所调查的事故没有直接利害关系。

《生产安全事故报告和调查处理条例》（国务院令第493号）第二十四条规定，事故调查组组长由负责事故调查的人民政府指定。事故调查组组长主持事故调查组的工作。

（3）事故调查组的职责

《生产安全事故报告和调查处理条例》（国务院令第493号）第二十五条规定，事故调查组履行下列职责：①查明事故发生的经过、原因、人员伤亡情况及直接经济损失；②认定事故的性质和事故责任；③提出对事故责任者的处理建议；④总结事故教训，提出防范和整改措施；⑤提交事故调查报告。

（4）事故调查组的权利和义务

《生产安全事故报告和调查处理条例》（国务院令第493号）第二十六条规定，事故调查组有权向有关单位和个人了解与事故有关的情况，并要求其提供相关文件、资料，有关单位和个人不得拒绝。事故发生单位的负责人和有关人员在事故调查期间不得擅离职守，并应当随时接受事故调查组的询问，如实提供有关情况。事故调查中发现涉嫌犯罪的，事故调查组应当及时将有关材料或者其复印件移交司法机关处理。

《生产安全事故报告和调查处理条例》（国务院令第493号）第二十七条规定，事故调查中需要进行技术鉴定的，事故调查组应当委托具有国家规定资质的单位进行技术鉴定。必要时，事故调查组可以直接组织专家进行技术鉴定。技术鉴定所需时间不计入事故调查期限。

《生产安全事故报告和调查处理条例》（国务院令第493号）第二十八条规定，事故调查组成员在事故调查工作中应当诚信公正、恪尽职守，遵守事故调查组的纪律，保守事故调查的秘密。未经事故调查组组长允许，事故调查组成员不得擅自发布有关事故的信息。

（5）事故调查报告

《生产安全事故报告和调查处理条例》（国务院令第493号）第二十九条规定，事故调查组应当自事故发生之日起60日内提交事故调查报告；特殊情况下，经负责事故调查的人民政府批准，提交事故调查报告的期限可以适当延长，但延长的期限最长不超过60日。

《生产安全事故报告和调查处理条例》（国务院令第493号）第三十条规定，事故调查报告应当包括下列内容：①事故发生单位概况；②事故发生经过和事故救援情况；③事故造成的人员伤亡和直接经济损失；④事故发生的原因和事故性质；⑤事故责任的认定以及对事故责任者的处理建议；⑥事故防范和整改措施。事故调查报告应当附具有关证据材料。事故调查组成员应当在事故调查报告上签名。

《生产安全事故报告和调查处理条例》（国务院令第493号）第三十一条规定，事故调查报告报送负责事故调查的人民政府后，事故调查工作即告结束。事故调查的有关资料应当归档保存。

4. 事故处理

《生产安全事故报告和调查处理条例》(国务院令第 493 号)第三十二条规定,重大事故、较大事故、一般事故,负责事故调查的人民政府应当自收到事故调查报告之日起 15 日内做出批复;特别重大事故,30 日内做出批复,特殊情况下,批复时间可以适当延长,但延长的时间最长不超过 30 日。有关机关应当按照人民政府的批复,依照法律、行政法规规定的权限和程序,对事故发生单位和有关人员进行行政处罚,对负有事故责任的国家工作人员进行处分。事故发生单位应当按照负责事故调查的人民政府的批复,对本单位负有事故责任的人员进行处理。负有事故责任的人员涉嫌犯罪的,依法追究刑事责任。

《生产安全事故报告和调查处理条例》(国务院令第 493 号)第三十三条规定,事故发生单位应当认真吸取事故教训,落实防范和整改措施,防止事故再次发生。防范和整改措施的落实情况应当接受工会和职工的监督。安全生产监督管理部门和负有安全生产监督管理职责的有关部门应当对事故发生单位落实防范和整改措施的情况进行监督检查。

《生产安全事故报告和调查处理条例》(国务院令第 493 号)第三十四条规定,事故处理的情况由负责事故调查的人民政府或者其授权的有关部门、机构向社会公布,依法应当保密的除外。

5. 事故应急预案

(1) 应急预案的概述

《生产安全事故应急预案管理办法》第六条规定,生产经营单位应急预案分为综合应急预案、专项应急预案和现场处置方案。

综合应急预案,是指生产经营单位为应对各种生产安全事故而制定的综合性工作方案,是本单位应对生产安全事故的总体工作程序、措施和应急预案体系的总纲。

专项应急预案,是指生产经营单位为应对某一种或者多种类型生产安全事故,或者针对重要生产设施、重大危险源、重大活动防止生产安全事故而制定的专项性工作方案。

现场处置方案,是指生产经营单位根据不同生产安全事故类型,针对具体场所、装置或者设施所制定的应急处置措施。

(2) 应急预案的编制

《生产安全事故应急预案管理办法》(国务院令第 393 号)第七条规定,应急预案的编制应当遵循以人为本、依法依规、符合实际、注重实效的原则,以应急处置为核心,明确应急职责、规范应急程序、细化保障措施。

《建设工程安全生产管理条例》(国务院令第 393 号)第四十九条规定,施工单位应当根据建设工程施工的特点、范围,对施工现场易发生重大事故的部位、环节进行监控,制定施工现场生产安全事故应急救援预案。实行施工总承包的,由总承包单位统一组织编制建设工程生产安全事故应急救援预案,工程总承包单位和分包单位按照应急救援预案,各自建立应急救援组织或者配备应急救援人员,配备救援器材、设备,并定期组织演练。

《生产安全事故应急预案管理办法》第八条规定,应急预案的编制应当符合下列基本要求:①有关法律、法规、规章和标准的规定;②本地区、本部门、本单位的安全生产实际情况;③本地区、本部门、本单位的危险性分析情况;④应急组织和人员的职责分工明确,并有具体的落实措施;⑤有明确、具体的应急程序和处置措施,并与其应急能力相适应;⑥有明确的应急保障措施,满足本地区、本部门、本单位的应急工作需要;⑦应急预案基本要素齐全、完整，应急预案附件提供的信息准确；⑧应急预案内容与相关应急预案相互衔接。

(3) 应急预案的评审、公布和备案

《生产安全事故应急预案管理办法》第二十一条第一款规定，矿山、金属冶炼企业和易燃易爆物品、危险化学品的生产、经营（带储存设施的，下同）、储存、运输企业，以及使用危险化学品达到国家规定数量的化工企业、烟花爆竹生产、批发经营企业和中型规模以上的其他生产经营单位，应当对本单位编制的应急预案进行评审，并形成书面评审纪要。

《生产安全事故应急预案管理办法》第二十二条规定，参加应急预案评审的人员应当包括有关安全生产及应急管理方面的专家。评审人员与所评审应急预案的生产经营单位有利害关系的，应当回避。

《生产安全事故应急预案管理办法》第二十四条第一款规定，生产经营单位的应急预案经评审或者论证后，由本单位主要负责人签署，向本单位从业人员公布，并及时发放到本单位有关部门、岗位和相关应急救援队伍。

《生产安全事故应急预案管理办法》第二十六条规定，易燃易爆物品、危险化学品等危险物品的生产、经营、储存、运输单位，矿山、金属冶炼、城市轨道交通运营、建筑施工单位，以及宾馆、商场、娱乐场所、旅游景区等人员密集场所经营单位，应当在应急预案公布之日起20个工作日内，按照分级属地原则，向县级以上人民政府应急管理部门和其他负有安全生产监督管理职责的部门进行备案，并依法向社会公布。

前款所列单位属于中央企业的，其总部（上市公司）的应急预案，报国务院主管的负有安全生产监督管理职责的部门备案，并抄送应急管理部；其所属单位的应急预案报所在地的省、自治区、直辖市或者设区的市级人民政府主管的负有安全生产监督管理职责的部门备案，并抄送同级人民政府应急管理部门。

本条第一款所列单位不属于中央企业的，其中非煤矿山、金属冶炼和危险化学品生产、经营、储存、运输企业，以及使用危险化学品达到国家规定数量的化工企业、烟花爆竹生产、批发经营企业的应急预案，按照隶属关系报所在地县级以上地方人民政府应急管理部门备案；本款前述单位以外的其他生产经营单位应急预案的备案，由省、自治区、直辖市人民政府负有安全生产监督管理职责的部门确定。

油气输送管道运营单位的应急预案，除按照本条第一款、第二款的规定备案外，还应当抄送所经行政区域的县级人民政府应急管理部门。

海洋石油开采企业的应急预案，除按照本条第一款、第二款的规定备案外，还应当抄送所经行政区域的县级人民政府应急管理部门和海洋石油安全监管机构。

煤矿企业的应急预案除按照本条第一款、第二款的规定备案外，还应当抄送所在地煤矿安全监察机构。

《生产安全事故应急预案管理办法》第二十七条规定，生产经营单位申报应急预案备案，应当提交下列材料：①应急预案备案申报表；②本办法第二十一条所列单位，应当提供应急预案评审意见；③应急预案电子文档；④风险评估结果和应急资源调查清单。

《生产安全事故应急预案管理办法》第二十八条规定，受理备案登记的负有安全生产监督管理职责的部门应当在5个工作日内对应急预案材料进行核对，材料齐全的，应当予以备案并出具应急预案备案登记表；材料不齐全的，不予备案并一次性告知需要补齐的材料。逾期不予备案又不说明理由的，视为已经备案。

对于实行安全生产许可的生产经营单位，已经进行应急预案备案的，在申请安全生产许可证时，可以不提供相应的应急预案，仅提供应急预案备案登记表。

(4) 应急预案的实施

《生产安全事故应急预案管理办法》第三十一条第二款、第三款规定，生产经营单位应当组织开展本单位的应急预案、应急知识、自救互救和避险逃生技能的培训活动，使有关人员了解应急预案内容，熟悉应急职责、应急处置程序和措施。应急培训的时间、地点、内容、师资、参加人员和考核结果等情况应当如实记入本单位的安全生产教育和培训档案。

《生产安全事故应急预案管理办法》第三十三条第一款、第二款规定，生产经营单位应当制定本单位的应急预案演练计划，根据本单位的事故风险特点，每年至少组织一次综合应急预案演练或者专项应急预案演练，每半年至少组织一次现场处置方案演练。易燃易爆物品、危险化学品等危险物品的生产、经营、储存、运输单位，矿山、金属冶炼、城市轨道交通运营、建筑施工单位，以及宾馆、商场、娱乐场所、旅游景区等人员密集场所经营单位，应当至少每半年组织一次生产安全事故应急预案演练，并将演练情况报送所在地县级以上地方人民政府负有安全生产监督管理职责的部门。

《生产安全事故应急预案管理办法》第三十五条第一款、第二款规定，应急预案编制单位应当建立应急预案定期评估制度，对预案内容的针对性和实用性进行分析，并对应急预案是否需要修订作出结论。矿山、金属冶炼、建筑施工企业和易燃易爆物品、危险化学品等危险物品的生产、经营、储存企业，使用危险化学品达到国家规定数量的化工企业、烟花爆竹生产、批发经营企业和中型规模以上的其他生产经营单位，应当每三年进行一次应急预案评估。

《生产安全事故应急预案管理办法》第三十六条规定，有下列情形之一的，应急预案应当及时修订并归档：①依据的法律、法规、规章、标准及上位预案中的有关规定发生重大变化的；②应急指挥机构及其职责发生调整的；③面临的事故风险发生重大变化的；④重要应急资源发生重大变化的；⑤在应急演练和事故应急救援中发现需要修订预案的重大问题的；⑥编制单位认为应当修订的其他情况。

《生产安全事故应急预案管理办法》第三十八条规定，生产经营单位应当按照应急预案的规定，落实应急指挥体系、应急救援队伍、应急物资及装备，建立应急物资、装备配备及其使用档案，并对应急物资、装备进行定期检测和维护，使其处于适用状态。

《生产安全事故应急预案管理办法》第三十九条规定，生产经营单位发生事故时，应当第一时间启动应急响应，组织有关力量进行救援，并按照规定将事故信息及应急响应启动情况报告事故发生地县级以上人民政府应急管理部门和其他负有安全生产监督管理职责的部门。第四十条规定，生产安全事故应急处置和应急救援结束后，事故发生单位应当对应急预案实施情况进行总结评估。

6. 违法行为应当承担的法律责任

(1) 事故报告及采取措施违法行为的法律责任

《安全生产法》第一百一十条规定，生产经营单位的主要负责人在本单位发生生产安全事故时,不立即组织抢救或者在事故调查处理期间擅离职守或者逃匿的,给予降级、撤职的处分,并由应急管理部门处上一年年收入60%至100%的罚款;对逃匿的处15日以下拘留;构成犯罪的,依照刑法有关规定追究刑事责任。

生产经营单位的主要负责人对生产安全事故隐瞒不报、谎报或者迟报的,依照前款规定处罚。

《生产安全事故报告和调查处理条例》(国务院令第493号)第三十六条规定,事故发生单位及其有关人员有下列行为之一的,对事故发生单位处100万元以上500万元以下的罚款;对主要负责人、直接负责的主管人员和其他直接责任人员处上一年年收入60%至100%的罚款;属于国家工作人员的,并依法给予处分;构成违反治安管理行为的,由公安机关依法给予治安管理处罚;构成犯罪的,依法追究刑事责任:①谎报或者瞒报事故的;②伪造或者故意破坏事故现场的;③转移、隐匿资金、财产,或者销毁有关证据、资料的;④拒绝接受调查或者拒绝提供有关情况和资料的;⑤在事故调查中作伪证或者指使他人作伪证的;⑥事故发生后逃匿的。

《中华人民共和国刑法》第一百三十九条之一规定,在安全事故发生后,负有报告职责的人员不报或者谎报事故情况,贻误事故抢救,情节严重的,处3年以下有期徒刑或者拘役;情节特别严重的,处3年以上7年以下有期徒刑。

(2)事故责任单位及主要负责人的法律责任

《安全生产法》第一百一十四条规定,发生生产安全事故,对负有责任的生产经营单位除要求其依法承担相应的赔偿等责任外,由应急管理部门依照下列规定处以罚款:①发生一般事故的,处30万元以上100万元以下的罚款;②发生较大事故的,处100万元以上200万元以下的罚款;③发生重大事故的,处200万元以上1000万元以下的罚款;④发生特别重大事故的,处1000万元以上2000万元以下的罚款。发生生产安全事故,情节特别严重、影响特别恶劣的,应急管理部门可以按照前款罚款数额的二倍以上五倍以下对负有责任的生产经营单位处以罚款。

《生产安全事故报告和调查处理条例》(国务院令第493号)第三十八条规定,事故发生单位主要负责人未依法履行安全生产管理职责,导致事故发生的,依照下列规定处以罚款;属于国家工作人员的,并依法给予处分;构成犯罪的,依法追究刑事责任:①发生一般事故的,处上一年年收入30%的罚款;②发生较大事故的,处上一年年收入40%的罚款;③发生重大事故的,处上一年年收入60%的罚款;④发生特别重大事故的,处上一年年收入80%的罚款。

《生产安全事故报告和调查处理条例》(国务院令第493号)第四十条规定,事故发生单位对事故发生负有责任的,由有关部门依法暂扣或者吊销其有关证照;对事故发生单位负有事故责任的有关人员,依法暂停或者撤销其与安全生产有关的执业资格、岗位证书;事故发生单位主要负责人受到刑事处罚或者撤职处分的,自刑罚执行完毕或者受处分之日起,5年内不得担任任何生产经营单位的主要负责人。为发生事故的单位提供虚假证明的中介机构,由有关部门依法暂扣或者吊销其有关证照及其相关人员的执业资格;构成犯罪的,依法追究刑事责任。

(3)应急预案违法行为的法律责任

《生产安全事故应急预案管理办法》第四十四条规定,生产经营单位有下列情形之一的，由县级以上人民政府应急管理等部门责令限期改正，可以处 5 万元以下罚款；逾期未改正的，责令停产停业整顿，并处 5 万元以上 10 万元以下罚款，对直接负责的主管人员和其他直接责任人员处 1 万元以上 2 万元以下的罚款：①未按照规定编制应急预案的；②未按照规定定期组织应急预案演练的。

《生产安全事故应急预案管理办法》第四十五条规定，生产经营单位有下列情形之一的，由县级以上人民政府应急管理等部门责令限期改正，可以处 1 万元以上 3 万元以下罚款：①在应急预案编制前未按照规定开展风险辨识、评估和应急资源调查的；②未按照规定开展应急预案评审的；③事故风险可能影响周边单位、人员的，未将事故风险的性质、影响范围和应急防范措施告知周边单位和人员的；④未按照规定开展应急预案评估的；⑤未按照规定进行应急预案修订的；⑥未落实应急预案规定的应急物资及装备的。

生产经营单位未按照规定进行应急预案备案的，由县级以上人民政府应急管理等部门依照职责责令限期改正；逾期未改正的，处 3 万元以上 5 万元以下的罚款，对直接负责的主管人员和其他直接责任人员处 1 万元以上 2 万元以下的罚款。

经典案例见二维码。

7. 事故调查报告

生产安全事故调查报告编制见二维码。

18.3

18.4

江西丰城发电厂"11·24"冷却塔施工平台坍塌特别重大事故调查报告见二维码。

18.5

中铁二十二局集团有限公司"6·23"一般生产安全事故调查报告见二维码。

18.6

18.3.5 特殊工种作业人员管理

1. 特殊工种作业人员的含义

特殊工种作业包括的内容有：电工作业；金属焊接、切割作业；起重机械（含电梯）作业；企业内机动车辆驾驶；登高架设作业；锅炉作业（含水质化验）；压力容器作业；制冷作业；爆破作业等。其特点具有：专业性、独立性和危险性。特殊工种作业人员，是指直接从事特殊种类作业的从业人员。

2. 特殊工种作业人员的从业条件

建筑施工特种作业人员必须经建设主管部门考核合格，取得建筑施工特种作业人员操作资格证书，方可上岗从事相应作业。申请从事建筑施工特种作业的人员，应当具备下列基本条件：

（1）年满 18 周岁且不超过国家法定退休年龄；

（2）经医院体检合格且无妨碍从事相应特种作业的心脏病、癫痫病、眩晕症、癔病、震颤麻痹病、精神病、痴呆症、美尼尔氏症疾病以及其他疾病和生理缺陷；

（3）初中及以上文化程度；

(4) 符合相应特种作业需要的其他条件。持有资格证书的人员，应当受聘于建筑施工企业或者建筑起重机械出租单位（以下简称用人单位），方可从事相应的特种作业。

用人单位对于首次取得资格证书的人员，应当在其正式上岗前安排不少于 3 个月的实习操作。建筑施工特种作业人员应当严格按照安全技术标准、规范和规程进行作业，正确佩戴和使用安全防护用品，并按规定对作业工具和设备进行维护保养。建筑施工特种作业人员应当参加年度安全教育培训或者继续教育，每年不得少于 24 小时。

3. 特种作业人员考核取证

特种作业人员的培训和证书管理是建筑施工企业安全生产管理工作中一个重要的组成部分，是国家为加强危险岗位的有效管理而制定的一项强制性政策。特种作业人员技能的熟练与否，安全意识的强烈与否，与安全生产息息相关。能否真正做好这项工作，关系到能否更好地落实政府关于特种作业人员培训工作的政策，关系到企业、社会的安全生产问题和安定问题。因而，如何开展特种作业人员培训教育，提高他们安全操作技能，强化他们的安全意识，加强其人员和证书监管，规范全员持证上岗就显得尤为重要。

（1）特种作业人员的考核取证

建筑施工特种作业人员的考核发证工作，由省、自治区、直辖市人民政府建设主管部门或其委托的考核发证机构（以下简称"考核发证机关"）负责组织实施。考核发证机关应当在办公场所公布建筑施工特种作业人员申请条件、申请程序、工作时限、收费依据和标准等事项。

考核发证机关应当在考核前在机关网站或新闻媒体上公布考核科目、考核地点、考核时间和监督电话等事项。符合规定的人员应当向本人户籍所在地或者从业所在地考核发证机关提出申请，并提交相关证明材料。考核发证机关应当自收到申请人提交的申请材料之日起 5 个工作日内依法作出受理或者不予受理决定。对于受理的申请，考核发证机关应当及时向申请人核发准考证。

建筑施工特种作业人员的考核内容应当包括安全技术理论和实际操作。考核大纲由国务院建设主管部门制定。考核发证机关应当自考核结束之日起 10 个工作日内公布考核成绩。考核发证机关对于考核合格的，应当自考核结果公布之日起 10 个工作日内颁发资格证书；对于考核不合格的，应当通知申请人并说明理由。资格证书应当采用国务院建设主管部门规定的统一样式，由考核发证机关编号后签发。资格证书在全国通用。

（2）特种作业人员证书的延期复核

资格证书有效期为两年。有效期满需要延期的，建筑施工特种作业人员应当于期满前 3 个月内向原考核发证机关申请办理延期复核手续。延期复核合格的，资格证书有效期延期 2 年。

建筑施工特种作业人员申请延期复核，应当提交下列材料：
（1）身份证（原件和复印件）；
（2）体检合格证明；
（3）年度安全教育培训证明或者继续教育证明；
（4）用人单位出具的特种作业人员管理档案记录；
（5）考核发证机关规定提交的其他资料。

建筑施工特种作业人员在资格证书有效期内，有下列情形之一的，延期复核结果为不合格：
(1) 超过相关工种规定年龄要求的；
(2) 身体健康状况不再适应相应特种作业岗位的；
(3) 对生产安全事故负有责任的；
(4) 2年内违章操作记录达3次（含3次）以上的；
(5) 未按规定参加年度安全教育培训或者继续教育的；
(6) 考核发证机关规定的其他情形。

考核发证机关应当制定建筑施工特种作业人员考核发证管理制度，建立本地区建筑施工特种作业人员档案。县级以上地方人民政府建设主管部门应当监督检查建筑施工特种作业人员从业活动，查处违章作业行为并记录在档。考核发证机关应当在每年年底向国务院建设主管部门报送建筑施工特种作业人员考核发证和延期复核情况的年度统计信息资料。

有下列情形之一的，考核发证机关应当撤销资格证书：
(1) 持证人弄虚作假骗取资格证书或者办理延期复核手续的；
(2) 考核发证机关工作人员违法核发资格证书的；
(3) 考核发证机关规定应当撤销资格证书的其他情形。

有下列情形之一的，考核发证机关应当注销资格证书：
(1) 依法不予延期的；
(2) 持证人逾期未申请办理延期复核手续的；
(3) 持证人死亡或者不具有完全民事行为能力的；
考核发证机关规定应当注销的其他情形。

培训、考核、发证的真正目的是确保在施工现场作业的人员能够具备较强的安全生产意识，较高的专业操作技能、较好的文明生产素养。就目前施工企业的实际情况，政府部门的有力监管是不可或缺的。但由于目前特种作业人员一部分采用的是纸质证书，克隆造假极为方便，致使部分企业铤而走险，勾结不法人员大量克隆证书，一本证书多头使用，甚至伪造证书，蒙骗现场检查人员。严重干扰了建设行政主管部门的安全检查和执法，严重危及企业的安全生产、人身安全和社会稳定。

4. 特殊作业人员管理

建筑施工特殊作业人员管理的现状及问题
(1) 建筑市场特种作业人员的供需严重失衡，作业人员整体素质偏低

在当前的建筑市场中，从事特种施工作业的人员是少之又少，究其原因，是在过去的施工过程中，企业一味地将重点放在经济效益的提高方面，而忽视了对施工人员的安全管理，在施工的过程中，企业没有对特种作业人员开展应有的安全教育讲座，也没有对施工人员配备必要的安全防护，在这种情况下，施工人员进行施工极容易出现严重的安全问题，但是企业却置若罔闻，抱着侥幸的心理令其进行施工，在完成施工后，企业与施工人员就立刻解除劳务合作的关系，而没有进行后续的抚慰工作，在这种非人性化的管理过程中，特别是进行特种作业的工作人员，对企业逐渐感到失望，而不愿意继续从事危险系数高的工作，由此造成从事该项工作的人员数量逐渐减少，这样的后果就是企业的长远发展无法获得有效的保证，难以使企业重新获得生机。同时，新培养的特种作业人员又不具备一定的经验，只能从事简单的施工作业，对于难度系数较大的工作依然面临着无人的状

态，长此以往下去，就会造成我国的建筑事业停滞不前，影响经济建设的进一步发展。

（2）特种作业人员有章不循，制度不遵，随意性很大，违章作业时有发生

近年来，建筑起重机械等设备事故不断，很大一部分原因是特种作业人员违章操作造成的，没有严格按照规章制度进行施工，对规章制度置若罔闻，依然采取我行我素的方式，例如在使用大型机械设备的过程中，有些施工人员并没有充分掌握操作的关键点，但是却随意进行使用，造成出现严重的安全事故，还有的特种施工人员一旦遇到了自己解决不了的疑难问题，就随意丢下自己的工作，离岗走人，严重影响了工程的进度，所以从这点来讲，在施工过程中难以对特种施工人员进行有效的监管。经常出现特种作业人员出了事故却无法处理的现象，或一处理就威胁不干了、直接离岗走人，监管难度很大。

（3）特殊工种不特殊，从业人员岗位技能低，职业素质差，组织观念不强，没有融入施工企业之中

1）由于特殊作业的人员与一般施工人员相比，具有更高的危险系数，但是体现在实际的薪酬上却相差无几，这就造成了特殊作业人员在心理上的不平衡，同时他们的学历有的仅仅是小学文化，在学习的过程中显得较为吃力。

2）由于大部分的特种作业人员都是临时性、流动性雇用，不重视职业道德，信用差，流动性很大。哪里工资高就往哪里去，哪里轻松就往哪里去。目前，省内未建立专业的劳务市场，也未建立特种作业人员的"黑名单"档案，市面上特种作业人员难找，好的更是难找，各施工（或设备租赁）企业各自为政。

3）特种作业人员的集中教育培训少，安全意识差，自我保护能力和岗位技能的常识缺失。由于特种作业人员没有组织且分散于各工程项目，上班时间也不固定，干一个工程换一个企业，因此，集中系统学习的难度很大。

5. 解决措施与对策

（1）组建规范的特殊工种劳务派遣公司，实行集约化管理

劳务派遣公司应致力于提供全方位的劳动保障管理服务，不仅包括特种作业人员的派遣、劳动关系的建立、劳动合同和档案的管理、社会保障的提供等服务，还应包括制定薪酬办法、绩效考核、员工培训以及日常的动态管理等工作。实行特种作业人员劳务派遣后，施工企业一旦有新的工程项目开工，即可与劳务派遣公司签订《劳务派遣合同》，及时安排特种作业人员进场。日常管理中，劳务派遣公司应有专人负责巡查，施工项目部应及时反馈特种作业人员的工作表现，发现违章作业及时制止，发现表现差的人员，应及时予以清退并调换。几家劳务派遣公司应加强横向联系，信息共通、资源共享，对于严重违章违规和出现重大责任事故的特种作业人员，应共同将其列入"黑名单"禁止使用。这样才能真正实现施工企业有选择用工的地方，特种作业人员有组织管理并有人去约束。

（2）加大特殊工种的培训和发证的力度，保证供需平衡，确保持证上岗

由政府主管部门负责考试与发证工作，其他如组织报名和人员审核、理论与实操培训、考场及考试时间选择等工作，可以由相关专业培训机构、劳务派遣公司以及有实力的施工（或租赁）企业来承办，培训中应实行理论和实操技能相结合，并适度注重实操技能的培训。另外，还可以联合有实力的施工企业，积极引进校企联合办学、定向培养等多种形式，解决特种作业人员的供需问题，保证特种作业人员持证上岗。

（3）加强施工企业文化建设，让特种作业人员具有归属感和组织观念

施工企业应将劳务派遣的特种作业人员纳入企业的日常管理工作范畴，组建特殊工种班组，积极开展集中培训、岗位竞赛、年终评比、表彰先进、观摩学习、座谈交流等各种活动，关心其生活、关注其思想、尊重其意见、激励其进步、改善其工作条件，把特种作业人员与管理人员放在同等重要的地位看待。有实力的施工企业，还应适当聘用一些固定的特种作业人员，作为企业施工现场的中坚力量进行重点培养，充实管理，增强企业的实体与现场施工能力。

（4）强化日常管理和安全监督，减少违章作业，降低安全风险

可以参照出租汽车驾驶员的管理模式，实行特种作业人员操作证和上岗证的双证管理，从遵守法规和安全操作规程、安全生产、日常工作行为、服务质量等方面进行评定，设定固定分数实行扣分制和鼓励项目加分制，在考核周期内根据评定的综合分数得出考核等级，计入政府主管部门和相关企业的特种作业人员档案，作为特种作业人员今后就业、上岗、薪酬待遇和评先的重要依据。对于考核等级较差的人员，应在考核周期的规定时限内参加培训，培训合格允许重新上岗；对于考核等级很差、又发生过重大事故的责任人员，应吊销其上岗证并列入黑名单上网公示，严禁其从事特种作业，严禁相关单位使用。

（5）提高待遇，增加吸引力，引导素质相对较好的人员从事特种作业

政府主管部门应遵从市场规律，制定适当的定额，引导特种作业人员的流向。施工企业和劳务派遣公司应适时开展调查，主动与市场接轨，落实并提高特种作业人员的收入；应建立每个特种作业人员的个人档案，内容包括人员名单、工作经历、劳务派遣合同、三级教育、岗前考核考试情况、身体与思想情况、操作证与上岗证资料、项目施工期间的工作评价等；应结合考评的等级引进激励机制，实行不同的薪酬待遇，充分调动特种作业人员的积极性，充分发挥其工作成就感。

（6）加强日常培训与考核，提高特种作业人员的岗位技能和安全意识

一是组织宣传相关的法律法规、文件和企业制度，加大安全管理制度落实执行的力度，引导特种作业人员养成严格遵守安全操作规程、依章作业的习惯。二是开展安全知识和本工种常识培训，提高特种作业人员的安全意识和岗位技能，可以采取开会、集中学习、观摩交流、岗位比武、施工现场培训、观看影像、事故案例分析、分发材料自学等灵活多样、因地制宜的方式。三是开展上岗前的审查和考核，严把特种作业人员的进场关。审查内容包括：岗位证、身份履历、思想情绪、语言反应、心理能力等方面。考核内容有：理论考试和实践操作两部分。审查和考核不合格的人员严禁上岗作业。四是施工过程中定期或不定期开展实地演练和现场考评，做到优胜劣汰。

建筑行业特种作业人员管理是个系统工程，需要政府主管部门、监管部门、施工企业、租赁企业、劳务派遣公司等单位的密切配合，齐抓共管、共担责任。只有加大投入、加强管理，切实提高特种作业人员的工作待遇、职业素质和岗位技能，才能实现特种作业人员队伍的稳定、健康发展和壮大，才能建立起长久有效的安全保障体系。

18.3.6　劳务信息化管理

近年来，随着城市化进程的加快，建设施工行业也发生着深刻的变化，施工劳务用工管理方面存在的问题和矛盾也日益突出。当前，进城务工人员已成为建设施工行业的主要

劳动力，但由于其劳动技术含量较低、数量庞大、流动性强等特点，容易引发工资拖欠、冒名顶替、出勤误差、工程量核算等纠纷，最终导致一系列的社会不稳定因素。

1. 劳务信息化管理背景

通过对建设施工行业进城务工人员用工问题的详细调研，发现进城务工人员劳务纠纷主要体现在以下两个方面：

第一，企业用工不规范，工资实名发放落实难。项目部通过工程承包人或班组长招用民工，且大量存在以包代管现象，对相应人员没有履行相对应的有效管理职责，导致对施工现场的人员数量、用工性质、进出厂时间、出勤率和工资发放等情况不清楚，劳务用工管理整体上较为混乱等一系列问题的出现。部分项目部存在以采用承包的方式确定班组的承包款，由工程承包人或班组长直接对进城务工人员进行管理，如：确定工资标准、人工考勤和代发工资等。企业和项目部对此类劳务用工的详细情况并不具体掌握，给了工程承包人或班组长可乘之机。一些工程承包人、班组长假借总包方的名义对劳务人员进行下达考核指标，存在严重的管理漏洞，拖欠、克扣进城务工人员工资的现象时有发生，进城务工人员的权益难以得到有效保障。

第二，承包人或班组长为了利益，恶意鼓动是非，企业举证困难。传统的施工行业管理模式很难避免劳务用工上的疏漏，造成工资发放时无法准确区分哪些是企业自有人员，哪些是外来劳务人员，因此部分工程承包人或班组长与因自身原因拖欠进城务工人员工资或发生经济纠纷后，往往会假借进城务工人员工资被拖欠是以发包方未及时拨付工程款之名，煽动进城务工人员上访闹事讨要工程承包款，造成不良社会影响。此类纠纷发生后，企业又无法对进城务工人员工资发放进行有效举证，最终不得不额外支付不应支付的承包款，增大了项目成本，造成企业的权益难以得到有效保障。

这些问题的存在，不但给施工企业造成管理上的困难，影响施工企业形象，制约了施工行业的可持续发展，也严重影响了社会的和谐稳定。究其问题的根本，是总包企业和进城务工人员用工之间的信息不对称，因此采用劳务用工实名制信息化管理已势在必行。

2. 劳务信息化管理实施

事实上，国家自上而下一直在推行劳务用工行业的实名制和信息化管理工作。为全面落实国务院在实行劳务用工实名制管理的文件精神，全国各行业都在积极探索和实践。为落实国家政策文件，解决劳务人员管理的痛点，建筑施工企业先后推行了全模块的施工信息化管理平台和劳务实名制管理平台。

（1）全模块的施工信息化管理平台

为了实现从传统施工企业管理向现代化管理的转变，提高企业运行效率和市场竞争力，不少企业决定实行企业信息化管理，上线了全模块的信息化管理软件，其中劳务用工方面涵盖了完整的内部班组劳务管理流程步骤：从班组承包协议，到劳务工协议书，劳务工花名册，以及劳务工培训和劳务工进退场管理，直至考勤、劳务结算和工资发放，彼此之间实现有效关联，形成高效的数据集群，方便数据的相互调用和集成管理。

具体应用实施分为六个步骤：

1）劳务花名册信息库维护

企业在信息化管理平台有专门的劳务用工花名册库，对用工人员的姓名、年龄、工种等信息登记备案,身份证号是唯一识别号。所有项目共同维护、共享使用,既做到了企业内部信息的联通,也避免了重复工作,从登记环节即提高了信息的及时性和工作效率。

2) 施工班组库完善

企业信息化管理平台设专人对班组库进行维护,按照类型分为内部班组和外部班组,完整备案了班组长的身份证号,联系方式和所属单位、班组专业和信用情况,以供企业内部各项目共享使用和企业内部年度评审,有效避免了班组信息的重复录入,同一信息错字混淆等传统劳务管理中这类低级错误的产生。

3) 班组信息维护

有了劳务工花名册和班组库两个基础信息表,项目劳务员在分配劳务用工时,可以轻松的将劳务人员维护到对应项目班组内,内外部劳务人员架构归属在信息化平台中一目了然,方便快捷。

4) 劳务工进退场信息动态更新

劳务工进场信息维护,劳务人员从已备案的劳务工花名册中搜索定位,一键进场,同步显示所在班组、身份证号、工种等所属信息。同样在场信息中搜索定位,选中人员,一键离场。劳务工在进退场状态快捷更新、动态显示。

5) 电子备案纸质协议培训

由于现场用工人员的复杂性和流动性,纸质协议培训和进场安全教育资料繁多,不便于查找,易损毁。所以应在信息化平台启用协议和教育培训资料电子备案,协议培训以附件形式在信息化平台备份,方便查找、存储,提供多重安全保障。

6) 考勤结算得工资

根据项目考勤数据和工程量的月度结算情况,企业信息化平台每月按时核算出对应项目对应劳务人员的月工资金额,同时考勤和工资信息在新增工资单时实时备份到信息化平台系统,做到有迹可循,有证可举。

信息化管理平台的使用,有效保证未登记的人员无法办理进场手续,未进场人员无法计工资;当月工资单与当月班组结算人工费实时对比,对比结果保存时系统自动提示。从风险管控角度,实现了事前、事中控制。对内,使信息技术在劳务管理中发挥出有效的监督管控功能;对外,改变了劳务管理信息的传递方式和存储方式,提高了处理效率和信息集成度,使企业在外部市场环境中有效提高了核心竞争力。

劳务信息化管理实现了对劳务人员信息的有效管控,同时方便了项目部/企业对劳务信息的准确统计,让劳务用工管理真正做到有迹可循,有证可举,在一定程度上降低了项目成本和劳务用工风险,保障了企业在内部班组劳务管理上的合法权益。但是,由于外部班组和外分包业务的特殊性,劳务信息化管理的优越性并不能充分发挥出来,因此劳务实名制管理平台应运而生。

(2) 劳务实名制管理平台

劳务实名制管理平台通过对施工现场劳务作业人员实行有效身份实名管理,集成和利用了门禁技术、通道闸机技术、视频监控技术、实名显示技术、智慧安全帽追踪技术、项目看板全局统计等科技手段,前端采集数据可以实时上传至企业总公司、分公司、项目部,达到信息资源共享,动态监管施工现场劳务作业人员在施工现场的所有生产活动情况。

实名制管理平台实施应用包含以下几个环节：

1）实名信息采集录入

按照标准要求进行劳务人员信息采集，通过人、证、帽合一，做到实时、精准的人员管理。严格控制超龄、童工、黑名单、恶意讨薪、伪造身份和特殊工种证书顶替等违规行为出现，规避项目施工中可能出现的人为风险。从劳务入场登记着手，规范用工，屏蔽风险。

2）门禁考勤，人脸识别闸机通道

设置门禁进行考勤并可查询打卡记录，通过现场硬件设备读取安全帽信息，多维度查询出勤时长，随时查询所有作业人员每天进出场时间，也可以通过工地宝扫描的人员活动轨迹作为备案记录，所有系统数据都支持导出。通过此功能可以掌握各班组出勤率，劳务作业人员每天的上班时长，自动生成考勤月报，也可按照分包商维度统计出勤数据，系统统计分析后形成统一表格，加以利用。保证了劳务作业人员出勤数据来源的真实可靠性。

3）参建单位情况，劳务分包单位管理

执行劳务分包商名单统一录入劳务实名制管理系统，实现劳务分包商评价体系，为企业建立优秀分包商提供有效数据支撑。评价中心可以添加劳务人员的不良记录，由企业总部统一审核，审核确认人员无法在企业所属项目进行入场登记。

4）劳务用工现场过程管理，实时动态管控

通过防护监控，工程现场360°可视化，实现了区域定位，实时、精确。通过智慧安全帽可充分掌握人员分布的详细情况；智慧安全帽配合工地宝的使用，实现了随时查看劳务工活动轨迹的功能需求，并自动存储备档；工地宝的现场语音提示功能，一定程度上增加了劳务工在施工现场的安全保障，减少安全事故的发生。实名制劳务平台的使用，既可以让企业实时掌握现场生产用工情况，又保证了安全事故原因能够有据可查。

5）预警信息，实时风险提示

设置预警规则后，预警中心帮助项目管理者找到主要用工风险：分别为年龄不符、人证不一致、证件过期、黑名单禁入，对于不符合录入规则的人员进行规避；长期未被工地宝扫到的人员视为长期未出勤、设定未出勤天数自动限制入场，长期未出勤自动退场，帮助项目管理人员有针对性地进行人员管理。预警界面为登记时提示的预警信息，不可修改或删除，对劳务单位的管理有据可依。

此外，根据身份证信息，动态显示来自疫情重点区域劳务人员情况，通过项目看板实时监控预警。

6）数据仓库和报表中心，强大的统计分析功能

数据仓库从不同维度分析企业数据，协助企业建立劳务数据库，主要包括项目库、参建单位库、队伍库、班组库和人员库，同时支持数据导出。

项目库主要展示本企业下开通项目的具体情况分析及项目列表展示，包括今年和往年项目开通个数统计、工程状态统计、工程类别统计。项目列表展示可以按项目名称、工程地点及项目经理模糊搜索，也可以通过过滤开工日期来辅助查询。

队伍库主要展示本企业下登记的队伍具体情况分析及列表展示，包括总数统计、按类别统计、合格率计算，项目列表展示可以按参建单位、队伍名称及队长姓名模糊搜索。点击班组名称，可展示班组详情，包括班组基本信息及班组参与项目的列表展示。

人员库主要展示本企业下登记工人的统计情况及列表展示，可以按所属项目、部门/班组、岗位/工种、地区、民族等信息进行筛选，也可以按照登记日期和年龄进行排序，或者按身份证或者姓名进行模糊搜索。

报表中心主要关注月度考勤表、花名册、工时表三个部分。考勤表可查看对应班组、对应时间的每天考勤情况，包括出勤时长；花名册可直接导出项目人员花名册代替手工记录；工时表可以查看某个人员当天具体的扫描时间。

此外，支持劳务数据分级显示，工人进场离场、培训动态显示；工资发放，应发实发累计金额统筹查询分析，工资合同凭证上传保存，同时可以无缝对接到地方住建管理部门实名制系统。劳务实名制平台的应用不仅提高了劳务从业人员素质、加快建筑人才培养、改革建筑用工制度、保护工人合法权益，还提升了企业的劳务用工管理水平，在劳务市场建立了良好的企业口碑。

劳务实名制信息化管理改变了劳务人员信息的获取方式，提高了劳务人员信息的真实性和及时性，很好地解决了传统管理中外分包和外部班组劳务工考勤信息的不可靠性，针对外部班组长和外分包提供给总包企业的考勤信息，有了可追查可对比的信息源，有效解决了外部班组长和外分包从中虚报瞒报，私自克扣劳务工工资等风险。

（3）两大平台整合互通

针对外部班组和外分包人工费，建筑施工企业可以将信息化管理平台和实名制平台进行对接，以实现两大管控平台间劳务数据的联动互通。

同时企业在全模块的信息化管理平台中，可以将外分包人工费和分包工程款分开支付。依据项目情况，劳务工工资单独付款到企业总部代发账户或政府监管平台账户，保证劳务工工资按时足额发放到劳务工个人银行账户，从根本上杜绝了部分外分包单位和外部班组长的"二扒皮"现象，有效的保障了劳务工的合法权益。

完整意义上说，企业劳务信息化管理很好地适应了外部环境和内部条件的变化，有效整合、配置和利用有限的资源，更好地实现了企业既定目标的动态性、创造性活动。

3. 劳务信息化管理应用展望

劳务信息化管理永远在路上。针对施工企业的市政项目，由于施工线路长、施工分散流动性、现场场地特殊性等特点，很难完全封闭施工现场。目前推行的劳务实名制措施第一要务就是：场地的连续封闭性，唯一出入口，专人值守，出入口配备人脸识别闸机，现场环绕布置监控摄像头。而市政项目的特点，显然无法满足现场连续封闭的要求，市政道路施工线路过长，环布监控摄像头也不现实。这是目前施工企业在劳务实名制信息化管理实施中遇到的新课题。

同时，随着新基建的提出，不得不去思考：劳务工进场务工是否可以像大学生毕业入职一样，建立个人档案，劳务工档案进入"人才中心"。类似于学信网对于学生档案的统筹管理、登记备案，能否建立一个全国劳务工实名制信息管控平台：全国联网统一管理，实名登记；实名登记的劳务工可以享有一项施工技能的基础培训，随着培训考核通过，劳务工培训所获得的技能项，也随之进入劳务工信息库。

班组长、劳务企业、施工企业注册登记进入平台，可以实时查询劳务工信息、固定签订、不固定雇佣所需劳务工，同时劳务工也可以实时查看在平台注册登记的班组长、劳务企业、施工企业。这将会有效解决目前劳务用工市场的信息不对称性、人员鱼龙混杂、劳动技能水平参差不齐的问题。并且从整体上提高了劳务工劳动技能水平，为我国新基建的发展奠定坚实的人员基础。

劳务实名制是劳务工维护自身合法权益的最基本要求，随着信息化的发展，云平台系统的建立，实名制实施范围扩大以后，政府部门对于进城务工人员的流动情况将了如指掌，企业对用工工人的技术情况，工作经验情况将会有第一手的资料。对整个社会而言，这是承认劳务工社会地位的一种标志性里程碑，也是法治社会的必经过程。政策的实施需要社会的监督执行，而不是冷眼旁观，任何参与进来的个人都应该积极主张自己的权利，对没有实现实名制的企业说"不"，对不签订劳动合同的企业说"不"，对拖欠工资的企业行为说"不"。这样，相信未来五年、未来十年、未来三十年……中国企业的劳务信息化管理会更加规范、安全、方便、高效。

任务 19 办理离职手续

19.1 任务描述

坚持依法办事,学习相关法律知识,掌握劳动合同相应规定,自觉形成良好的职业素质和求真实务的工作作风。

19.2 任务目标

通过对劳动法相关内容的学习,使同学们了解劳动合同解除和终止相关规定,依法保护自身合法权益。

19.3 知识储备与任务指导

根据《中华人民共和国劳动合同法实施条例》(国务院令第535号),劳动合同的解除和终止,应遵循以下规定:

1. 有下列情形之一的,依照劳动合同法规定的条件、程序,劳动者可以与用人单位解除固定期限劳动合同、无固定期限劳动合同或者以完成一定工作任务为期限的劳动合同:

(1) 劳动者与用人单位协商一致的;
(2) 劳动者提前30日以书面形式通知用人单位的;
(3) 劳动者在试用期内提前3日通知用人单位的;
(4) 用人单位未按照劳动合同约定提供劳动保护或者劳动条件的;
(5) 用人单位未及时足额支付劳动报酬的;
(6) 用人单位未依法为劳动者缴纳社会保险费的;
(7) 用人单位的规章制度违反法律、法规的规定,损害劳动者权益的;
(8) 用人单位以欺诈、胁迫的手段或者乘人之危,使劳动者在违背真实意思的情况下订立或者变更劳动合同的;
(9) 用人单位在劳动合同中免除自己的法定责任、排除劳动者权利的;
(10) 用人单位违反法律、行政法规强制性规定的;
(11) 用人单位以暴力、威胁或者非法限制人身自由的手段强迫劳动者劳动的;
(12) 用人单位违章指挥、强令冒险作业危及劳动者人身安全的;
(13) 法律、行政法规规定劳动者可以解除劳动合同的其他情形。

2. 有下列情形之一的,依照劳动合同法规定的条件、程序,用人单位可以与劳动者解除固定期限劳动合同、无固定期限劳动合同或者以完成一定工作任务为期限的劳动合同：

(1) 用人单位与劳动者协商一致的；

(2) 劳动者在试用期间被证明不符合录用条件的；

(3) 劳动者严重违反用人单位的规章制度的；

(4) 劳动者严重失职，营私舞弊，给用人单位造成重大损害的；

(5) 劳动者同时与其他用人单位建立劳动关系，对完成本单位的工作任务造成严重影响，或者经用人单位提出，拒不改正的；

(6) 劳动者以欺诈、胁迫的手段或者乘人之危，使用人单位在违背真实意思的情况下订立或者变更劳动合同的；

(7) 劳动者被依法追究刑事责任的；

(8) 劳动者患病或者非因工负伤，在规定的医疗期满后不能从事原工作，也不能从事由用人单位另行安排的工作的；

(9) 劳动者不能胜任工作，经过培训或者调整工作岗位，仍不能胜任工作的；

(10) 劳动合同订立时所依据的客观情况发生重大变化，致使劳动合同无法履行，经用人单位与劳动者协商，未能就变更劳动合同内容达成协议的；

(11) 用人单位依照企业破产法规定进行重整的；

(12) 用人单位生产经营发生严重困难的；

(13) 企业转产、重大技术革新或者经营方式调整，经变更劳动合同后，仍需裁减人员的；

(14) 其他因劳动合同订立时所依据的客观经济情况发生重大变化，致使劳动合同无法履行的。

3. 用人单位依照劳动合同法第四十条的规定，选择额外支付劳动者一个月工资解除劳动合同的，其额外支付的工资应当按照该劳动者上一个月的工资标准确定。

4. 劳动者达到法定退休年龄的，劳动合同终止。

5. 以完成一定工作任务为期限的劳动合同因任务完成而终止的，用人单位应当依照劳动合同法第四十七条的规定向劳动者支付经济补偿。

6. 用人单位依法终止工伤职工的劳动合同的，除依照劳动合同法第四十七条的规定支付经济补偿外，还应当依照国家有关工伤保险的规定支付一次性工伤医疗补助金和伤残就业补助金。

7. 用人单位出具的解除、终止劳动合同的证明，应当写明劳动合同期限、解除或者终止劳动合同的日期、工作岗位、在本单位的工作年限。

8. 用人单位违反劳动合同法的规定解除或者终止劳动合同，依照劳动合同法第八十七条的规定支付了赔偿金的，不再支付经济补偿。赔偿金的计算年限自用工之日起计算。

9. 用人单位与劳动者约定了服务期，劳动者依照劳动合同法第三十八条的规定解除劳动合同的，不属于违反服务期的约定，用人单位不得要求劳动者支付违约金。

有下列情形之一，用人单位与劳动者解除约定服务期的劳动合同的，劳动者应当按照劳动合同的约定向用人单位支付违约金：

(1) 劳动者严重违反用人单位的规章制度的；

(2) 劳动者严重失职，营私舞弊，给用人单位造成重大损害的；

（3）劳动者同时与其他用人单位建立劳动关系，对完成本单位的工作任务造成严重影响，或者经用人单位提出，拒不改正的；

（4）劳动者以欺诈、胁迫的手段或者乘人之危，使用人单位在违背真实意思的情况下订立或者变更劳动合同的；

（5）劳动者被依法追究刑事责任的。

10. 劳动合同法第四十七条规定的经济补偿的月工资按照劳动者应得工资计算，包括计时工资或者计件工资以及奖金、津贴和补贴等货币性收入。劳动者在劳动合同解除或者终止前12个月的平均工资低于当地最低工资标准的，按照当地最低工资标准计算。劳动者工作不满12个月的，按照实际工作的月数计算平均工资。

成果篇

- 任务 20　撰写岗位实习报告
- 任务 21　岗位实习成绩评定

任务 20　撰写岗位实习报告

20.1　任务描述

实习结束后，撰写《岗位实习报告》，这是对学生岗位实习过程的全面总结，是表述其实习成果，是代表其专业综合水平的重要资料，是学生实习过程、体会、收获的全面反映，是学生实践技能训练中很重要的一个环节，是学习深化与升华的重要过程。它既是学生学习、研究与实习的全面总结，又是对学生素质与能力的一次全面检验，而且还是对学生的毕业资格认证的重要依据。

20.2　任务目标

掌握岗位实习报告的格式要求及写作方法；
整理资料，撰写岗位实习报告。

20.3　知识储备与任务指导

20.3.1　实习报告的资料收集

学生在实习过程中，一定要注重积累资料和素材，最好是养成写实习日记的习惯。如果确实时间紧，做起来有困难，起码也应当养成写实习周记的习惯。这样的话，整个实习期的经历、体会和收获会内容充实、脉络清晰。由于素材充分，实习结束时写作实习报告不仅轻松，而且写作质量也有非常好的保障。主要收集以下资料：

1. 在岗位实习工作中党的路线方针政策是如何在工作中贯彻执行的。比如单位组织学习，内容是什么、什么学习方式、学习后的效果如何，对自己和同志们的思想有否提高。

2. 专业知识在工作中如何灵活运用。

3. 观察周围同事如何处理问题、解决矛盾的。实习是观察体验社会生活，将学习到的理论转化为实践技能的过程，所以既要体验还要观察。从同事、前辈的言行中去学习，观察别人的成绩和缺点，以此作为自己行为的参照。观察别人来启发自己也是实习的一种收获。

4. 实习单位的工作作风如何。单位的工作作风对你将来开展工作、发展自己，提高自己有什么启发；某些同事的工作作风、办事效率哪些值得你学习、哪些要引以为戒，对工作对事业会有怎样的影响。

实习单位的部门职能发挥如何。对不同职能部门的工作作风、履行职能的情况有什么看法和认识。

20.3.2 了解岗位实习报告格式及要求

1. 了解岗位实习报告

岗位实习报告是对实习工作的记录及总结，如实记录实习过程，详尽地反映实习内容，运用所学专业知识，分析实际工作中遇到的问题，总结工作经验。

2. 岗位实习报告格式要求

（1）封面

封面内容包含学校名称、报告题目、年级、专业、学号、姓名、指导老师、完成时间等。需要注意的是，报告题目、学校名称用全称，完成时间用"（年、月、日）"。

（2）摘要

摘要应扼要叙述报告的主要内容、特点，文字精练，是一篇具有独立性和完整性的短文，包括主要成果和结论性意见。内容摘要一般不超过200字。

（3）关键词

关键词应采用能够覆盖报告主要内容的通用专业术语，一般列举3～5个。

（4）正文

正文是作者对毕业实习工作的详细表述，包含下面四个方面：

1）实习目的及要求。

主要阐述实习的目的、实习计划及目标要求，要求言简意赅，点明主题。

2）实习单位及岗位简介

这个部分要写出毕业实习单位的全称、性质、规模、业务、效益、岗位名称、岗位人员状况、岗位职责、岗位业务流程等情况，可绘出单位组织结构图及生产流程图；详略得当、重点突出，重点应放在实习岗位及技能要求的介绍。

3）实习内容及过程

主要描述自己的工作内容，要求内容翔实、层次清楚；侧重实际业务工作能力和动手操作技能的培养、锻炼和提高，但切忌写日记或记账式的简单罗列。具体可包括：

① 介绍实习过程做些什么事，即个人完成的主要工作任务和取得的主要成绩；

② 实习过程中发现什么问题，有什么建议，准备采用什么方法和措施给予解决，即着重结合所学专业技术知识提出解决实际问题的方案。要求条理清楚、逻辑性强。

4）实习收获与体会

要求条理清楚、逻辑性强；着重写出对实习内容的总结、体会和感受，特别是结合自己所学的专业理论知识分析和解决了哪些实习中的实际问题、对自己所学的专业技术知识与岗位实践内容差距的认识和思考及今后应努力的方向。

（5）致谢

以简洁的字句对实习单位提供实习实训指导、帮助的老师、师傅、同事及相关人员的表示谢意。

岗位实习报告的内容必须与所学专业内容相关，字数不少于3000字。撰写时应做到言简意赅、详略得当、重点突出，要求内容翔实、层次清楚，逻辑性强。

20.3.3 撰写岗位实习报告

1. 了解撰写岗位实习报告的步骤

（1）收集资料。

（2）起草报告提纲，起草后可请指导教师修改。

（3）起草、撰写初稿。

（4）修改、定稿。

2. 了解岗位实习报告打印与排版要求

（1）页面设置规格

A4纸双面打印，页边距：上下2.5cm，左右3.0cm，左侧装订。

（2）页眉

页眉应居中置于页面上部为"_____系_____届学生岗位实习报告"。页眉的文字用五号宋体，居中。

（3）页码

正文的页码用阿拉伯数字，居中标于页面底部。

（4）目录

目录应为单独页，用A4纸正反面打印（只有一页的，反面就为空白）；目录二字要居中，黑体、三号、加粗；目录内容包括：实习报告的一级、二级和三级标题，标清楚目录的页码。目录左右两边要对齐。

（5）正文

一级标题四号黑体，居中；二级标题小四号黑体、三级标题小四宋体加粗，左对齐，首行缩进2个字符。各级标题段前、段后距离0.5行。文档内容小四，宋体或仿宋体；行间距1.5倍行距；段落首行缩进2个字符。插图与图表应有标题编号说明如图1、表1，字体五号黑体。

（6）实习报告样例（详见任务22中的扫码阅读）

任务 21　岗位实习成绩评定

21.1　任务描述

岗位实习结束，指导教师、企业需要对学生实习表现、进行综合考核；同时，学生自己也要客观地自我评价，也需要了解成绩评定办法及要求，整理填写需要上交的资料。

21.2　任务目标

了解实习考核主要内容；
了解实习成绩评定等级标准。

21.3　知识储备与任务指导

21.3.1　实习考核主要内容

1. 实习单位应对学生实习表现进行考核，着重考核学生实践操作能力和职业素养，内容包括学生的工作态度、守纪情况、专业技能、协作能力、创新意识等五个方面。校外指导教师填写《实习鉴定意见表》，并签字确认后加盖单位公章。

2. 校内指导教师对学生实习表现进行考核，重点考查学生组织纪律性以及实习任务的完成情况，主要内容包括学生实习总结报告、实习管理平台上实习信息、周记等材料的提交情况。根据《实习鉴定意见表》中评分（以百分制计），按校外导师成绩占70%，校内指导教师成绩占30%计算总成绩，转换为优秀、良好、中等、合格、不合格五个等级。

3. 发现实习学生有下列情况之一者，实现成绩为不及格：

实习时间少于180天；严重违反实习纪律而屡教不改者；抄袭实习报告者；伪造实习单位鉴定者；不按时提交实习报告或其他规定的实习材料者；在实习报告中过分夸大或歪曲实际工作情况者。

21.3.2　学生实习成绩评定等级标准

实习的成绩分为优秀（90～100分）、良好（80～89分）、中等（70～79分）、及格（60～69分）和不及格（60分以下）五个等级。

成绩的评定必须坚持科学、客观的态度，从严要求。"优秀"的比例一般控制在15%；"良好"的比例一般在35%；"中等"和"及格"的比例一般在45%"不及格"比例在5%以下。评定标准和办法如下：

1. 优秀

实习目的明确，态度端正。工作认真，实习时积极主动、虚心好学，严格遵守实习纪律，无迟到、早退、旷课现象。能优异地完成实习任务，能很好地把所学专业理论和知识运用到实习工作中去，对某些方面的问题有独到的见解。实习期间表现出色。

全部完成实习计划的要求，实习单位和实习指导老师评价高。实习报告有丰富的实际材料，思路清晰，观点正确，内容完整，全面系统地总结实习内容。实习日记质量高，能够运用所学的理论对某些问题加以深入透彻的分析，或对某些问题有独到的见解或合理化建议，解决了一些实际问题，具有一定的理论深度，且有所创新。

2. **良好**

实习目的明确，态度端正，实习积极认真，虚心好学，能遵守实习纪律，无迟到、早退、旷课现象。能较好地完成实习任务，得到实习单位和指导老师的好评。实习期间表现良好。

达到实习计划规定的全部要求。实习报告思路较清晰，观点正确，内容完整，能对实习内容进行比较系统的总结，运用所学的理论知识分析、解决了一些实际问题，实习日记认真，分析有据。

3. **中等**

实习态度端正，实习较认真，实习纪律性一般，无迟到、早退、旷课现象。能基本上按要求完成实习工作任务，能把所学理论在一定程度上运用于实习工作中，工作态度和能力得到实习单位和指导老师的认可。实习期间无违纪行为，表现尚可。

达到实习计划规定的主要要求。基本能完成实习报告、实习日记及作业，质量一般。

4. **及格**

实习工作态度一般，纪律较懒散，偶有缺席旷工现象，勉强能按要求完成实习工作任务，实习期间表现一般，实习单位的评价意见中等，给定的分数或等级中等。

达到实习计划中规定的基本要求。基本能完成实习报告及日记，但字数不足要求，内容不全、欠完整，个别地方有错误。实习期间无重大违纪行为。

5. **不及格**

实习目的不明确，态度不端正，实习工作态度不认真，纪律性差，常有旷工早退现象。实习期间表现差，实习不认真。未能按要求完成实习任务，实习单位和指导老师评价较差。实习期间表现很差，或实习中有严重违反纪律的现象。

未达到实习计划所规定的基本要求。实习报告未交；或实习日记与报告马虎，报告内容不完整，思路不清楚，说理不充分，分析问题观点不明，或实习报告有明显常识性错误。

信息篇

▶ **任务 22** 河南省职业院校实习备案管理平台应用

任务 22　河南省职业院校实习备案管理平台应用

22.1　任务描述

学生在岗位实习出发前，需要在"河南省职业院校实习备案管理平台"进行实习备案，掌握"河南省职业院校实习备案管理平台"使用方法。

22.2　任务目标

了解实习备案管理平台；了解实习备案管理平台操作流程；了解实习备案管理平台操作方法。

22.3　知识储备与任务指导

22.3.1　了解实习备案管理平台

实习备案管理平台是依托职业院校校企合作的已有基础，在现有学籍管理平台中开设的河南省职业院校实习备案模块，采取线上备案职业院校实习方案、在线查询实习企业，学生线上选择实习单位的方式组织开展实习活动。实习备案模块提供学校、指导教师、企业、学生（监护人）和上级教育行政部门 5 类参与主体管理端口，实现学生实习线上组织、一般问题线上提出线上反馈、线上实习考核、学生与企业实习互评的全过程权益保障，构建充分尊重学生选择权、各实习参与主体权责明确、阳光透明的实习信息化管理模式。

22.3.2　实习备案操作流程

实习平台备案操作流程如图 22.1 所示，河南省职业院校实习备案管理平台工作流程见表 22.1。

22.3.3　实习备案操作步骤

电脑端搜索：打开搜索引擎，输入"河南省职业院校实习备案"并搜索，打开河南省职业院校实习备案管理平台网页，扫描相应的二维码下载安装 APP。

手机端：安卓版系统手机在应用市场搜索"职校家园"下载安装 APP；IOS 系统版手机在应用商店搜索"职校家园"下载安装 APP，之后的注册步骤如图 22.2 所示。

▶ 22.3 知识储备与任务指导　209

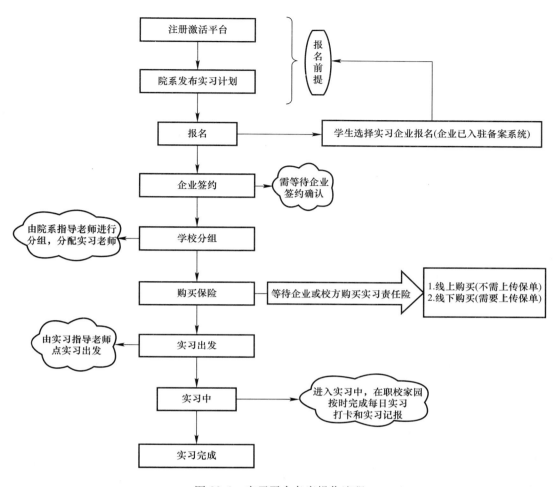

图 22.1　实习平台备案操作流程

河南省职业院校实习备案管理平台工作流程　　　　　　　　　　　　　表 22.1

		学校	学生	指导老师	企业
实习前	1	录入学生信息 录入指导老师信息			
	2		注册	注册	注册
	3	发布实习计划			发布实习岗位
	4	选择合作企业或 推荐企业	企业岗位报名		
	5				签约录取学生
	6	对实习生编班分组 指定校内指导老师 生成实习三方协议（电子） 生成校企合作协议（电子）		查看 实习小组学生 实习三方协议	查看 录取实习学生 实习三方办议
	7	购买实习专用保险（电子） 实习专用保险备案			购买实习专用保险（电子） 实习专用保险备案

续表

实习前	8				指定企业师傅
	9	签署实习三方协议（纸版）签署校企合作协议（纸版）	签署实习三方协议（纸版）	收集实习三方协议（纸版）收集校企合作协议（纸版）	签署实习三方协议（纸版）签署校企合作协议（纸版）
实习中	10		向指导老师申请实习出发	教师端平台上点击【实习出发】	
	11		到达实习企业向企业申请点击【到达实习岗位】	了解学生到岗情况，关注学生实习状态	企业端平台上点击【到达实习岗位】（实习开始时间）
	12		接受企业岗前培训	上传实习三方协议（照片）备案	对实习学生岗前培训
	13	实习评价管理实习投诉管理实习解约管理实习荣誉管理	实习管理平台中打卡签到、日记、周记、月记、总结等	实习进度管理实习出勤管理实习评价管理实习投诉管理实习解约管理实习荣誉管理	实习评价管理实习投诉管理实习解约管理实习荣誉管理
实习后	14		提交实习总结等	点击【完成实习】实习总结收集实习鉴定考核表（纸质）	实习鉴定考核表签章

图 22.2　实习备案 APP

第一步：注册并认证（学生操作）。

打开实习备案 APP，点击【立即注册】如图 22.3 所示。输入身份证号、手机号码，点击"获取验证码",输入收到的验证码,并输入密码,选中【我已同意《APP协议与政策》……】,点击【注册】,完成注册,如图22.4所示。

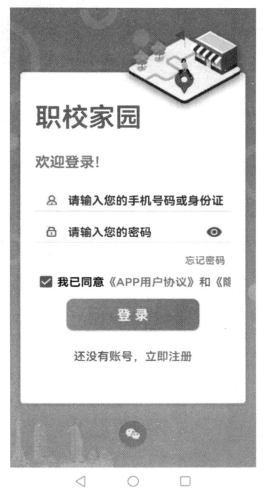

图22.3 实习备案APP登录

图22.4 实习备案APP注册

注册成功自动跳入登录界面,如图22.5所示。输入手机号码、密码,点击【登录】,初次登录需要实名认证,选择学历类别,(五年一贯制,2年制、3年制高职生注册类别选择大专)。输入身份证号,点击【下一步】,如图22.6所示。进入系统主页就是实名认证成功,否则就是实名认证失败。

第二步:确定实习企业(学校或企业操作)。

1. 自主实习的学生

学生与实习企业沟通。由企业从备案系统企业端,自行注册账号,通过【自荐】方式,按界面要求填写企业信息和账号信息,完成企业端的注册和认证,并从企业端发布实习岗位。(自主实习的企业操作)

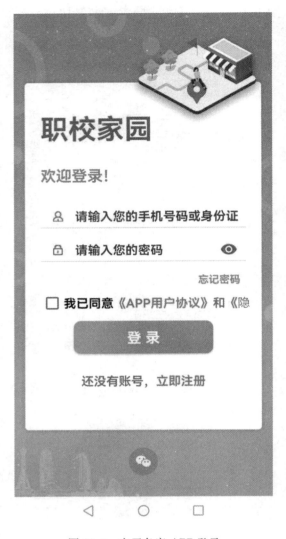 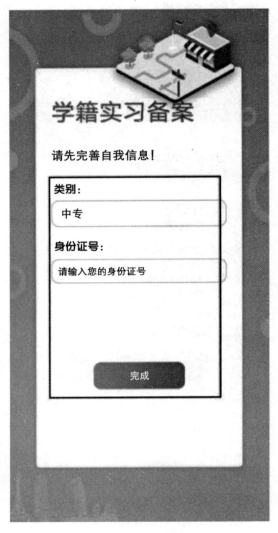

图 22.5　实习备案 APP 登录　　　　　　图 22.6　输入信息

(1) 企业注册

企业在实习备案管理备案平台系统点击前往注册如图 22.7 所示，按照界面要求填写企业信息和账号信息，如图 22.8 所示。企业信息包括企业的名称、统一社会信用代码和负责人（法人代表）等信息；账号信息包括注册人身份证、手机号、验证码、密码等信息。输入表单内容点击【发送验证码】，将验证码填写后点击【提交】完成账号注册，如图 22.9 所示。

(2) 实名认证

首次登录系统须按照表单要求完善企业联系人、电话和营执等信息，点击【保存提交】实名认证，如图 22.10 所示。等实习备案模块根据市场监管部门企业信息查询企业资格、条件后获准进入实习企业库。

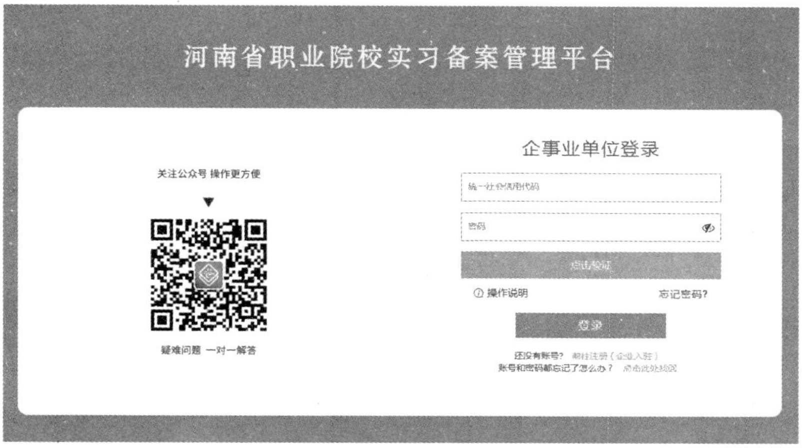

图 22.7 企业登录界面

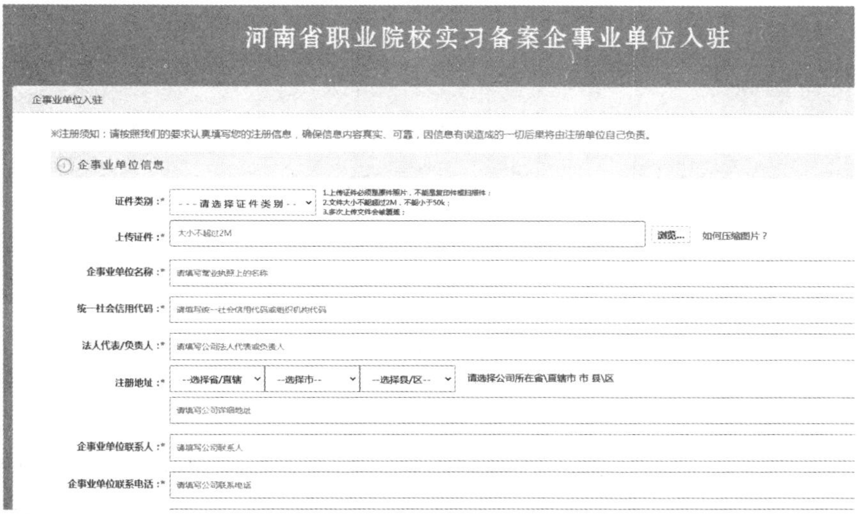

图 22.8 企业注册信息

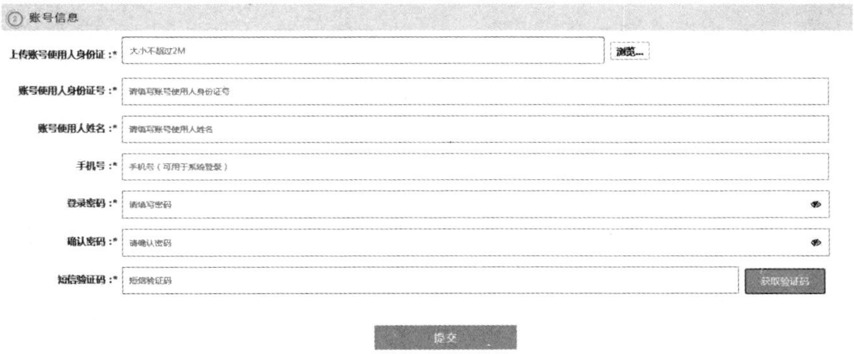

图 22.9 企业账号信息

图 22.10　企业实名认证

(3) 系统登录

打开登录界面，输入社会信用代码或手机号和密码，完成滑动验证，点击【登录】，进入企业管理界面，如图 22.11、图 22.12 所示。

图 22.11　企业登录界面

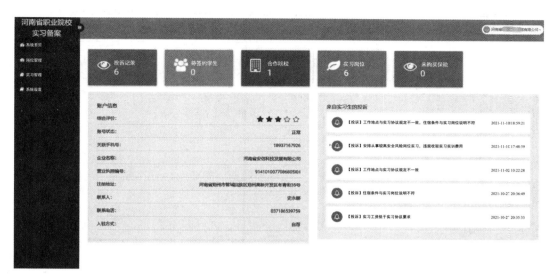

图 22.12 企业管理界面

(4) 岗位发布

点击【新增实习岗位】弹出对话框,如图 22.13 所示。按要求填写岗位名称、实习部门、薪资待遇、学历要求、实习人数、对口专业、工作地址等内容。确认无误后点击【保存岗位】完成新增岗位操作,如图 22.14 所示。

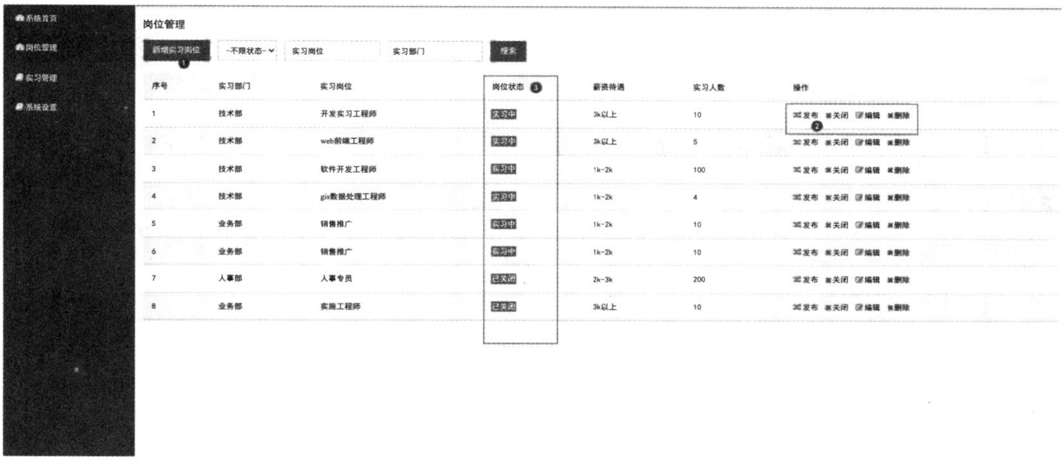

图 22.13 新增岗位界面

点击岗位列表里的【发布】如图 22.15 所示,等待接受学生提出申请。

(5) 集中实习的学生

集中实习的单位由学校统一将企业信息导入录入实习备案模块,然后企业进行实名认证,登录平台发布岗位信息,等待接受学生提出申请。

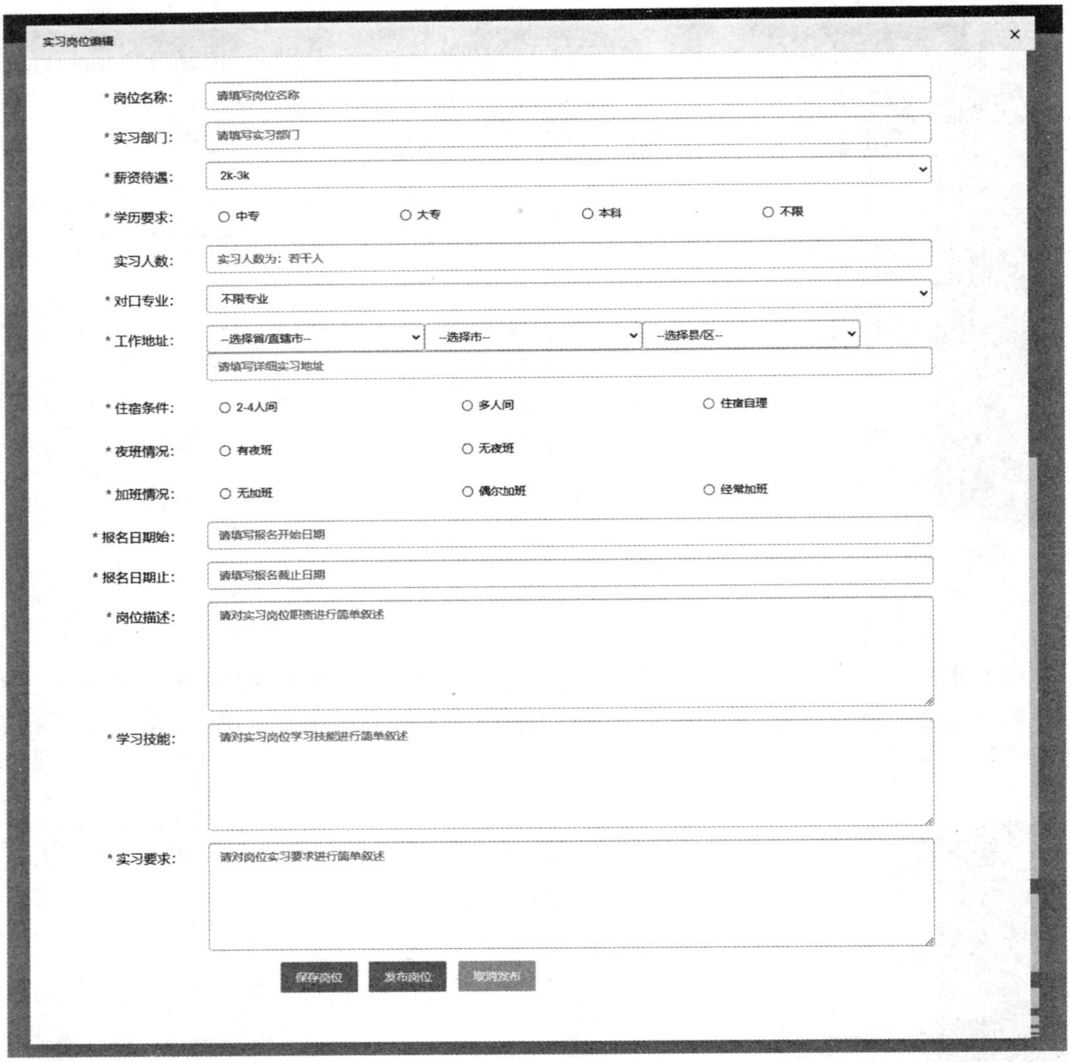

图 22.14　新增岗位信息

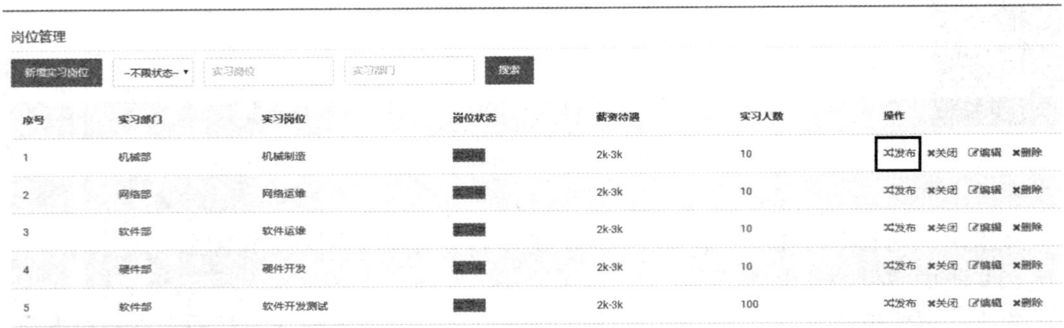

图 22.15　岗位发布

第三步：实习报名（学生操作）。

打开实习备案 APP，点击下方的"实习备案"，如图 22.16 所示，可看到学校发布的实习计划。

图 22.16　实习备案 APP 管理界面

点击【前往报名】，进入岗位筛选界面，出现如图 22.17 所示的各种企业介绍。通过最上方的"搜索"栏，找到自己的实习企业。点击实习企业，界面出现如图 22.18 内容。了解在招岗位等详细信息，点击最下方的【参与报名】，即可报名该岗位。

第四步：企业同意学生的实习申请（企业操作）。

学生报名参加某企业发布的实习岗位后，企业通过企业端，在【实习签约管理】中对报名记录进行签约处理，包括【同意签约】和【拒绝签约】，如图 22.19 所示。

图 22.17　企业搜索

图 22.18　岗位信息

图 22.19　企业签约

第五步：实习分组管理（企业和二级院系管理员操作）。

企业和学生完成上述步骤后，由二级院系管理员完成实习学生的实习分组、指定实习指导老师工作。之后便由实习指导老师开始对实习学生进行管理。

二级院系管理员在【实习分组管理】页面，点击【学生分组查询】学生分组查询，勾选需要分组的学生信息，点击【选择实习分组】按钮，如图22.20所示，对实习学生进行分组，分配指导老师，点击【保存】按钮完成操作，如图22.21所示。

图 22.20　实习分组

图 22.21　分配指导教师

当学校完成对实习学生编班分组后，企业可以在【实习分组管理】为实习生们指定指导师傅。

第六步：实习保险购买及备案。

（1）实习保险购买

根据《河南省教育厅办公室关于推进管理和服务 提质升级防范化解职业院校实习工作领域风险的通知》（教办职成〔2022〕183号）文件要求，学校或企业务必于学生出发前购买学生实习责任专用保险，且不得为学生单独购买雇主险等其他险种的方式代替学生实习专用保险。

（2）实习保险备案

购买学生实习专用险后，须将保单号及电子保单PDF文件上传至系统备案。

实习保险备案分为四个部分，分别为：尚未给学生投保线上备案、已为学生投保线下备案、实习中学生线上续保、实习中学生线下续保。

尚未给学生投保线上备案是指，学生完成实习分组后，还未给学生购买保险，可选择在线上购买，线上购买后不需再上传保单备案，系统自动审核，保险生效学生指导老师教师端可以操作实习出发，具体操作如下：

点击系统顶部【实习管理】栏，选中左侧导航栏中的【实习保险管理】-【实习保险备案】，选择"尚未为学生投保"，如图 22.22 所示。

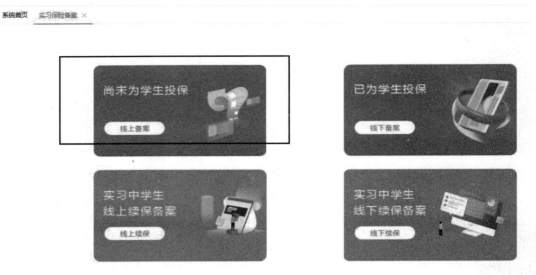

图 22.22　实习保险线上备案

然后按照如图 22.23 所示进行操作。

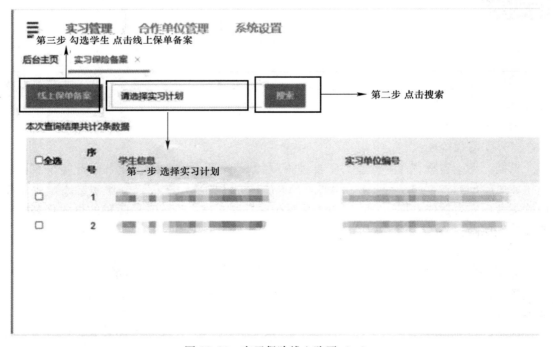

图 22.23　实习保险线上购买（一）

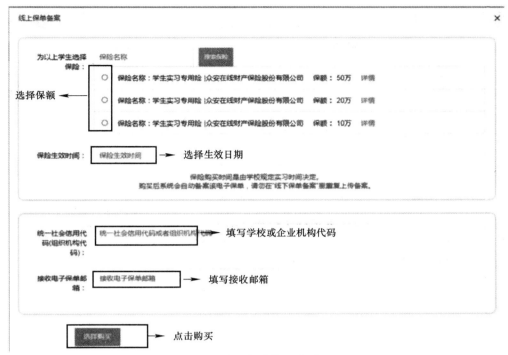

图 22.23 实习保险线上购买(二)

已为学生投保线下备案是指：学校或实习单位已在线下给学生购买过保险，需要进行上传备案，提交审核。具体操作如下：点击系统顶部【实习管理】栏，选中左侧导航栏中的【实习保险管理】-【实习保险备案】，选择"已为学生投保"，如图 22.24 所示。

图 22.24 实习保险线下备案

点击【线下保单备案】，填写保险信息，如图 22.25 所示。
添加被保学生名单，如图 22.26 所示。

图 22.25 线下保单备案

图 22.26 添加被保学生名单

提交，等待审核，如图 22.27 所示。

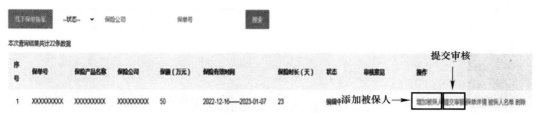

图 22.27　提交审核

第七步：实习协议（二级院系管理员或指导教师操作）。

企业和学院完成以上操作后，各学院组织与实习单位签订实习三方协议（协议模板从【实习备案系统】下载，盖章生效），并完成在【实习备案系统】的上传，如图 22.28 所示。

图 22.28　三方协议上传

第八步：实习出发、到岗（指导教师和企业操作）。

学生与实习指导老师沟通，实习指导老师点击【实习出发】，如图 22.29 所示。学生出发去实习企业，学生实习出发时间为学生实习的开始时间。

图 22.29　实习出发

学生到岗后，须由企业端点击【到达实习岗位】后，如图 22.30 所示，实习状态才能显示"进入实习中"。

图 22.30　实习到岗

第九步：进入实习中后，学生可进行以下操作。

1. **实习打卡**

学生在企业实习期间要在备案系统中点击实习打卡如图 22.31 所示，然后点立即打卡如图 22.32 所示。

图 22.31　实习备案 APP 管理界面　　　　图 22.32　实习打卡

实习指导老师端显示学生的打卡时间和打卡地点。实习期间，指导老师可查看、管理学生在手机 APP 端的打卡出勤记录，根据实际情况审核通过或不通过学生的打卡信息，还可以根据学生的申请新增打卡记录。

2. 提交实习汇报

在实习备案 APP 上点击实习汇报，然后点击日报、周报或月报如图 22.33、图 22.34 所示。

图 22.33 实习备案 APP 管理界面　　　　图 22.34 实习汇报

在如图 22.35 中填写相关内容，点击立即提交。

第十步：实习荣誉管理。

对于实习期间表现优秀的学生，学校或企业可给予相应实习荣誉。学生可把获得的荣誉名称、荣誉说明和获得时间，荣誉证书照片文件等由实习指导老师上传实习备案系统。

第十一步：完成实习。

在学生完成实习任务时，①由企业、指导教师、学生填写实习评价，②与指导老师联系，指导老师点击【完成实习】，确认学生已经完成实习任务。此操作时间为学生实习结束时间。

学生自我评价如图 22.36 所示。

图 22.35　实习汇报填写　　　　　图 22.36　学生自我评价

实习报告样例：

22.1

参 考 文 献

[1] 李久昌. 高职学生顶岗实习教程［M］，郑州：大象出版社，2020.
[2] 翟立新. 企业岗位综合实践［M］. 北京：高等教育出版社，2016.
[3] 王江清. 高职院校学生顶岗实习指导手册［M］. 北京：高等教育出版社，2014.
[4] 何雄刚. 交通土建类专业学生顶岗实习指导书［M］. 北京：北京理工大学出版社，2017.
[5] 王颖. 城市规划专业实习手册［M］. 北京：中国建筑工业出版社，2010.